彩色图解

周易

任犀然　主编

中国华侨出版社
北京

图书在版编目（CIP）数据

彩色图解周易 / 任犀然主编. —北京：中国华侨出版社，2015.12
（2020.7重印）

ISBN 978-7-5113-5818-9

Ⅰ.①彩… Ⅱ.①任… Ⅲ.①《周易》—通俗读物 Ⅳ.①B221-49

中国版本图书馆CIP数据核字（2015）第296144号

彩色图解周易

主　　编：任犀然
责任编辑：子　墨
封面设计：冬　凡
文字编辑：黎　娜
美术编辑：潘　松
经　　销：新华书店
开　　本：720mm×1020mm　　1/16　　印张：20　　字数：574千字
印　　刷：三河市鹏远艺兴印务有限公司
版　　次：2016年1月第1版　　2020年12月第5次印刷
书　　号：ISBN 978-7-5113-5818-9
定　　价：55.00元

中国华侨出版社　北京市朝阳区西坝河东里77号楼底商5号　邮编：100028
法律顾问：陈鹰律师事务所
发 行 部：010-88893001
网　　址：www.oveaschin.com
E-mail：oveaschin@sina.com

如果发现印装质量问题，影响阅读，请与印刷厂联系调换。

前　言

　　《易经》也称《周易》，约形成于西周初年，原本是筮占用的工具书。这种人类文明轴心期产生的经典，正如其他文化元典一样具有跨越时空的力量。其中寄寓着深邃哲学原理的思维方法，使得《周易》生发和影响了整个中国文化。中国传统文化的"六经"及所有天文、地理、数学、历法、中医、体育、文学、艺术、建筑、军事等无不与《周易》有着密切的联系。它还是我们历代智者"进德修业"和"安身立命"的修身处世的宝典，集知识、信仰、实践于一体。太极世界，宇宙乾坤、阴阳变化……理解自然宇宙，生生不息，厚德载物，天下之事，无平不陂、无往不复，亢龙有悔、物极则反……认识人生社会；谦受益，满招损，终日乾乾，革故鼎新。六十四卦中蕴藏着博大精深的中国智慧、中华精神世界。

　　《周易》在我国被尊为"六经之首，大道之源"，是受老子、孔子等古圣先贤和历代伟人、哲人推崇并为近现代国内外的思想家、科学家、文学艺术家和经济学家、企业家等重视的蕴藏了万事万物发展变化规律的大智慧之书。

　　《周易》是古人的占筮记录，成为一种文明的智慧之源，又成为体系完备的哲理经典——至今也是不可思议的未解之谜。

　　《周易》让人心如明镜，让人对世界上的万事万物、千奇百怪的现象都看得清、想得明，不再陷于困惑之中，不再经常有惊奇或是愤慨。有一篇教人创业的文章说，如果这个世界时不时地带给你一些惊喜，请不要创业，因为你的阅历还不够。其实比阅历重要的是智慧，只要有足够的智慧，就有了创业的能力。《周易》讲透了万事万物的现象，也讲透了万事万物的道理，一切都在变，没有什么是不可能发生的；但变是有规律的，一切发生的事都是可以预测、可以把握的。所以孔子说，五十岁以后读《易》，就可以少犯错误了，他重视的是理性的智慧，他很少谈到性和命。

　　孔子说："始作《易》者，其有忧患乎？"人生是离不开忧患的。《周易》时代的先民，面临着极其险恶的生存环境，他们要有足够的智慧生存和发展。生活在现代的我们，忧患也并不少，科技的发达、经济的发展虽然增强了人对自然的控制，但人类生存和发展的基本问题却依然如故。诸如人与自然的关系，人与人的关系以及成功、幸福、爱情、生死……这些问题不但没有解决，反而更显咄咄逼人。在这个世界上，由于地域、宗教、种族、阶层、观念、体制的不同，每时每刻都在发生着冲突、对立、斗争；但是致力于共同生存和发展的人们也在合作、让步、妥协，为和谐而努力。人们还面临着诸如气候变暖、资源消耗等共同的问题，对于这些忧患，我们都可以从《周易》中找到解除的智慧。

《周易》是洁静精微的学说。我们知道，莲藕生长在淤泥之中，可莲花却洁静美丽；生活的现实红尘滚滚，但生活的真理却洁静精微。《周易》帮助我们在人世的红尘和泥泞之中找出洁静的真理，在浮躁粗俗的社会现象中呈现精微的智慧。《周易》六十四卦，可以视为社会、人生中的六十四种变化现象，代表了世界万事万象的典型，它们喻示了特定的时间、特定的环境条件下的自然、社会、人生的规律，并提出了相应的解决问题的明智对策。

"朝乾夕惕""自强不息"，这是人生励志最基本的原则；"柔顺含弘""厚德载物"，这是为人处世最得人心、能致长远的品德。"作事谋始"，提醒人们做事要慎初，真的谨慎就是"履虎尾"也能平安。做大事必须广泛团结，"同人于野"，成大功必须"顺乎天而应乎人"。要想无往而不利（六爻皆吉）就记住低调做人"卑以自牧"，有功而不居（劳谦）。要想生活幸福必须从"富家"做起，而想"富家"就先要"言有物而行有恒"，把专长的行业做到底。凡事要想得开，明白万事"无平不陂，无往不复"。

《周易》出现两千多年了，但是它的一句句箴言、一条条对策，好像是针对我们眼前的问题写的，好像是先人为我们预先配下的一把把解开问题之门的金钥匙。真的是经典永远有用，经典永远年轻。

目录

壹

上经

乾 卦

乾为天
（乾下乾上）

【乾卦导读】

卦象：乾下乾上，为天道运行刚健不息之象。卦德：上卦为乾为健，下卦为乾为健。全卦揭示创造宇宙万物的本始力量及变化规律，强调刚健不息。

卦辞

【经文+传文】

《乾》元亨利贞①。

《彖》曰：大哉乾元②，万物资始，乃统天。云行雨施，品物流形。大明终始，六位时成。时乘六龙以御天。乾道变化，各正性命，保合大和，乃利贞。首出庶物，万国咸宁。

《象》曰：天行健③，君子以自强不息。

《文言》曰：元者④，善之长也；亨者，嘉之会也；利者，义之和也；贞者，事之干也。君子体仁足以长人，嘉会足以合礼，利物足以和义，贞固足以干事。君子行此四德者，故曰："乾：元亨利贞。"

《乾》"元"者，始而亨者也；"利贞"者，性情也。乾始能以美利利天下，不言所利。大矣哉！大哉乾乎！刚健中正，纯粹精也。六爻发挥，旁通情也。时乘六龙，以御天也；云行雨施，天下平也。

【注解】

①乾：卦名。元：大。亨：亨通。利：有利。贞：正。②彖：指《彖传》，又叫《彖辞传》。《彖传》是解读六十四卦卦名、卦义以及卦辞的文字。元：本义是指人的头部，这里是指创始之意。《易传》释卦辞"元亨利贞"四字，断为元、亨、利、贞，元释为"创始、大"，亨释为"亨通"，利释为"有利"，贞释为"正"。也有一说，断为"元亨，利贞。"指古人举行的一种大亨之祭叫做"元亨"，在举行大亨之祭时占问，出现此卦，记录下来，表示利于占问，行事顺利。③象：指《象传》。《象传》是解读六十四卦卦名、卦义（没有解释卦辞）以及三百八十六爻爻辞的文字。天行健：《乾》卦下乾上乾，乾是天，又是健，所以说"天行健"。刚健是天道的秉质，自强是君子的标志，所以下文说"君子以自强不息"。（天行：天道；以：取法）④文言：《文言》是专门解释乾坤两卦的文字，其他卦无。

【译文】

乾 元始，亨通，和合有利，贞正坚固。

《彖传》说：真是伟大啊，乾的创始！万物都依赖它诞生，万物都是属于天的。云朵飘浮，雨水降下，万物的形态千变万化。太阳东升西落，于是上下和东西南北这六个方位就定下了。太阳按时驾着六条龙在天上往返。乾道不断变化，使万物各归其位，使宇宙保持着大和谐的状态，于是万物受益，正道运行。乾道始生天下万物，使万国都得到了安定。

乾卦六爻以龙来象征乾道德变化。

《象传》说：天道刚健，君子取法天道，自强不息。

《文言》说：元，是善的开始；亨，是美的荟萃；利，是义的和谐；贞，是行事的根据。君子践行仁德，足以为人君长；荟萃美好，足以合乎礼仪；利人利物，足以响应道义；坚守正道，足以干出事业。君子能践行仁、礼、义、正这四德，所以说："乾：元亨利贞。"

《乾》卦中的"元亨"，是说天创始和亨通万物；"利贞"，是说天具有利益和规正万物的性情。天创始时用美利来利益天下，却不夸耀它对天下的利益，真是伟大啊！真是伟大啊，天！它刚健中正，达到了纯精的地步。《乾》卦的六爻推演变化，就能广通万物的情状。太阳按时驾着六条龙，为的是在天上运行；云朵飘浮，雨水降下，于是天下太平。

爻辞

【经文+传文】

初九① 潜龙勿用。

《象》曰："潜龙勿用"，阳在下也②。

《文言》曰：初九曰"潜龙勿用"，何谓也？子曰："龙，德而隐者也。不易乎世，不成乎名，遁世无闷，不见是而无闷，乐则行之，忧则违之，确乎其不可拔，潜龙也。"

"潜龙勿用"，下也。

"潜龙勿用"，阳气潜藏。

君子以成德为行，日可见之行也。"潜"之为言也，隐而未见，行而未成，是以君子"弗用"也。

【注解】

①初九：指倒数第一枚阳爻（"九"表示阳爻）。②阳在下：本爻初九是阳爻，居下卦下位，所以说"阳在下"。"阳在下"象征君子尚居下位。

【译文】

初九　龙藏水中，暂时不宜妄动。

《象传》说："潜龙勿用"，是因为君子还居于下位。

《文言》说：初九说"潜龙勿用"，是什么意思呢？孔子说："潜龙，是指有德的隐者，他不为世俗所转移，不

"潜龙勿用"指出事物的初期阶段，应暂行潜藏。

求虚名，避世却不觉苦闷，不被世人赞同也不苦闷，喜欢的事就去做，忧恼的事就避开，意志坚定不拔，这就是潜龙。"

"潜龙勿用"，是因为君子尚居下位。

"潜龙勿用"，因为阳气还在潜伏中。

君子以成就德业为目标，每天都可看见他在行动。说是"潜"，是因为君子隐伏不现，行动未成，所以君子不妄动。

【爻意分析】

此为本卦的初始之爻。初九位于乾卦的开始，阳气潜藏，为龙藏于地下之象。初九虽为阳爻，但身居最下之位，故宜将阳气深潜于渊，暗中积聚力量，蓄龙德于内。故虽有时不为他人所理解，亦不要将刚锐之势形之于外。宜韬光养晦，谋求发展之时机。

【可断结果】

此为"勿用"之爻。然"勿用"绝非不用，只因此时处于条件酝酿阶段，阳气未足，内功尚不坚厚，时机不成熟，还不是崭露头角、发挥作用的时候。故而暂时隐忍潜藏，厚积薄发，以待时机。

【经文+传文】

九二　见龙在田，利见大人。

《象》曰："见龙在田"，德施普也。

《文言》曰：九二曰"见龙在田，利见大人"，何谓也？子曰："龙，德而正中者也。庸言之信，庸行之谨，闲邪存其诚，善世而不伐，德博而化。《易》曰：'见龙在田，利见大人。'君德也。"

"见龙在田"，时舍也。

"见龙在田"，天下文明。

君子学以聚之，问以辩之，宽以居之，仁以行之。《易》曰："见龙在田，利见大人。"君德也。

【译文】

九二　龙出现田间，见大人有利。

《象传》说："见龙在田"，这是说君子要广施德泽了。

《文言》说：九二说"见龙在田，利见大人"，是什么意思呢？孔子说："龙，是指有德又中正的人，他常言有信，常行谨慎，防范邪僻，秉持真诚，有益于世却不自夸，德泽广大感化了天下。《周易》说：'见龙在田，利见大人。'这就是君主的品德。"

"见龙在田"，是因为时机到了。

"见龙在田"，因为万物正当锦绣光明。

君子通过学习积累知识，通过问询辨别是非，宽容处世，仁慈办事。《周易》说："见龙在田，利见大人。"这就是君主的品德。

"见龙在田"指出进取者应及时显现。

【爻意分析】

此为本卦的初升之爻，居下经之中位。虽不当正位，但所处地位有利。九二位居第二爻，位置在地面之上，象征纯阳之气已从地下升出地面，就像龙离开潜藏的地下而显露于地面。此时，九二君子应该崭露头角，拜见九五大人，以求施展自己的抱负。

【可断结果】

此爻为阳气更生、龙初出渊之爻，故应上接地表之阳气，下乘渊源之沧水，既借上位之力，又赢下位之推托，可以施展抱负，但绝不可脱离群人大众，而应借自己所处的有利时机和地位主动赢得大众的支持，否则既可崭露头角，亦能重沉深渊。

【经文+传文】

九三　君子终日乾乾，夕惕若，厉无咎。

《象》曰："终日乾乾"，反复道也。

《文言》曰：九三曰"君子终日乾乾，夕惕若，厉无咎"，何谓也？子曰："君子进德修业，忠信所以进德也，修辞立其诚，所以居业也。知至至之，可与言几也；知终终之，可与存义也。是故居上位而不骄，在下位而不忧，故乾乾因其时而惕，虽危无咎矣。"

"终日乾乾"，行事也。

"终日乾乾"，与时偕行。

九三重刚而不中①，上不在天②，下不在田。故乾乾因其时而惕，虽危无咎矣。

【注解】

①重刚：本爻九三是阳爻，居九二阳爻上，阳爻是刚，两刚重叠，所以说"重刚"。下文"九四重刚"中的"重刚"与此同理。不中：六十四卦中，一卦又分为分为上卦（上卦又是外卦）和下卦（下卦又是内卦），上下卦各占三个爻位，下卦的三爻位是初二、三，上卦的三爻位是四、五上，下卦以中间的一个爻位为中位，即第二爻位，叫下卦中位；上卦以中间的一个爻位为中位，即第五爻位，叫上卦中位。本爻九三既不居上卦中位，又不居下卦中位，所以说"不中"。②天：指天位。六十四卦中，一卦中的第二爻位象征地位，第三爻位象征人位，第五爻位象征天位。本爻九三未居第五爻位，所以说"不在天"。

九三君子终日自强不息，直到晚上也能怀抱戒惧之心，那么纵处危险境地，也能没有咎错。

【译文】

九三　君子整天勤勉不懈，晚上谨小慎微，纵使遇险也能化险为夷。

《象传》说："终日乾乾"，是说君子反复行道。

《文言》说：九三说"君子终日乾乾，夕惕若，厉无咎"，是什么意思呢？孔子说："这说的是君子增进道德，治理事业。忠信可以增进道德，说话立足真诚，可以积累功业。知道方向并走上了方向，就可以跟他谈事业的精微的道理了；知道目标并达成了目标，就可以和他一道秉守事业的大义了。所以君子居高位时不骄傲，处低位时不忧愁，随时勤勉警惕，纵使遇险也能化险为夷了。"

"终日乾乾"，是说君子勤勉行事。

"终日乾乾"，是说君子与时俱进。

九三与九二重刚，又未居上卦或下卦中位，上不在天位，下不在地位，所以只有随时勤勉警惕，才能纵使有危险，也能转危为安。

【爻意分析】

九三位于下卦之上，上卦之下，位于上下卦交界处，并即将进入上卦乾卦。其处境尴尬，是个危厉之地，有刚阳相冲，盛极必衰之象。幸而九三以阳爻居阳位，是个刚健君子，若能终日勤勉，时时事事警惕，亦可无咎。

【可断结果】

此爻"无咎"之果绝非天成，而完全在自己选择。若终日谨慎自励，注重自身修养，时刻自励、自省、自强，则会得无咎之果；否则将酿恶果。

【经文+传文】

九四　或跃在渊：无咎。

《象》曰："或跃在渊"，进无咎也。

《文言》曰：九四曰"或跃在渊，无咎"，何谓也？子曰："上下无常，非为邪也；进退无恒，非离群也。君子进德修业，欲及时也，故无咎。"

"或跃在渊"，自试也。

"或跃在渊"，乾道乃革。

九四重刚而不中，上不在天，下不在田，中不在人①，故"或"之。"或"之者，疑之也，故"无咎"。

【注解】

①人：指人位。本爻九四未居第三爻位，所以说"不在人"。

【译文】

"或跃在渊"说明相机而动没有咎错。

九四 （龙或飞腾上天），或遁守深渊：无害。

《象传》说："或跃在渊"，这是说向前进取无害。

《文言》说：九四说"或跃在渊，无咎"，这是什么意思呢？孔子说："（君子像龙一样）或上或下不定，不是为了使坏；或进或退不定，不是脱离群众。君子增进道德，治理事业，只是想把握时机罢了，所以是无害的。"

"或跃在渊"，是说君子自试才能。

"或跃在渊"，是说天道开始变化了。

九四与九三重刚，又未居上卦或下卦中位，上不在天位，下不在地位，中不在人位，所以说"或"。所谓"或"，是说君子的位置疑而未定，所以说"无咎"。

【爻意分析】

此爻居本卦之上卦，上卦之下爻，正在从下体进入上体之时，其地位未定，进退两难，又兼阳爻居阴位，有不当位之过。其处九五尊位之侧，所处之位特殊，易遭受上尊位之疑忌。故居此位者应进退得当，审时度势，灵活进退，见机而动，切忌妄动。

【可断结果】

九四爻已进上体，绝不可盲目冒进，但也应相机而动，切不可一味无所作为。只要把握时机，修身养性，依托众人，可得无咎之果。

【经文+传文】

九五 飞龙在天，利见大人。

《象》曰："飞龙在天"，大人造也。

《文言》曰：九五曰"飞龙在天，利见大人。"何谓也？子曰，"同声相应，同气相求；水流湿，火就燥；云从龙，风从虎。圣人作而万物睹。本乎天者亲上，本乎地者亲下，则各从其类也。"

"飞龙在天"，上治也。

"飞龙在天"，乃位乎天德。

夫"大人"者，与天地合其德，与日月合其明，与四时合其序，与鬼神合其吉凶，先天而天弗违，后天而奉天时。天且弗违，而况于人乎？况于鬼神乎？

【译文】

九五 龙飞在天上，见大人有利。

《象传》说："飞龙在天"，是说大人可以大有作为。

《文言》说：九五说"飞龙在天，利见大人"，这是什么意思呢？孔子说："同类的声音互相应和，同种的气息互相觅求；水流向湿处，火烧向干处；云伴从龙，风伴从虎。圣人兴起就会万人仰望。本属天的亲近上面，本属地的亲近下面，那么万物就都能各得其所了。"

飞龙在天。

"飞龙在天"，是说君子居高治国。

"飞龙在天"，是说君子具有天一样的品德。

所谓"大人"，品德可比天地，贤明可比日月，行为有序可比四季，察知吉凶可比鬼神，走在天之前办事却能不违背天，落在天之后办事却能奉行天时。天道尚且不违背他，何况人呢，何况鬼神呢？

【爻意分析】

此爻九五，"九"为阳数之至高，"五"为阳数之至中，故位极尊。乾卦的六爻皆属阳爻，乃纯阳而至为刚健。乾卦变化到九五爻之时，其阳气已壮盛于天。九五爻居中位，又为阳爻居阳位，其深得乾道精义，故极为中正刚健，纯粹而精，不偏不倚。若能与"天、地、人"三才相和，顺应天道法则，必能以其刚健中正之德，向上腾飞至于天位，为万民景仰。是大德大才之人大展宏图，有大作为之爻。

【可断结果】

九五爻处于上卦中位，又是阳爻居于阳位，居中而得正。此位已至阳气鼎盛之态，又居阳位，如龙之飞腾在天，必将功业无限。九五在所有卦里都是最吉之爻，被称为"君位"。皇帝被称为九五之尊就是这么来的。

【经文+传文】

上九　亢龙有悔。

《象》曰："亢龙有悔"，盈不可久也。

《文言》曰：上九曰"亢龙有悔"，何谓也？子曰："贵而无位，高而无民，贤人在下位而无辅，是以动而有悔也。"

"亢龙有悔"，穷之灾也。

"亢龙有悔"，与时偕极。

"亢"之为言也，知进而不知退，知存而不知亡，知得而不知丧。其唯圣人乎，知进退存亡而不失其正者，其唯圣人乎！

【译文】

上九　飞得过高的龙会有麻烦、陷于困境。

《象传》说："亢龙有悔"，是说凡事过度就久不了。

《文言》说：上九说"亢龙有悔"，是什么意思呢？孔子说："尊贵却没有君德，居高却脱离群众，贤人屈居下位而丧失辅助，所以君主一妄动就有悔恨。"

"亢龙有悔"，因为君子途穷遭灾了。

"亢龙有悔"，因为君子与时途穷了。

[上九]说是"亢"，是因为君子知进而不知退，知存而不知亡，知得而不知失。大概只有圣人吧——既知道进退存亡，又不失正道的，大概只有圣人吧。

【爻意分析】

此爻上九之位既为本卦最高位，又为本卦之末位，阳气将消，阴气欲长，高而无民，贵而无位，处于不利之境。

【可断结果】

此爻阳居阴位，又为阳气之末。处此位者，如若一味前行而不择时机，只知大动而不论时势，只知取而不事付出，不为前行创造必要条件，则会盲目前驱，肆意冒进，将悔之无及。

【经文+传文】

用九　见群龙无首：吉。

《象》曰："用九"，天德不可为首也。

《文言》曰：乾元"用九"，天下治也。

乾元"用九"，乃见天则。

【译文】

用九　群龙出现，都不以首领自居：吉祥。

《象传》说："用九"，六条龙具有的都是天一样的德行，彼此势均力敌，谁也不能成为谁的首领。

《文言》说：乾元"用九"，是说天下大治。

乾元"用九"——"用九"体现了天的规律。

【爻意分析】

"用九"是指占筮时得到了六个"九"而不是六个"七"。九为变爻，所以六个阳爻要变为阴爻，乾卦将变为坤卦。"群龙"是指乾卦的六个爻都从阳爻变为阴爻。值得注意的是，"用九"之卦，既不完全是乾卦，也不完全是坤卦。是乾卦将转变坤卦之时，所以兼有乾坤两卦的美德。

【可断结果】

乾卦的六个爻都从阳爻变为阴爻，除了具有阳刚的本性外，又兼具阴柔之美。本为刚强却能柔顺，刚柔相济必能得吉。

坤 卦

坤为地
（下坤上坤）

【坤卦导读】

卦象：下坤上坤，为大地绵延伸展，无边无际之象。卦德：下卦为坤为顺，上卦为坤为顺。

全卦揭示此柔顺厚重的坤的发展规律。

卦辞

【经文+传文】

《坤》 元亨①，利牝马之贞。君子有攸往，先迷后得主；利。西南得朋，东北丧朋；安贞吉。

《彖》曰：至哉坤元！万物资生，乃顺承天。坤厚载物，德合无疆。含弘光大，品物咸亨。牝马地类，行地无疆，柔顺利贞。君子攸行，先迷失道，后顺得常。"西南得朋"，乃与类行；"东北丧朋"，乃终有庆。安贞之吉，应地无疆。

《象》曰：地势坤②。君子以厚德载物。

《文言》曰：坤至柔而动也刚，至静而德方。后得主而有常。含万物而化光。坤道其顺乎，承天而时行。

【注解】

①坤：卦名。②地势坤：《坤》卦下坤上坤，坤是地，其形虽曲，其义为顺，所以说"地势坤"。载物是厚重的大地的秉质。

【译文】

《坤》元始，亨通，像雌马一样柔顺而守正道必然吉祥；安祥守正就会吉祥。

《象传》说：真是达到了极致啊！坤的创始！万物都依赖它诞生长成，它是顺承着天道的。坤道的

坤卦以柔顺的雌马为象征。

大地深厚，承载万物，坤德配合乾德，没有止境。大地涵容一切，广阔无垠，万物都亨通畅达。母马和地同类，在地上奔驰无疆，它性情柔顺，利于秉守正道。君子出行，起初因抢行而先迷失道路，后来随于人后顺利得回正路。往西南去得到朋友，于是伴友同行；往东北去失去朋友，却能终获福庆。安守正道是吉祥的，能适应大地的广大无边。

《象传》说：地势柔顺，君子取法大地厚德载物。

《文言》说：大地极其柔顺，但运动却是刚健的；大地极其宁静，但地道却是方正的。地道随天道之后，以天道为主人，有稳固的规律。地包容万物而化育广大。地道是柔顺的，顺承天道且按时运行。

爻辞

【经文+传文】

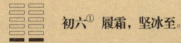

初六① 履霜，坚冰至。

《象》曰：初六 "履霜"，"坚冰"，阴始凝也；驯致其道，至"坚冰"也。

《文言》曰：积善之家，必有余庆，积不善之家，必有余殃。臣弑其君，子弑其父，非一朝一夕之故，其所由来者渐矣，由辩之不早辩也。

《易》曰："履霜，坚冰至。"盖言顺也。

【注解】

①初六：指倒数第一阴爻（"六"表示阴爻）。以下六二、六三、六四、六五分别指倒数第二、三、四、五阴爻，上六指最上阴爻。

【译文】

初六　当脚踩到秋霜时，寒冬的坚冰也将来临。

《象传》说："履霜"，是说阴气开始凝结了；顺着自然规律发展下去，就会形成"坚冰"。

《文言》说：积善的人家，必然多福庆，积不善的人家，必然多灾殃。臣弑君，儿弑父，不是一朝一夕的缘故，它所以变成这样是渐成的，是由可以察觉却没有早点察觉造成的。《周易》说："踩上霜，坚冰也将来临。"大概说的就是这种事物发展的必然趋势吧。

【爻意分析】

此爻处六爻阴气之极下，是阴气初生之象。阴气凝结，其始甚微，及其积增渐盛，以至为霜，所以要及时察觉征兆，早做预防。此爻以阴爻居阳位，不当位，故而此爻处境不利，要谨慎小心，见微知著，可预知坚冰将至。

【可断结果】

依此爻所处之位猜测坚冰将至，但应视此为自然规律，不可回避或畏惧，坚定信念，经受考验，则终会有寒冰融化、春暖花开之时。

【经文+传文】

 六二　直方大，不习，无不利。

《象》曰：六二　六二之动，"直"以"方"也；"不习无不利"，地道光也。

《文言》曰："直"，其正也，"方"，其义也。君子敬以直内，义以方外，敬义立而德不孤。"直方大，不习无不利"，则不疑其所行也。

【译文】

六二　正直、端方、博大，即使不修习也没有什么不利。

《象传》说：六二君子们的行为,趋于正直端方；"不习无不利",这是因为地道广大。

《文言》说："直",是指正直,"方",是指行事合乎道义。君子通过诚敬成就内在的正直,通过道义成就外在的方正。诚敬、道义确立了,德行就不会孤立了。"直方大,不习无不利",那么人们就不会怀疑他所做的了。

【爻意分析】

此爻居地之上，地气蒸腾而旺盛；阴爻居阴位而当位，又居下卦之中位，有地之象（初、二为地，三、四为人，五、上为天），可以说是纯正的坤道的体现者，中正纯粹，为本卦之主爻，居有利之势位。

【可断结果】

此爻居位中正，若又能以直、方、大、不习为修身之道，注重个人修养，简物修德，不重小利，则可"无不利"。否则则会功败垂成。

【经文+传文】

六三　含章可贞；或从王事，无成有终。

《象》曰：六三　"含章可贞"，以时发也；"或从王事"，知光大也。

《文言》曰：阴虽有美，含之以从王事，弗敢成也。地道也，妻道也，臣道也。地道"无成"，而代"有终"也。

【译文】

　　六三　内蕴文采，能守持正道，或从事辅佐君王的事业，不能成功也有好结果。

　　《象传》说："含章可贞"，要适时使用；"或从王事"，是因为他智慧大。

　　《文言》说：臣子虽有美德，却能收敛着从事王事，不敢以成功自居。地道就是妻道、臣道。地道无所谓成功，它只是替天道成功罢了。

"或从王事，无成有终"是指辅佐君王的事业，功成而不自居，最后才会有结果。

【爻意分析】

　　六三爻位于下卦上方，是得位的人臣。其以阴爻居阳位，不中不正，形势并不利。但六三能含蓄才能，不露锋芒，静待君王下令才依命而行。六三所行唯王命是从，等到事情成功之后，也不居功，将所有的功劳都归于主上。其将功劳都视为自己的职分所在而已，一切事功都不过是依从王命而有所得。能持守这样的原则，必能避免招致不幸而无所悔恨。

　　此爻阴气脱地而腾空，又兼阴爻居阳位，不中不正却半刚半柔，动静双兼。故可见处此位者利弊兼收，其成败在两可之间。

【可断结果】

　　若像此爻之主深含美德而不露，依天道而行，恪守为臣之道，辅佐君王之业，能做到不居功自傲，行事谨慎，当能善始善终。反之，则致无终。

【经文+传文】

六四　括囊：无咎无誉。

《象》曰：六四　"括囊无咎"，慎不害也。

《文言》曰：天地变化，草木蕃；天地闭，贤人隐。《易》曰："括囊，无咎无誉"，盖言谨也。

【译文】

　　六四　捆紧囊袋（比喻遇事缄口，不理是非）：无害也无赞誉。

《象传》说："括囊无咎"，是说君子行事谨慎就会无害。

《文言》说：天地变化，草木就旺盛，天地闭塞，贤人就退隐。《周易》说："括囊，无咎无誉。"大概说的就是谨慎处世的道理吧。

【爻意分析】

此爻居上卦之最下位，阴爻居阴位，而位居不中，而又乍离下体，位处上体之卑位，上下均不可即，处势尴尬，乃危惧之地。

【可断结果】

因此爻处境尴尬，无依无托，故应谨言慎行，既不为恶，亦不言他人之过；既不争誉，亦不赞誉他人，保持缄默，则可安然度过险地。否则，自处是非之地，极易惹祸上身。

【经文+传文】

 六五　黄裳：元吉。

《象》曰：六五　"黄裳元吉"，文在中也。

《文言》曰：君子"黄"中通理，正位居体，美在其中，而畅于四支，发于事业，美之至也。

【译文】

六五　黄下衣（象征富贵）：大吉。

《象传》说："黄裳元吉"，是因为君子心怀美德。

《文言》说：君子内怀美德，通达事理，端正位置，秉守仪礼，美德在心中，外现在四肢上，发扬在事业上，美德真是达到了极致啊。

"括囊无咎"是指扎紧囊口，免遭危害，也不求赞誉。

【爻意分析】

此爻居上卦之中位，然非本卦之正位；阴居阳位，故能刚柔相济，具柔顺之德。坤卦第五爻时，坤阴发展到鼎盛时期，升居卦中尊位，但仍能保持柔顺之德，谦恭而能居下，极尽辅佐之力，所以是大吉之兆。

【可断结果】

本卦本色为黄，为地之象征。又上为乾卦，古装上衣下裳，故本卦为"黄"为"裳"。此爻居坤卦之内，宜与本卦之色一致，以示柔顺之德，时刻持谦恭卑下之态，顺从天道，滋生并承载万物，借本卦之大吉显现此爻之吉象；而若反道而行，则凶多吉少。

【经文+传文】

　　　　上六　龙战于野，其血玄黄。

《象》曰：上六　"龙战于野"，其道穷也①。

《文言》曰：阴疑于阳必战，为其嫌于无阳也，故称"龙"焉，犹未离其类也，故称"血"焉。夫"玄黄"者，天地之杂也，天玄而地黄。

【注解】

①道穷：本爻上六居上卦上位，在一卦的尽头，是坤阴之道已发展至穷尽的象征。

【译文】

上六　二龙在野外搏斗，淌出黑黄色的血。

《象传》说："龙战于野"，是说君子途穷了。

《文言》说：阴和阳势均力敌时，一定起争斗，本是阴与阳战而说成"龙战"，是因为怕人们误以为无阳，但上六还没脱离它的阴类属性，不能离开阳，所以称"血"表示阴阳交合。所谓"玄黄"，这是天地杂合的颜色，天是玄色，地是黄色。

坤卦阴爻皆为太阴，则已柔顺至于极点，唯有变为阳刚，才能永久保持正固。

【爻意分析】

此爻居本卦之末极，又阴居阴位，故阴气凝重而向外逸散。物极而必反，势极而必衰，阴极而宜阳。本卦至此柔顺之德转为刚逆之势，大有与乾阳一决高下之态。

【可断结果】

此爻因阴极而阳，本性颠倒，先后不分，主从错乱。故居此位者若以前时柔顺之策以柔克刚，则可不战而屈人之兵；若不择时机，不分情势，以阴极之阳逞刚于外，两相争斗，则会两败俱伤，或致不可收拾之境地。

【经文+传文】

　　　　用六①　利永贞。

《象》曰：用六　"用六永贞"，以大终也。

【注解】

①用六：通六，指六爻都是"六"（阴爻）。用六是乾卦特有的爻题。

【译文】

用六　永远坚守正道就会有利。

《象传》说：用六说，永远正直，就会大有收获。

【爻意分析】

"用六"是指占筮时得到了六个"六"而不是六个"八"。六为变爻，所以六个阴爻要变为阳爻，坤卦将变为乾卦。

屯 卦

水雷屯

（下震上坎）

【屯卦导读】

卦象：下震上坎，为云雷交动之象。卦德：下卦为震为动，上卦为坎为险。

全卦喻示"万事开头难"的事理。但此卦也预示了创业虽难，必将如新生幼芽，破土而出。

卦辞

【经文+传文】

《屯①》 元亨，利贞；勿用有攸往，利建侯。

《彖》曰：《屯》，刚柔始交而难生，动乎险中，大亨贞。雷雨之动满盈，天造草昧。宜建侯而不宁。

《象》曰：云雷，屯。君子以经纶。

【注解】

①屯（zhūn）：卦名，象征初生。

【译文】

《屯》象征事物的初生：元始、亨通，利于坚守正固；不宜有所前往，利于建立诸侯。

《象传》说：《屯》卦的象征是，阴阳二气开始相交，艰难也随之萌生，事物在艰险下运动发展，（如同雷雨，动生万物而润泽之，）有元大、亨通、正直的美德。雷雨动行天下，大自然虽然蒙昧，却一片生机。适宜封侯得大安宁。

屯卦象征事物初生，利于坚守正道，不宜有所前往。

《象传》说：云行于上，雷动于下，这就是《屯》卦。君子取法《屯》卦，在事业草创之际即规划治国方略。

爻辞

【经文+传文】

　　　初九　磐桓；利居贞，利建侯。

《象》曰：初九　虽"磐桓"，志行正也。以贵下贱，大得民也。

【译文】

初九　徘徊迟疑；静居守持，正固有利，利于建立诸侯。

《象传》说：虽然徘徊难以前进，志向和行为却是端正的。地位虽高但能以谦和态度对待人民，就能大获民心。

【爻意分析】

此爻阳爻居初位，上有两阴爻相阻，故阳气不足，需要积蓄力量。初九如果想要扩大功业，就应礼贤下士，以求协助。初九爻处于艰难创始时期，不可轻举妄动，只有固守正道，才能安然渡过屯难时期，前途大有可为。

【可断结果】

此爻阳气未足，又兼孤立无援，徘徊不前，彷徨不安，故需先稳定自己，修身养性，恪守正道，积聚条件，依事或物的规律办事，建立深广的根基，先立志而后图谋，寻求机会，绝不可贸然妄动。只要固守贞正的德行，时机一到，动则成功。

【经文+传文】

　　　六二　屯如邅如，乘马班如，匪寇，婚媾；女子贞不字，十年乃字。

《象》曰：六二　六二之难，乘刚也。"十年乃字"，反常也。

【译文】

六二　（他们）聚集前来，乘马回旋，不是抢劫的，是求婚的；女子守持正固，不急出嫁，十年后才能嫁。

《象传》说：六二中的"女子贞不字，十年乃字"是艰难的，是因为女凌驾男。"十年乃字"，是反常的事。

【爻意分析】

此爻阴居阴位，又为中位，当为中正之爻。然又阴乘初九阳位之上，故而难以驾驭，亦为盘桓难进之爻。

【可断结果】

　　此爻因阳气不足，又居阳爻初九之上，故若为男子，因创业伊始，难有所成，此时向女子求婚会为女方所不许；若为女子，则宜坚守礼节，不可轻易许嫁他人。

【经文+传文】

 六三　即鹿无虞，惟入于林中，君子几不如舍，往吝。

　　《象》曰：六三"即鹿无虞"，以从禽也。君子舍之，"往吝"，穷也。

【译文】

　　六三　逐鹿而没有虞官的帮助，只是空入林海之中，这时与其继续追捕，不如舍弃，继续追捕则将有不利。

　　《象传》说："即鹿无虞"，这是说追捕禽兽。君子弃追，是因为"往吝"，前去也难有得，而且会受困。

即鹿无虞，宁可放弃野鹿而不去追逐，如果执迷不悟，一心要追逐到那只鹿才肯罢休，最终只会得到不利的下场。

【爻意分析】

　　六三阴爻居于阳位，不正不中，又与上六同为阴爻，亦不相应，其力弱而急于求进，好比无虞人相助而入林逐鹿（古人打猎，虞人负责驱赶出禽兽以供猎人捕捉），只能白白深入林海，不如放弃不逐。若轻率冒进，深入山林，不仅徒劳无功，说不定还会陷入险境。

【可断结果】

　　此爻之意阴居阳位，因内心躁动而欲追鹿入林，结果将不得而知。若执意继续追赶，将会迷途密林，遭受小挫。如若当机立断，放弃不切实际的追求，虽此机会有失，但能重寻机会，舍而后得。

【经文+传文】

 六四　乘马班如，求婚媾，往吉，无不利。

　　《象》曰：六四　求而往，明也。

【译文】

　　六四　乘马徘徊去求婚，前去吉祥，没有不利。

　　《象传》说：有求于下而前往——这是明智的。

【爻意分析】

六四爻为阴爻居于阴位，当位得正，上承九五刚正之君。但六四为阴柔之质，尚不足以独自济难出险，有待于外援。六四爻于是下应与它有正应关系的初九，以成婚配。六四与初九阴阳相应，同舟共济，刚柔相得，共同辅佐九五君王，如此以往，则吉而无不利。

【可断结果】

处此爻者略为柔弱，与上卦九五接近。初九、九五与之相互牵制，使处此位者意志动摇，进退两难。六四若孤身上行必将不利，然又与九五相近。如若能应初九相求，初九可助其一臂之力，两力相合，刚柔相济，共同辅佐九五，则有所成。

【经文+传文】

 九五　屯其膏，小贞吉，大贞凶。

《象》曰：九五　"屯其膏"，施未光也。

【译文】

九五　处草创之艰难，需要普施恩泽。柔小而守正可得吉祥，若刚大则守正也凶险。

《象传》说："屯其膏"，是说君子尚未广施德泽。

【爻意分析】

此爻居中正之位，又位居本卦至尊，然陷于上之坎卦中心，而致举措艰难，需辅佐之力。

【可断结果】

九五与六二本能阴阳相应，而六二因过于阴柔而无力辅佐，其力不足以解九五之困厄。故九五处重围之内，若有才力亦难施展。如能保持纯正之心，小事能逢凶化吉，大事亦不免涉于凶险之中。

【经文+传文】

上六　乘马班如；泣血涟如。

《象》曰：上六　"泣血涟如"，何可长也？

【译文】

上六　乘马之人徘徊不前；血泪直流。

《象传》说："血泪直流"，这种状况怎能长久呢？

【爻意分析】

此爻位于屯卦之终，在屯难之极，因其为阴柔之质，与六三不成正应，显孤立无援之状，忧惧交加，血泪交流。上六欲乘马而去，无奈无处可去，已然是困厄到了极点。"泣血涟如"比喻上六急切地想挣脱出险境而无可奈何，以致悲痛欲绝。

【可断结果】

上六以柔爻居于屯卦极上之地，进退不能，困厄非常。此爻内乏刚阳之气，外无相援之手，又处困顿之中，故处境艰险，或至盘旋不前，血泪涟涟。然屯极思变，变者可通。若困顿之极而思变通，中正慎行，困厄之状不会久远。

乘马班如；泣血涟如。

蒙 卦

山水蒙
（下坎上艮）

【蒙卦导读】

卦象：下坎上艮，为泉水源源不断从山壁涌出之象。卦德：下卦为坎为险，上卦为艮为止。

全卦揭示了人生最重要的是启蒙的道理，强调蒙昧无知只有通过启蒙教育才能茁壮成长。

卦辞

【经文+传文】

《蒙》亨；匪我求童蒙，童蒙求我，初筮告，再三渎，渎则不告；利贞。

《彖》曰：《蒙》，山下有险，险而止，《蒙》。"蒙亨"，以亨行时中也。"匪我求童蒙，童蒙求我"，志应也；"初筮告"，以刚中也；"再三渎，渎则不告"，渎蒙也。蒙以养正，圣功也

《象》曰：山下出泉①，《蒙》。君子以果行育德。

【注解】

①山下出泉：《蒙》卦下坎上艮，艮是山，坎是水，所以说"山下出泉"。泉水流时一泻而下，象征果断，又象征仁德，仁德果断是成功的前提，所以下文说"君子以果行育德"。

【译文】

《蒙》 亨通；不是我去求幼童占筮，是幼童求我占筮，初次求教就施以教诲，再三乱问，这就渎犯了神圣的筮法，乱问就不再为之筮。此卦是有利的占问。

"匪我求童蒙，童蒙求我"强调受教育者求知的欲望和主动性对于启蒙教育是非常重要的。

《象传》说：《蒙》卦的象征是，山下有危险，君子遇险止步，这就是《蒙》卦。《蒙》卦是亨通的，是因为遇险止步是及时的和中正的。"匪我求童蒙，童蒙求我"，这是说双方的想法一致；"初筮告"，是因为蒙童求问的是刚健中正的事；"再三渎，渎则不告"，是因为这种行为是渎犯神灵的和蒙昧的。通过培养中正的道德去除蒙昧，这是圣人的功业。

《象传》说：山下涌出泉水，这就是《蒙》卦的象征。君子取法《蒙》卦果断行动，培养道德。

爻辞

【经文+传文】

初六 发蒙；利用刑人，用说桎梏；以往吝。

《象》曰：初六 "利用刑人"，以正法也。

【译文】

初六 启发蒙昧；利于以法教育人，使其脱离桎梏。但有所前往则会发生艰难之事。

《象传》说："利用刑人"，是说君子按照法令办事。

【爻意分析】

此爻为本卦之初始，其位置最下，且以阴爻居于阳位，不中不正，好似个蒙昧不守正道的学童，需要九二刚中师长的教导。启蒙之始，宜严以施教，必要时应给以惩罚，使之回归正途。若姑息迁就，任其自由散漫，劣性滋长，日后铸成大错，则后悔莫及。所以初六犯下小错之时，就要予以适当惩戒，使其铭记在心。如此才能避免其日后的无穷祸患。

【可断结果】

此爻处蒙学伊始，所持柔弱，然为可造之才，故当施教以严，敦其走正途，或可有为；若对其姑息迁就，不加训诫，则会遗患无穷，悔之莫及。

【经文+传文】

九二　包蒙：吉；纳妇：吉，子克家。

《象》曰：九二　"子克家"，刚柔接也。

【译文】

九二　包容蒙昧之人：吉祥；为子娶妻：吉祥；儿子能够继承父志兴家立业。

《象传》说："子克家"，是说男女相配。

【爻意分析】

九二爻阳爻居阴位，虽不正，但又居中位，故可包容初、三、四、五诸阴爻，师尊于上，远近皆至，故而吉祥。九二爻上应六五，下应诸阴爻，又好比男子娶妻纳妾一般，意指能够包容接纳。九二爻位于下卦中位，虽然地位低下，却能像儿子继承父志一样，兴家立业，所以爻辞上说："子克家。"

【可断结果】

九二爻行刚中之教，能够以为包容的态度引导蒙昧者。其有纳妇之象，虽妇不贤亦可教化之。九二行为刚中而不过于苛责，因材施教，故亦可为六五尊者之师，帮助其为国治家。聪明的人能够包容蒙昧的人是吉祥的。九二为师，能行其"刚中"之教；六五为蒙童，能够虚心受教，使蒙昧得以开启，人格得以成长。九二老师与六五蒙童相得益彰，十分吉祥。也只有这样，才能教育出成功的传承之才。

【经文+传文】

六三　勿用取女，见金夫，不有躬，无攸利。

《象》曰：六三　"勿用取女"，行不顺也。

【译文】

六三　不能娶那样的女人，她看见有钱人，就会失身，娶她没有什么好处。

《象传》说："勿用取女"，是说事情不顺。

【爻意分析】

此爻阴居阳位，不中不正，兼处蒙卦下体之末，乘凌位卑而中正刚明的良师九二，攀附于与之同样不中不正而位居极位的上九，故而现邪辟妄行、见利忘义之端倪，行有不顺。

【可断结果】

此爻处位不中不正，又上结不中不正而位居极位的上九，凌于位卑而中正刚明的良师九二之上。因而若遇此类女子，绝不可娶以为妻，因为此类女子见钱眼开，趋利舍义，娶之不利。

【经文+传文】

 六四 困蒙：吝。

【译文】

　　六四　困于蒙昧之中：有艰难。

　　《象传》说："困蒙"是艰难的，是因为远离实际。

【爻意分析】

　　此爻阴居阴位，又处于六三、六五两阴爻之间，虽得位而阴气太重，而与九二与上九两阳爻相距甚远，既非亲比，又无正应，故困于蒙昧之中。

【可断结果】

　　此爻内质昏暗，外受锢闭甚重，昏昧而亟待教化，却因远离名师，深陷蒙困之中难以自拔。

困而不学的幼童最为蒙昧。

【经文+传文】

 六五 童蒙：吉。

　　《象》曰：六五 "童蒙"之"吉"，顺以巽也。

【译文】

　　六五　童子蒙昧受启发（能够听从教导）：吉祥。

　　《象传》说："童蒙"是吉祥的，是因为蒙童柔顺又能服从大人。

【爻意分析】

　　此爻居尊位而柔善，又与九二相正应并得其相助。面对九二刚中之师，六五谦恭好学，欣然接受九二的教诲，其智慧日益增长，其学业日益精进，故为此卦之吉爻。

【可断结果】

　　此爻所处之位地利人和，又有柔顺之意，故可得九二教导与协助。若能柔以应之，谦以待之，必能获利。

【经文+传文】

 上九 击蒙；不利为寇，利御寇。

　　《象》曰：上九 "利"用"御寇"，上下顺也。

【译文】

上九　以猛击开启蒙昧；过于暴烈则不利，用抵御盗寇之法有利。

《象传》说："御寇"是有利的，是因为御寇是自卫，臣民都会顺从支持。

【爻意分析】

阳爻居阴位，阳刚之气过重，下临三爻阴爻，又兼居至上之位，故而刚勇无羁，柔性不足。上九个性刚猛，其教育过于严厉，任意处罚学生，结果会适得其反，其所作所为对启迪蒙昧毫无帮助。

【可断结果】

处此爻者，气质刚勇而乏柔，若能克制刚勇之气以防过之。做事多想方法策略，可取得好的效果；若向以刚勇为用，则可能适得其反。

需 卦

水天需
（下乾上坎）

【需卦导读】

卦象：下乾上坎，为云气上集于天，待时降雨之象。卦德：下卦为乾为健，上卦为坎为顺。

全卦揭示需待以养精蓄锐之道，强调等待的重要意义。

卦辞

【经文+传文】

《需》 有孚，光亨，贞吉，利涉大川。

《彖》曰：《彖》曰：需，须也。险在前也，刚健而不陷，其义不困穷矣。《需》，"有孚，光亨，贞吉"，位乎天位，以正中也。"利涉大川"，往有功也。

《象》曰：云上乎天①，《需》。君子以饮食宴乐。

【注解】

①云乎上天：《需》卦下乾上坎，坎是水，也是云，乾是天，所以说"云上乎天"。云在天上，是雨降润物的先兆，君子也要饮食宴乐滋养身心，所以下文说"君子以饮食宴乐"。

【译文】

《需》 真诚守信，光明亨通，守正吉祥，渡大河有利。

《彖传》说：需，指等待。前有危险，人却能凭着刚健，避免使自己陷险，宜其不会困穷。《需》卦说："有孚，光亨，贞吉。"这是因为人居尊位，道德中正。"利涉大川"，这是说前往有收获。

《象传》说：云在天上，这就是《需》卦的象征。君子取法《需》卦安于饮食宴乐。

需卦象征等待，懂得等待，前程光明而亨通。

爻辞

【经文+传文】

初九　需于郊，利用恒，无咎。

《象》曰：初九　"需于郊"，不犯难行也；"利用恒无咎"，未失常也。

【译文】

初九　停留郊野外，恒心等待有利，无害。

《象传》说："需于郊"，是说不要冒险前进；"利用恒，无咎"，是因为没有违反常道。

【爻意分析】

古人居住于城墙之内为"邑"，城墙之外称为"郊"。"需于郊"，说明初九离开城邑，来到郊外，知道前面有坎水之险，所以停下来等待。此爻阳爻居阳位，又为本卦初爻，故有阳刚之勇，又与六四柔爻相应，所以有上行之势，容易为意气所动而执意前行。初九动辄接近坎水之险，唯有安分守己，以恒常之心处之，才可以远离祸患而无咎。

【可断结果】

处此爻者若义气行事或恃才放旷，或为形势所激、利益所诱而失去理智，则会失败；若能懂得持之以恒，审时度势，积蓄力量等待时机，则能成功。

【经文+传文】

九二　需于沙，小有言，终吉。

《象》曰：九二　"需于沙"，衍在中也；虽小有言，以吉终也。

【译文】

九二　停留在难行的沙地上，会受到小的谴责，但终获吉祥。

《象传》说："需于沙"，是说君子停于不当停之处而有过失，受到小的谴责，结果却还是吉祥的。

【爻意分析】

此爻虽阳居阴位而不正，然又处下卦之中位，上无应与，不求遽进，其居柔守中，静待不躁。九二离坎险尚隔九三，犹如在靠近水旁之沙滩上等待时机，接近危险但未陷入危险，虽然有小小的语言中伤，但并无大碍。

九二爻在沙滩上等待，宽裕自处，不躁进盲动，虽稍有伤害，终必得吉。

【可断结果】

此爻居位不正，且渐近于坎险，故有些谗谤之言，然其有刚中之德，无畏于人之毁誉，俟机待时，终获吉祥。

【经文+传文】

九三　需于泥，致寇至。

《象》曰：九三　"需于泥"，灾在外也。自我"致寇"，敬慎不败也。

【译文】

九三　停留淤泥里，会招致盗寇到来。

《象传》说："需于泥"，是说灾祸就在外面。虽是自己招来的寇盗，但谨慎防御，还是能避免失败的。

【爻意分析】

"泥"为与水相接的泥淖之地，是险陷之地，"寇"指大灾祸。九三最接近上卦的坎体，身处河边的泥地，其处境非常容易招致寇至。此爻处需下卦之上，濒临坎险，又以阳居阳位，有刚亢躁进之象，若稍有不慎，则会致祸。

【可断结果】

处此位者，因外毗邻上卦坎险之边缘，内有阳刚亢进之象，若谨慎行事，或处不败；若不择时机亢进犯险，则会自惹其祸。

【经文+传文】

六四　需于血，出自穴。

《象》曰：六四　"需于血"，顺以听也。

【译文】

六四 停留血泊中,(形势凶险),但终能逃出洞穴,(渡过灾难)。

《象传》说:"需于血",是说要顺乎时势应乎天命。

【爻意分析】

此爻阴居阴位,柔弱有加,又居坎险下位,有待于血泊之象;然又居正位,得上之尊爻九五之庇护,虽在伤地而终得出也。六四虽已在坎险中受伤,却能以柔顺之道应对自处,即便在血泊中也能冷静等待脱险的时机,加上九五的帮助,最终化险为夷。

【可断结果】

得此爻者宜禀其本质阴柔随顺之气,外则上随九五,内则冷静等待时机,虽处易于被伤害之地,需于血泊之中,而终得出。

【经文+传文】

九五 需于酒食:贞吉。

《象》曰:九五 "酒食贞吉",以中正也。

【译文】 九五 停留酒食之地:占问说吉祥。

《象传》说:"酒食贞吉",是因为君子能行中正之道。

【爻意分析】

九五爻已深入坎险中间,本来是非常值得忧虑的,但此爻阳居中位,又高居君位,阳刚中正,其德足以服人。中则左右逢源,正则长久不已。九五爻知上下协助不力,在困境中仍能自得其乐,处变不惊,乐以待之。其乐观宽裕的态度最终等到了圆满的结果。

【可断结果】

九五能"需于酒食",不急于济难出险,安守正道,故能得吉。处此位者若能洞察形势,知己知彼,蓄养力量,乐而待机,养德修行,泽被民众,并能蓄积人、力,则会长久。

【经文+传文】

上六 入于穴,有不速之客三人来,敬之终吉。

《象》曰:上六 "不速之客来,敬之终吉",虽不当位,未大失也。

【译文】

上六　进入居住之处，有三个不速之客来访，恭敬接待就会终获吉祥。

《象传》说："不速之客来，敬之终吉"。上六处的位置虽有不当，也不会酿成大过失。

【爻意分析】

此爻虽阴柔得正，而身居险极，有陷而入穴之象。九三与之相应，携初九、二九相助，敬之则可获吉。

【可断结果】

处此位者若能深得需道真义，容忍守静，对相助者敬以待之，慎以待时，可无大失。

上六有柔顺之德，能恭敬接待三位不速之客，终能化险为夷而得吉。

讼 卦

天水讼
（下坎上乾）

【讼卦导读】

卦象：下坎上乾，天上行，水下行之象。卦德：下卦为坎为险，上卦为乾为健。全卦教人讼的规则，倡导息讼。

卦辞

【经文+传文】

《讼》有孚，窒，惕，中吉，终凶；利见大人，不利涉大川。

《象》曰：《讼》，上刚下险，险而健，《讼》。《讼》"有孚，窒惕，中吉"，刚来而得中也；"终凶"，讼不可成也；"利见大人"，尚中正也；"不利涉大川"，入于渊也。

《象》曰：天与水违行①，《讼》。君子以作事谋始。

【注解】

①天与水违行：《讼》卦下坎上乾，乾是天，坎是水，古人认为天是朝西运行的，水是东流的，水天相背，所以说"天与水违行"。水天相背，象征人和人意见相背，会起争讼，作事宜谋好开局，所以

下文说"君子以作事谋始"。

【译文】

《讼》有俘获；心中恐惧警惕，事情中途吉祥，结果凶险；见大人有利，渡大河不利。

《彖传》说：《讼》卦的象征是，君子刚健时遇险，遇险时依然刚健，这就是《讼》卦。《讼》卦说"有孚，窒，惕，中吉"，这是因为君子刚健中正；"终凶"，这是说君子争讼不会赢；"利见大人"，是因为君子崇尚中正；"不利涉大川"，是因为强渡会落水。

《象传》说：天和水反向运动，这就是《讼》卦的象征。君子取法《讼》卦，做事考虑好开始（以绝争讼之源）。

爻辞

【经文+传文】

初六 不永所事，小有言，终吉。

《象》曰：初六 "不永所事"，讼不可长也。虽小有言，其辩明也。

【译文】

初六 事情做不久，会受到小的谴责，但终获吉祥。

《象传》说："不永所事"，是说争讼不可长久不了。虽然受到（官吏）小的谴责，是非却已辩明白了。

【爻意分析】

初六以阴柔之爻居于卦下，阴居阳位而不正，虽与九四阴阳相应，但中有九二阻碍。幸而九四阳刚，有呼应之势，故终能平息争讼。初六地位低下本质柔弱，与人争讼根本没有实力取胜。初六度德量力，知道争讼最终对自己不利，所以在语言上解释几句为止。虽然因为语言上的争辩而有轻微的灾患，但终究化险为夷而得吉。

【可断结果】

处此爻者，九四虽有相助之意，然阻隔重重，施力不足，勿寄过大希望于九四。若不将争讼久拖，虽受小的责难，但最终还会吉祥。

【经文+传文】

九二 不克讼，归而逋，其邑人三百户无眚。

《象》曰：九二 "不克讼"，归逋窜也。自下讼上，患至掇也。

29

【译文】

九二　争讼不能取胜，回家后逃跑，他封邑内的三百户人家就能免于灾祸了。

《象传》说：争讼赢不了，回来后就逃跑。居于下位而和上位发生争讼，招来祸患十分容易。

【爻意分析】

此爻以阳爻居阴位，又处坎险之中，又与阳刚而处尊位的九五不相应，处于相对位置，两刚相遇而不相应，造成争讼，九二居下而必败无疑。《象传》中也说，不能胜讼，于是逃跑回来，下面的人与上面的人争讼，招来的祸患会像俯身拾物一样容易。由于九二能够迅速抽身撤退，他的邑人三百户得以免祸了。

【可断结果】

九二与九五争讼，必败无疑。处此爻位者必须分清利害，明晰自己与人争讼所处的不利境地，急流勇退，疾抽身于争讼而逃避，方可避却大害。九二明白此理，迅速打退堂鼓息讼逃避，最终使自己和自己的亲近之人得以免祸。

【经文+传文】

六三　食旧德：贞厉，终吉；或从王事，无成。

《象》曰：六三　"食旧德"，从上吉也。

【译文】

六三　靠祖业过活：守持正固以避免危险，但终获吉祥；或者从事君王事业，成功不自居。

《象传》说："食旧德"，是说顺从上位就能吉祥。

六三资质柔弱，安分守己而不妄求，顺从于居上位的阳刚就能得到吉祥。

【爻意分析】

此爻阴居阳位而不正，以阴柔之质居九二、九四两阳爻之间，为危厉之地，又兼处上下卦之间，更为进退两难是非之地，应顺上息讼。即使是从事君王委派的任务，也能谨守固有俸禄，尽忠职守，与人无争，即使有功劳也不居功。这样的君子即便是小人也无法与之起争端。《象传》说，安享旧的俸禄，是说六三顺从居上位的阳刚而得到吉祥。

【可断结果】

处此爻位者，应秉持以往之美德，欲起争讼之时安分守己，当可获吉；或为尊者做事，亦应谨慎有加，不应居功自傲，亦能获吉。

【经文+传文】

 九四 不克讼，复即命渝；安贞吉。

《象》曰：九四 "复即命渝" "安贞"，不失也。

【译文】

九四 争讼不能取胜，回来后服从命令；安守正道则吉祥。

《象传》说：回来后服从命令，安守正道，这就不会有过失。

【爻意分析】

此爻以阳刚之势居于阴位，不正不中，与初六位置相对，有以强凌弱、以上压下之势；初六阴柔势弱，不想与之相争，其以"不永所事"为戒，仅仅是解释了几句，并不与九四争讼。因此九四虽然刚强好讼，但终究不能成讼。九四不能胜讼，所以回心转意归于正道正理，改正其好与人争讼的性格，修正错误，所以不会有什么损失，结果也是吉祥的。

【可断结果】

处此爻者势刚而位不正，如若以强犯弱，必将偏离正理，失于正道，不得人心；心向正理正道，方可吉祥。

【经文+传文】

九五 讼元吉。

《象》曰：九五 "讼元吉"，以中正也。

【译文】

九五 明断讼事，大吉。

《象传》说：争讼大吉，是因为君子居中守正。

【爻意分析】

此爻阳居阳位，又兼居尊位，故能中正刚直，行中正之道，即卦辞中所提"大人"，也就是决断讼事的大人。九五阳气充沛，立于正义之上，由九五来仲裁讼事，则争议必得伸张，非常吉祥。《象传》也说，九五能够决断争讼，大吉，因为九五能行中正之道。

【可断结果】

处此爻者，若能刚正而行道义，不恃强凌弱，以中正之念进行诉讼，当可获吉祥之果。

【经文+传文】

上九　或锡之鞶带，终朝三褫之。

《象》曰：上九　以讼受服，亦不足敬也。

【译文】

上九　偶或（讼胜）得到显贵的大腰带，但一天里多次得到又多次被剥夺。

《象传》说：通过争讼捞得官位，是不值得人敬重的。

【爻意分析】

此爻以阳刚居于本卦终极，具争强好胜之本性，与下卦六三相对；六三忍让而不争不讼，故而一时胜诉。爻辞中说，或因（讼胜）得到显贵的大腰带，但一天里又多次被剥夺。这种通过争讼而获得的高官厚禄，不仅不光彩，而且饱受舆论谴责，非常凶险。上九好讼成性，若不知悔改，纵然一时得意，也终会落得身败名裂。

【可断结果】

处此爻者若逞好强之心，恃强凌弱，一味与柔弱者相争锋，虽一时可获胜，或可得官得利，然终会被完全剥夺，以致身败名裂，咎由自取，毫无善果。

师 卦

地水师
（下坎上坤）

【师卦导读】

卦象：下坎上坤，为地中有水之象。卦德：下卦为坎为险，上卦为坤为顺。全卦阐发兴师动众、行军作战的道理。

卦辞

【经文+传文】

《师》　贞①，丈人吉，无咎。

《彖》曰："师"，众也；"贞"，正也。能以众正，可以王矣。刚中而应，行险而顺，以此毒天下，而民从之，吉又何咎矣。

《象》曰：地中有水，《师》。君子以容民畜众。

【注解】

①师："师"即为军队兵众之义。本卦讲述了行师、择将、进退等各方面的军事活动，系统论述了战争理论。指出要慎重对待战争，因为战争关系着百姓的生死和国家的存亡。

【译文】

《师》 坚守正固，贤明长者率兵吉祥，无害。

《彖传》说："师"，指众人；"贞"，指正道。能使众人都来归顺正道，就可以称王了。刚健中正又能得人响应，身处危险仍能顺应正道，这样治理天下，百姓就会附，这是吉祥的，哪里会有害处呢？

《象传》说：地中有水，这就是《师》卦的象征。君子取法《师》卦容纳和蓄养百姓。

师卦象征军队。守持正道，以贤明长者为统帅，可以吉祥，没有灾祸。其要点在于，第一要师出有名。第二要善于选择贤明而富有经验和威望的统帅。

爻辞

【经文+传文】

初六　师出以律，否臧凶。

《象》曰：初六 "师出以律"，失律凶也。

【译文】

初六　行军靠军纪，不守军纪会有凶险。

《象传》说："师出以律"，失了纪律是凶险的。

【爻意分析】

此爻阴居阳位，又为本卦之起始，阴柔之象明显，为初出茅庐之征，又处卦主之左右，以其柔弱之质恐难治军以律，所以爻辞告诫说军纪不佳会有风险。《象传》也说，军队出动要靠纪律约束，军机不良就会有凶险。初六爻当严以律己，谨小慎微，以严明军纪为首要法则。

【可断结果】

处此爻者，处事之初始，又处卦主之左右，应谨小慎微，严以律己，否则不论胜败皆会招致凶险。

【经文+传文】

九二　在师中：吉，无咎，王三锡命。

《象》曰：九二 "在师中吉"，承天宠也；"王三锡命"，怀万邦也。

【译文】

九二　在军统兵，持中不偏者吉祥，无害，天子多次奖赏他。

《象传》说："在师中吉"，是因为受到上天的宠爱；"王三锡命"，为的是收服万国的心。

对于在外用兵行师的军帅来说，能够守持中道，得到君王的信任是非常重要的。

【爻意分析】

此爻阳爻居下卦之中位，为中庸之象；又为本卦之唯一阳爻、一卦之主，受众阴爻之拱卫；上之六五虽阴柔，然位居尊位，为卦中之君，与之相应。九二主爻居于军中，总摄用兵行师之事，因其具备刚中之德，所以吉祥没有咎错。爻辞中"王三锡命"说明六五君王对九二大人宠信之深，依赖之重，委以重任，并多次嘉奖。《象传》中所说的"怀万邦"指出，君王多次嘉奖将帅并不是要穷兵黩武，而是为了更快地结束战争，收服安抚百姓之心。这就强调了用兵作战的根本原则是要坚守正道、师出有名，且要适可而止。

【可断结果】

处此位者，当为军之统帅，又为六五所节制，故做事宜把握分寸、不偏不倚，守持中道，当为众人所拥，君王所信；若专权自用，必将招致众人埋怨，君王猜疑，以致祸不旋踵。

【经文+传文】

六三　师或舆尸：凶。

《象》曰：六三　"师或舆尸"，大无功也。

【译文】

六三　军队或会用车载着尸体回来：凶险。

《象传》说："师或舆尸"，是说征伐不仅毫无战绩，而且出师的军队可能载尸而归。

【爻意分析】

此爻阴居阳位，不正不中，才能有限；又乘于九二之上，刚愎自用，故行事易失。这象征将领有勇无谋，才弱志刚。其轻率用兵，大意轻敌，所以吃了败仗，军队最后载尸而归，可见是多么的凶险！

【可断结果】

居此位者，若能收敛邪心，走中正之道，又能兼听兼信，人心可用，当能自保；若心术不正又刚愎自用，定会遭遇惨败。

【经文+传文】

六四　师左次：无咎。

《象》曰：六四　"左次无咎"，未失常也。

【译文】

六四　军队撤退安全处驻扎：免遭灾害。

《象传》说："左次无咎"，撤退驻守，没有出现灾祸，是因为军队没有违反行军的常道。

【爻意分析】

"左次"为退避歇止之义，六四爻处上下两卦之交，为"多惧之地"，下又无阳爻为继，处势不利，所以暂时退后一步，按兵不动，因此而得无咎。六四爻柔居阴位，阴柔而得正，故可处险自警，不致一意孤行；一时受阻，能暂退而按兵不动，所以没有灾祸。

【可断结果】

处此爻者，若能自知处境之艰险，又能以柔正抚众而得人和，集思广益，占据有利地势以得地利，虽处困境，因调节有度，也可无咎。

【经文+传文】

六五　田有禽：利执言，无咎；长子帅师，弟子舆尸：贞凶。

《象》曰：六五　"长子帅师"，以中行也；"弟子舆尸"，使不当也。

【译文】

六五　田野上有野禽，利于捕捉，无害；可以委任长者统率军队出征，委任幼稚者就会战亡，尸体用车载着回来：要保持贞正以防凶险。

《象传》说："长子帅师"，是因为长子能行中道；"弟子舆尸"，是因为用人不当。

【爻意分析】

六五爻以阴爻居于处上卦中央的至尊之位，显柔顺、中庸之象，不会贸然犯险，是柔顺中正而能用师的明君。"田有禽：利执言"比喻敌人来侵犯领土，应该予以打击。这是师出有名的正义之战，所以是有利的。没有灾祸。君王派出自己非常信任的，能以中道行事的"长子"九二率师出征，这是正确的。而派柔弱平庸的小子六三参与军事指挥，则是用人不当。

【可断结果】

处于此爻者本中庸柔顺，不主动犯险，其立场有利而没有过错，然由于用人不当，出师有大败而归的忧虑。幸而六五处于正义立场，又是不得已而应战，所以虽败无咎。

【经文+传文】

上六　大君有命，开国承家，小人勿用。

《象》曰：上六 "大君有命"，以正功也；"小人勿用"，必乱邦也。

【译文】

上六　天子有奖赏，有功者封为诸侯或大夫，小人不得受封。

《象传》说："大君有命"，为的是论功行赏；"小人勿用"，不然必定乱邦。

【爻意分析】

此爻为本卦之终极，阴居阴位而得位，象征战争结束，君王论功行赏。强调小人即便在战争中有功，也不可以赏赐。

上六说明军队凯旋，君王论功行赏的道理。

【可断结果】

处此爻者，应及时对有功之人施以奖赏，并对不力之人施以惩罚。如此则可获得人心，弘扬正气。同时更应对自己的得失进行总结，特别应当注意勿用小人，否则会搅乱邦国，祸国殃民。

比 卦

水地比
（下坤上坎）

【比卦导读】

卦象：下坤上坎，为水贴地面流之象。卦德：下卦为坤为顺，上卦为坎为险。
全卦讲述人际关系的上下左右之间 "亲密比辅" 的道理。

卦辞

【经文+传文】

《比》 吉，原筮，元，永贞无咎；不宁方来，后夫凶。

《象》曰：《比》，吉也；《比》，辅也，下顺从也。"原筮元。永贞无咎"，以刚中也；"不宁方来"，上下应也；"后夫凶"，其道穷也。

《象》曰：地上有水①，《比》。先王以建万国，亲诸侯。

【注解】

①地上有水：《比》卦下坤上坎，坎是水，坤是地，所以说"地上有水"。水象征百姓。大地百姓遍布，先王治理百姓，就要建国亲侯，巩固政权，所以下文说"先王以建万国，亲诸侯"。

能够相互亲密比辅，互相协作是吉祥的。

【译文】

《比》 亲密比辅则吉祥，初次占问大亨通，长久坚持正固则无害；不获安宁的邦国前来朝拜，迟来的有凶险。

《象传》说：《比》卦是吉祥的，《比》，指辅佐，指臣子顺从君主。"原筮元，永贞无咎"，是因为君主刚健中正；"不宁方来"，是因为君臣能彼此响应；"后夫凶"，这是说后到者将无路可走了。

《象传》说：地上有水，这就是《比》卦的象征。先王取法《比》卦建立众国，亲近诸侯。

爻辞

【经文+传文】

初六 有孚；比之，无咎；有孚盈缶，终来有它，吉。

《象》曰：初六 《比》之"初六"，"有它吉"也。

【译文】

初六 心怀诚信，亲比天子则无害；积累的诚信有如水装满瓦器，最终还有别的收获到来：吉祥。

《象传》说：《比》卦初六爻："终会有他人来亲近自己"吉祥。

【爻意分析】

此爻以阴柔之质居下，地位低微，还无力辅佐于谁；又远离九五至尊，故与九五至尊结交不易。初六想要亲比九五，应当内心充满诚信，犹如缶中盈满物品，满腹皆诚，这样不但会没有咎错，还会有意想不到的吉祥降临。初六虽然没有刻意亲比于谁，但其诚信守正，自然会获得亲比而得吉。

【可断结果】

处此爻位者，地位卑下，而又与尊贵之人相隔甚远，其亲比的愿望看似没有实现的可能。但若能心怀诚意主动与人交往，不加丝毫修饰，全凭满腹热忱以诚信待人，则会终获吉祥，甚至能有意外的好事降临。

朴素的瓦缶内充满了水，好比有德的君子不靠外表而是靠内心的真诚与人结交。自然会获得亲比而得吉。

【经文+传文】

 六二　比之自内：贞吉。

《象》曰：六二　"比之自内"，不自失也。

【译文】

六二　在朝廷内辅助天子：守持正固吉祥。

《象传》说：从内部相亲相辅，是没有失去自己本来就有的正应关系（强调亲比要从自己做起）。

【爻意分析】

此爻以阴柔居下卦之中，处中正之位，又与本卦之至尊九五成正应关系，能上下呼应，故而条件优越。"自内"意谓由己而发，与人亲比能固守正道，则得吉。

【可断结果】

处此爻位者，若能修身正己，坚持正道，以待人君之求，不屈志辱身，汲汲钻营，盲目攀附，动机纯正，则可吉祥。否则则可失去其优势。

【经文+传文】

六三　比之匪人。

《象》曰：六三　"比之，匪人"，不亦伤乎？

【译文】

六三　亲近比辅了不该亲近的人。

《象传》说："比之匪人"，岂不是会被伤害？

【爻意分析】

此爻以阴柔之气居阳位，又处下卦之末，与其相对应之爻上六位居不中，且其与刚正的九五无比应关系，故而处境不利。在比卦中，初六亲比九五"有它吉"，六二以中正之道亲比九五，六四以正德亲比九五，而六三缺乏亲比九五的德行和正应关系。所以六三是"比之匪人"，不能和恰当的对象亲比，必有悔吝。

【可断结果】

此卦之初六先入为主，六二与九五正应，六四与九五亲比，故仅六三无人可比附，处境最为不利；然若能于时机未到之时守正以待时变，结果未必凶险。

【经文+传文】

六四　外比之：贞吉。

《象》曰：六四　外比于贤，以从上也。

【译文】

六四　在外亲比于上：守持贞正则吉祥。

《象传》说：在朝廷外辅佐贤君，是因为臣子要服从君主。

【爻意分析】

此爻本与初六相应，而阴阴相斥，故而既不能相应，亦无法相比。然又阴居阴位而当位得正，与九五至尊之位相比邻，刚柔相济，故可吉祥。六四

六四强调亲附于上要注意守正。

能亲近贤人而顺从君上，符合比的正道，所以爻辞中谓之"贞吉"。六四不和与它相对应的初六亲比，而向上与居于君位的九五相亲比，所以爻辞特别提醒六四要坚守正道。

【可断结果】

处此爻者，若能亲近投靠贤明之人，以正义之念亲附于九五至尊，则可行为端正，别人的指责亦可不攻自破。

【经文+传文】

九五　显比，王用三驱[①]，失前禽，邑人不诫：吉。

《象》曰：九五　"显比"之"吉"，位正中也。舍逆取顺，"失前禽"也。"邑人不诫"，上使中也。

【注解】

①三驱：古代的一种狩猎法，三面设围，前面放空，如果野兽从前面逃走，就不追捕，故而下句说"失前禽"。

【译文】

九五　用光明之道广获亲比；天子用三驱法狩猎，放掉逃向前面的野禽，当地人对此不感到惊奇：吉祥。

《象传》说：用光明之道辅助君主是吉祥的，是因为君主中正。舍弃迎面奔来的野兽不射杀，却去射杀往前远跑的，是"失前禽"的原因。当地人对此不感到惊奇，是因为君主中正。

【爻意分析】

此爻以刚正之阳气居阳位而得位，又居于上卦之中位，得位中正而又兼居至尊之位，故为本卦之主爻。九五君王打猎，只从三面设围，并不赶尽杀绝，表现了君王仁爱的美德。对于民众，也不专门告诫其亲附自己，而是完全凭自己的美德使之自愿亲附，这正是君子至善之德的表现。

【可断结果】

处此爻者，若能持光明正大之心，舍弃违逆者，容纳顺从者，宽待属下之人，一视同仁，明君而行中道，远近来亲比，故吉祥。

【经文+传文】

上六　比之，无首：凶。

《象》曰：上六　《象》曰："比之无首"，无所终也。

【译文】

上六　亲比而没有好的开端：凶险。

《象传》说："比之无首"，是说事情没有好收场。

【爻意分析】

此爻位居本卦之末，阴居阴位而得位，位置甚高而紧邻九五，故本有有利之势；但其"比之无首"，是说上六在开始的时候不愿亲比九五，直到看到其他爻都已亲附于九五，自己已陷入孤立的困境，才求比于九五，但已错过时机。这就是卦辞所说的"后夫凶"。

上六地位本来得天独厚，但自己不愿意主动亲附于其主，直到到了不得已才为之，其结果自然多凶。

【可断结果】

处此位者虽占据有利条件，若其自视甚高而未与九五亲比，条件优越而不加用，先踞后恭，则难免陷于凶险。

小畜卦

风天小畜
（下乾上巽）

【小畜卦导读】

卦象：下乾上巽，为风行天上之象。卦德：下卦为乾为健，上卦为巽为顺。
全卦揭示了事物发展的"小畜大""阴离阳"之理。

卦辞

【经文+传文】

《小畜》 亨；密云不雨，自我西郊。

《彖》曰：《小畜》，柔得位而上下应之，曰"小畜"。健而巽，刚中而志行，乃"亨"。"密云不雨"，尚往也；"自我西郊"，施未行也。

《象》曰：风行天上①，《小畜》。君子以懿文德。

【注解】

①风行天上：《小畜》卦下乾上巽，巽是风，乾是天，所以说"风行天上"。风象征德教，天象征朝廷，朝廷实施德教，靠的是德才兼备的人，所以下文说"君子以懿文德"。

【译文】

《小畜》 亨通；浓云不下雨，从我的西邑郊外涌来。

"密云不雨"是说小畜卦处于蓄养未用之时，犹如天上的云层已然积聚得很密，但还未能降雨。

《彖传》说：《小畜》卦的象征是，六四阴爻居阴位即是柔顺者得其位，上下五阳爻与之相应，所以小有蓄聚，所以卦名叫"小畜"。君子刚健谦逊，道德中正，志向得以推行，所以亨通。"密云不雨"，这是说乌云上涌聚集；"自我西郊"，这是说雨尚未降下，说明阴阳交和之功方积，而未大行其道。

《象传》说：风刮在天上，这就是《小畜》卦的象征。君子取法《小畜》卦，磨练自己的才能和道德。

爻辞

【经文+传文】

初九　复自道：何其咎？吉。

《象》曰：初九　"复自道"，其义吉也。

【译文】

初九　从正路返回，能有什么灾祸呢？吉祥。

《象传》说："复自道"，是吉祥的。

【爻意分析】

此爻阳居阳位而得位，阳刚好动，动则阳刚之气上行，与本卦之唯一——阴爻六四相应，成正应关系。而因此爻处阳之初，阳气尚弱，如为六四所蓄聚则会失去本身德性。爻辞中说"复自道"，是要初九返身回归于本位，静待时机，这样做是没有危害而且吉祥的。

【可断结果】

处此位者阳气初升，刚力尚弱，应摒弃好动冒进之性格，培养自己持之以恒的精神，刚柔相济，则可为吉。

【经文+传文】

九二　牵复：吉。

《象》曰：九二　"牵复"在中，亦不自失也。

【译文】

九二　受人牵引返回：吉祥。

《象传》说："牵复"，是因为君子能守中道，不会有什么过失。

【爻意分析】

此爻处于下卦中位，向上与九五相敌无应，所以容易受到其同类初九牵连。九二以刚爻居于阴位，资质刚健而能用柔顺之道。其处于下卦正中，刚健中正，又不急于上行，同样避免了被六五蓄聚。所以卦辞说九二受到初九牵连而返回本位是吉祥的。

【可断结果】

得此爻者，刚质未盛，有被兼蓄之危险。其处境又与初九相牵连，志同道合，携手联合可以抵挡前方兼蓄之吸引。若能返归于中正固守之道，则能避免为阴所蓄聚，不会有错失，是吉祥的。若贸然上行，则会陷入被控制的困境。

42

【经文+传文】

九三　舆说辐；夫妻反目。

《象》曰：九三　"夫妻反目"，不能正室也。

【译文】

九三　车轮辐条脱落；夫妻反目成仇。

《象传》说："夫妻反目"，这是因为丈夫不能使夫妻关系正常，使家庭和睦。

【爻意分析】

此爻阳居阳位，又处下卦之上位，刚亢而躁动，又与六四相比，因处六四阴质之下，六四乘凌于此爻之上，此爻为六四所蓄积，故为六四所制而失去主导，阴阳平衡被打破。

车轮的辐条散落，夫妻反目失和，皆因阳受制于阴，有违中道，终将造成阴阳离异。

【可断结果】

处此位者为六四所左右。六四乘于此爻之上，此爻受制，终致有舆脱辐，夫妻反目，虽无兆辞而难免其凶。

【经文+传文】

六四　有孚，血去惕出，无咎。

《象》曰：六四　"有孚惕出"，上合志也。

【译文】

六四　心怀诚信，忧患将要过去；出远门无害。

《象传》说："有孚惕出"，是能与居于上位的阳刚者心志相合。

【爻意分析】

"孚"是诚信的意思。"血去"指远离杀伤之地。"惕出"指免于危险惊惧。此爻阴居阴位而得正，又与九五相比邻，与初九相应并蓄积其余上下五阳，故内外上下都有利。六四之位正如近君大臣，其如能以其至诚之心、柔顺之道得君王的信任和重用，则可以避免凶险，没有咎错。

【可断结果】

处此爻者三才俱全，兼有巽柔之德，诚信有望，故能蓄积上下卦之三阳，上乘九五，下应初九；而若想独当一面，定会大受伤害。应秉守道义而持之以恒，上下合志，则能免除伤害。

【经文+传文】

      九五　有孚挛如，富以其邻。

《象》曰：九五　"有孚挛如"，不独富也。

【译文】

　　九五　心怀诚信，密切相联，与近邻共同富裕。

　　《象传》说："有孚挛如"，是说不要一家独富。

【爻意分析】

　　九五与六四相承，是为诚信牵系，阳居阳位，以刚正之态居巽卦之中，为本卦之主。"有孚挛如"意谓心怀诚信，相互紧密合作，指九五刚爻处于尊位而承六四。六四积存诚心以蓄辅九五，九五也能以诚相待加强与六四的紧密合作，君臣心志相连。"富以其邻"指九五将自己的中正诚信之德推及到了其邻六四。

【可断结果】

　　处此位者与六四君臣同心相连，若能以至诚之心对待其他各爻，特别对六四抱以信任，消六四之疑虑，团结奋进，则会共同获得大的成功。

【经文+传文】

　　　　上九　既雨既处，尚德载；妇贞厉；月几望，君子征凶。

《象》曰：上九　"既雨既处"，德积载也；"君子征凶"，有所疑也。

【译文】

　　上九　雨下过了，停了，此时应当积德载物，妇女应保持贞正以防危险；接近阴历十五时，君子出征有凶险。

　　《象传》说："既雨既处"，是说这时可以装货出行了；"君子征凶"，是因为出兵时对敌我形势、战争策略都迟疑不决。

【爻意分析】

　　此爻居巽卦之上位，又居全卦之顶端，为蓄止之终极，小蓄之道亦至极盛。阴气已经充分积累，阳气也已经蓄聚完成，阴

上九爻是说君子要积德，女子要贞守，以待事物之变。

阳二气相合而成雨水，功德已经圆满。如若再往下发展下去则会向盛极必衰方向转换。卦辞中说"既处"，表示停止，就停在月亮将圆而不过盈的境地。

【可断结果】

处此爻者应坚守正道，以阴蓄阳要适可而止，不可过盈，否则会破坏阴阳平衡，引起阴阳对立，呈盛极必危、物极必反之态，后果必然不妙。

履 卦

天泽履
（下兑上乾）

【履卦导读】

卦象：下兑上乾。为天在上，泽在下之象。卦德：下卦为兑为悦，上卦为乾为健。

全卦阐发"礼"是"人之所履"的道理。行为若是合礼，踩在老虎尾巴上，虎都不咬人。

卦辞

【经文+传文】

《履》 履虎尾，不咥人：亨。

《彖》曰：《履》，柔履刚也。说而应乎乾，是以"履虎尾，不咥人""亨"。刚中正，履帝位而不疚，光明也。

《象》曰：上天下泽①，《履》。君子以辩上下，安民志。

【注解】

①上天下泽：《履》卦下兑上乾，乾是天，兑是泽，所以说"上天下泽"。天象征君主，泽象征百姓，君主统治百姓，就要区别尊卑，安定民心，所以下文说"君子以辩上下，安民志"（辩：通"辨"，区别）。上天下泽实际上还包含了"礼"的规范，古人说，"履"和"礼"是密切相关的，天下有礼则安，无礼则危。

履卦卦辞之意：踩到老虎尾巴，老虎却不咬人。

【译文】

《履》 踩到老虎尾巴，老虎不咬人：亨通。

《彖传》说：《履》卦的象征是，小民凌驾君子。小民和悦地响应君子，这就是"履虎尾，不咥人""亨"的象征。君子刚健中正，即使登临帝位也毫无愧疚，前途光明。

《象传》说：上天下泽，这就是《履》卦的象征。君子取法《履》卦，建立秩序分别上下名分，安定百姓思想。

爻辞

【经文+传文】

初九　素履往：无咎。

《象》曰：初九　"素履"之"往"，独行愿也。

【译文】

初九　穿着朴素无华的鞋子前往：无害。比喻人以朴实坦白的态度行事，则无害。

《象传》说：朴素无华地往前走，是说君子行事坚定。

【爻意分析】

此爻阳居阳位而得正，因而能履行正道；居本卦之最下位，为本卦之初始，故能有大的发展前途。《象传》中说，以质朴的态度行事而继续前进，说明初九能独自实行自己的意愿。初九初涉世事，做事安分守己，为人朴实无华，虽然未必得吉，但起码没有过错。

【可断结果】

处此爻者，阳刚之气始生，刚步入人生之道，宜纯正、谦虚、朴实，安分守己，不贪非分之得，不越非分之位，更应小心谨慎、以本色示人，精诚专一并持之以恒，必无过错。

【经文+传文】

九二　履道坦坦：幽人贞吉。

《象》曰：九二　"幽人贞吉"，中不自乱也。

【译文】

九二　大路平坦：幽静无争的人吉祥。

《象传》说：安静、中和、恬淡的人是幽人，能坚持守住中正之道，自然是可以获得吉祥的。

【爻意分析】

此爻阳居阴位，故而阳刚而能柔；又处下卦之中位，得中而不偏，故而内心安恬清静，前途平易坦荡。《象传》说，安静恬淡的人坚持正道可得吉祥，说明九二没有扰乱自己的内心世界。只有安静自守的幽人才能固守正道，永远走在平坦的大道上自然会得到吉祥，所以爻辞中说"履道坦坦，幽人贞吉"。

【可断结果】

处此位者应自我修心养性，执着纯正，做事持中庸之道。如此方可得吉。

【经文+传文】

六三　眇能视，跛能履；履虎尾，咥人，凶；武人为于大君。

《象》曰：六三　"眇能视"，不足以有明也；"跛能履"，不足以与行也；"咥人"之"凶"，位不当也；"武人为于大君"，志刚也。

【译文】

六三　眼瞎了却自以为视力好，瘸腿的却自以为能走路；踩到老虎尾巴，老虎咬人：凶险；粗猛武人要担当君主给的大任。

《象传》说："眇能视"，是说独眼看不清东西；"跛能履"，是说瘸腿走不了路；"咥人"是凶险的，是因为地位失当；"武人为于大君"，是说武人刚愎自用。

独眼却自以为能看到，跛脚却自认为能行走，这是凶险的。此等匹夫之勇的人只可以为人效命。

【爻意分析】

此爻阴居阳位而不当，无阳刚之质而心志刚强，以柔乘刚而涉险，处于上下两卦之间而身居多惧之地。

【可断结果】

处此爻位者质本柔弱而心雄万夫，志大才疏，独眼却自以为能视，跛足却自以为能行，履虎尾而不能待之以柔，处险境而不能自省，持匹夫之勇而暴虎冯河，故而凶险异常。

【经文+传文】

九四　履虎尾，愬愬，终吉。

《象》曰：九四　"愬愬终吉"，志行也。

【译文】

九四　踩到老虎尾巴，心里戒惧，终获吉祥。

《象传》说："愬愬终吉"，是因为君子得志了。

【爻意分析】

此爻以阳爻处阴位而不中不正，又居九五之下而履虎尾，内刚而外柔，能以阴柔行事。《象传》说，保持恐惧谨慎，最终能获得吉祥，是说九四紧随九五之虎尾，不但内具阳刚之质，而且能柔顺行事，小心翼翼，那么终究可以免于危难而得吉。

【可断结果】

处此爻位者虽处位不中不正，又与九五相比邻，有履虎尾之险，然其居于阴位，能惊惧谨慎，履危知惧，掩饰刚强之势而行之以柔，故能实现锐意进取之志。

【经文+传文】

九五　夬履：贞厉。

《象》曰：九五　"夬履贞厉"，位正当也。

【译文】

九五　决然行事但不可一意孤行：要守正以防危险。

《象传》说："夬履贞厉"，不过他的地位毕竟是得当的。

《象传》说，行事刚断果决，要守正以防危险，因为九五处于君位。这是要主宰者防止武断行事。

【爻意分析】

此爻阳爻居阳位，兼处上卦乾体之正中，故而处中正之位，为本卦之主卦；又因本卦上乾下兑，故本爻气质刚硬果决而失之以柔，所以九五英明刚决有余，而兼听包容不足。如果一味主观武断，听不得不同意见，长此以往，必有危厉。

【可断结果】

处此位者属阳刚之爻而处阳位，兼居乾卦之中位，阳刚有余而柔性不足，不能兼听包容，行事虽果决而近于武断，长此以往必有危厉。

【经文+传文】

上九　视履考祥，其旋元吉。

《象》曰：上九　"元吉"在上，大有庆也。

【译文】

上九　小心回顾走过的路，考察其中福祸得失的征兆，返回时就能大吉。

《象传》说："元吉"在上九出现，是说上位君子大获福庆了。

【爻意分析】

此爻居于本卦之末，处履卦之终，故可借前车之鉴履行本身之责任，善于周详考察前五爻的经历，总结它们的胜败得失，从中总结经验教训，故而能吉。

【可断结果】

处于此位者若能周密分析前面五爻践行中的利害得失，总结它们的胜败经验，处事能就利避害，随机应变，审时度势，把握住主动权，则能大喜大庆。

泰 卦

地天泰
（下乾上坤）

【泰卦导读】

卦象：下乾上坤，为天地交泰之象。卦德：下卦为乾为健，上卦为坤为顺。全卦揭示了自然、社会与人的阴阳和谐的基本规律。

卦辞

【经文+传文】

《泰》 小往大来，吉，亨。

《彖》曰："《泰》：小往大来，吉，亨。"则是天地交而万物通也，上下交而其志同也。内阳而外阴，内健而外顺，内君子而外小人。君子道长，小人道消也。

《象》曰：天地交①，《泰》。后以财成天地之道，辅相天地之宜，以左右民。

【注解】

①天地交：《泰》卦下乾上坤，坤是地，乾是天，所以说"天地交"。天地相交是自然规律。

【译文】

《泰》象征和畅通泰：小的去了大的来，吉祥，亨通。

《象传》说："《泰》：小往大来。吉，亨。"这是说天地阴阳二气相交就会万物亨通，君臣相互沟通

天地阴阳二气相交，这就是《泰》卦的象征。君主取法《泰》卦，制定符合天地之道的制度。

就能心意一致。《泰》卦内卦是阳，外卦是阴，内卦是健，外卦是顺，内卦是君子，外卦是小人。君子的道将要发展，小人的道将要衰落。

《象传》说：天地阴阳二气相交，这就是《泰》卦的象征。君主取法《泰》卦，制定符合天地之道的制度，辅助百姓从事生产，以便统治百姓。

爻辞

【经文+传文】

 初九　拔茅茹以其汇；征吉。

《象》曰：初九　"拔茅征吉"，志在外也。

【译文】

初九　拔茅草的根，连同茅草的同类也一同拔起来；如此同根同志地团结出征，吉祥。

《象传》说："拔茅征吉"，是说君子志在向外发展。

【爻意分析】

此爻处下卦乾卦之初，阳爻居阳位，又处坤乾上下交泰之时，阳气盛长，必与六四相应，又可兼带九二、九三分别与六五、上六相应，一阳动而三阳俱动，呈君子并进之象。爻辞中说，拔起茅草，根系牵连并出，比喻君子相互牵引共同上进。《象传》中说，拔起茅草，前进可获吉祥，说明初九志在外取。

【可断结果】

处此爻位者以刚爻居于阳位，上与六四柔爻相应，志在上往。若能借此天地交泰之机积极进取，使内心能由下而上、由内而外地旺盛生长，并使上下内外通泰，同心同德地带动左右一同进取，就会得到吉祥。

【经文+传文】

九二　包荒，用冯河，不遐遗，朋亡，得尚于中行。

《象》曰：九二　"包荒，得尚于中行"，以光大也。

【译文】

九二　有包容大川的胸怀，涉越长河的能力，不遗弃远方的贤人，也不结党营私，要中道行事。

《象传》说："包荒，得尚于中行"，是因为君子光明正大。

【爻意分析】

此爻以阳爻居阴柔之位，内刚外柔；又得下卦之中位，能以中正之道行事；上与六五正应，为君臣相得之象。九二爻好比刚柔相济的中正大臣，能包容污秽，又刚健果决，不遗弃远方之人，且不结党营私。九二德行合于中道，与六五君王同心同德，合作无间，所以《象传》中有言赞其"光明正大"。

【可断结果】

处此爻位者内部刚阳而外显柔和宽大，能够大度包容，含垢纳秽，又具果敢之质，既不遗弃远贤，又不结党营私，心迹光明而度量宏大，故而可成大事。

【经文+传文】

九三　无平不陂，无往不复；艰贞，无咎；勿恤其孚，于食有福。

《象》曰：九三　"无往不复"，天地际也。

【译文】

九三　没有哪种平坦，永远不会倾斜，没有哪种失去，永远不会得回；事情艰难也要坚守正道，自然是无害的；不用忧虑无法取信于人，生活是会变富足的。

《象传》说："无往不复"，是说事情发展到了临界点（就要转变了）。

无平不陂，无往不复，说明事物的发展总是在正反的相互转化之中，强调要清醒地意识到随时可能来临的艰难险境。

【爻意分析】

此爻阳居阳位而得正，处泰卦上下二体乾坤之交接之处，又处阴阳两爻之交界处，为本卦阳爻之最后一爻，虽有艰险而无咎。

【可断结果】

处此爻位者应不忘艰难，坚持正道，可以避免过错。不必过分忧虑，要以诚待人，坚信有平就有坡，有往就有来，有"泰"就有"否"的道理，不仅可以避祸，而且会有福庆降临。

【经文+传文】

六四　翩翩，不富，以其邻不戒以孚。

《象》曰：六四　"翩翩不富"，皆失实也；"不戒以孚"，中心愿也。

【译文】

六四　像鸟飞那样轻飘自得，难保财富。但与邻居相互信任不必加以戒备。

《象传》说："翩翩不富"，是说君子丧失财物；有诚信不戒备，这是君子的心愿。

【爻意分析】

此爻以阴爻居阴位，处上卦之初，柔顺谦逊，并与初九相应。当下卦之三阳上升求阴之时，带动六五、上六相随而主动下降以应，故而上下交济，形成一派通泰之气。卦辞中的"翩翩"谓三阴爻像飞鸟一样翩然同下，上下交济，阴阳通泰。《象传》中也说，无须互相告诫，都心怀诚信，因为内心有应下的意愿。这是指上卦三爻无须告诫就自然信从六四，成群联翩而降。

【可断结果】

处此爻者若显其谦虚柔顺之德，与邻融洽相处而不生戒备之心，彼此以诚相见，讲求信用，不以个人的殷实富贵为念，终会天随人愿。

【经文+传文】

六五　帝乙归妹，以祉，元吉。

《象》曰：六五　"以祉元吉"，中以行愿也。

【译文】

六五　帝乙出嫁少女，因而得福，大吉。

《象传》说："以祉元吉"，是因为君子行事中正。

【爻意分析】

此爻以阴爻居中，为上卦之中位，位尊而性柔，并与下体九二相应，故能屈尊而下，主动与九二相交。帝王之女下嫁给贤臣，比喻君位六五阴爻屈尊与下卦中的九二阳爻相应，阴阳交泰因此而实现，获得了莫大的吉祥。

【可断结果】

处此爻位者若能居尊而不亢，位尊而性柔，能自愿主动而诚信地与居于下位者相交，当能兑现承诺，获得大吉。

【经文+传文】

上六　城复于隍，勿用师，自邑告命，贞吝。

《象》曰：上六　"城复于隍"，其命乱也。

【译文】

上六　城墙倒塌在壕沟里。命令说是不要用兵，只能自我检讨，坚守正道来防止危害。

《象传》说："城复于隍"，是说统帅的命令错乱失当。

【爻意分析】

此爻阴居阳位而不得位，又处泰卦之终末，与下卦九三相应，大有泰极否来之象，故而处凶险之境。

【可断结果】

处此爻者形势已现错乱不利之象，其前景不妙。此时即使尽量不与别人争夺，坚持正道，也难免灾祸。

此爻说，城墙倒塌在壕沟里，不可兴师动众。

否 卦

天地否
（下坤上乾）

【否卦导读】

卦象：下坤上乾，为天地不交、为上下闭塞之象。卦德：内卦为坤为顺，外卦为乾为健。

全卦揭示了如何从否塞转化为通泰的道理。

卦辞

【经文+传文】

《否》 否之匪人[①]，不利，君子贞；大往小来。

《象》曰："否之匪人，不利，君子贞；大往小来。"则是天地不交而万物不通也，上下不交而天下无邦也。内阴而外阳，内柔而外刚，内小人而外君子。小人道长，君子道消也。

《象》曰：天地不交，《否》。君子以俭德辟难，不可荣以禄。

【注解】

①否：闭塞，指排斥。匪，即"非"，否定。

【译文】

《否卦》象征天下闭塞不通：否闭之世排斥贤人，天下不得其利，君子此时应

坚守贞正；大的阳刚去了，小的阴柔来了
（事业由盛转衰）。

否卦象征闭塞，君子之道被阻塞。

《彖传》说："否之匪人，不利，君子贞；
大往小来。"这是说天地阴阳二气不相交，
就会万物不亨通，君臣不相沟通，国家就
会衰亡。《否》卦内卦是阴，外卦是阳，内
卦是柔，外卦是刚，内卦是小人，外卦是
君子。小人的道将要发展，君子的道将要
衰落。

《象传》说：天地阴阳二气不相交，这
就是《否》卦的象征。君子取法《否》卦，
崇尚俭德，躲避祸难，不以利禄为荣。

爻辞

【经文+传文】

　初六　拔茅茹以其汇：贞吉，亨。

《象》曰：初六　"拔茅贞吉"，志在君也。

【译文】

初六　拔茅草的根，连同茅草的同类也一起拔起：君子应当坚守正道，吉祥亨通。

《象传》说："拔茅贞吉"，这是说君子志在辅助君王。

【爻意分析】

此爻阴居阳位，质弱而欲亢动，然又处于上下否塞之时，阴阳阻隔，不能通
达。故而做事应符合自然规律，不可轻举妄动。初六像"拔茅茹"一样牵引下卦
六二、六三阴爻贞固自守才能得吉。初六爻以柔爻居于阳位，应该克服其资质柔弱
却轻躁易动的缺点。

【可断结果】

处此位者若能了解自己正处否塞初始之时，事态不可能立刻向好的方面转化，坚
守于本位正道而不妄动，当守而决然自守，静待事态之变化，择时而动，可保平安。

【经文+传文】

　六二　包承：小人吉，大人否，亨。

《象》曰：六二　"大人否，亨"，不乱群也。

【译文】

六二 被包容并顺承尊者：小人吉祥，大人闭塞，以后才亨通。

《象传》说："大人否，亨"，是因为大人不和小人厮混。

【爻意分析】

此爻以阴爻居阴位，又处于下体之中位，有至顺之象。而本卦有小人处下之象，故而居此位者当

六二，包承，小人吉。

防小人作乱。六二爻以阴爻居于阴位，好像一位善于阿谀逢迎的小人，顺承于上位者，以求取上位者的包纳和信任。这种行为对于小人来讲是吉利的。而对于君子来说，处于否塞的险境时，宁可固守原则，安于否塞，也不应随波逐流，自毁原则。正因其坚守节操，令人敬佩，所以亨通。《象传》中也说，大人闭塞，可以获得亨通，说明君子不与群小混乱在一起，而有自己的原则。

【可断结果】

六二以阴爻居阴位，正是小人道长，君子道消之时。处此位者若如小人一般阿谀奉承，以吹捧谄媚为能事，巴结上司，笼络君子，对于小人是吉利的，也许会得到一时的好处，或者仅能作为救济否塞的权宜之计，但绝不可长久；如若守正不阿，洁身自好，甘于寂寞，安于闭塞，藏器待时，不与小人同流合污，则会有长远的亨通。

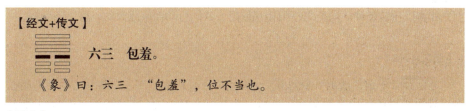

【经文+传文】

六三 包羞。

《象》曰：六三 "包羞"，位不当也。

【译文】

六三 位置不当，包藏羞辱。

《象传》说："包羞"，是因为地位失当。

【爻意分析】

此爻处于上下两体之间，迫近于上，又以阴质居于阳位，又偏离中位，不中不正，当处于否塞之世时，则不能守中正之道。六三爻是个地位较高却又不中不正的小人，其处于否塞之世时，不能固守正道，安持本分，反而急于向上九刚爻求应。而上九爻乃是守贞的君子，所以六三爻的所作所为只能是自取其辱。

【可断结果】

六二爻为不中不正、秉性浮躁之人，其急于高攀，媚态十足，遇到君子只会自取其辱，而若对此类人进行包容，则会使自己蒙受羞辱。

【经文+传文】

九四　有命：无咎，畴离祉。

《象》曰：九四　"有命无咎"，志行也。

【译文】

九四　保有天命：无害，同志都来会一起享有福祉。

《象传》说："有命无咎"，是说君子得志了。

九四爻顺应天命，所以无咎。

【爻意分析】

此爻阳居阴位，柔中有刚，又居上卦三阳爻之下，处上卦乾卦之始，有否塞过中、否极泰来之象，又与其他二阳爻相比邻，故能同心协力。九四处于否塞转为泰通之时，奉九五君王之命，与初六相交相应，因此没有咎错。爻辞中说"畴离祉"，是指九四与和它同类的九五及上九两刚爻相互依附，齐心协力，共成大业，所以能一同受福。

【可断结果】

此爻处阴衰阳长之地，否极泰来之始位，又阳中有刚，故有魄力与才能同九五、上九相携以扭转乾坤。同类之三阳相互依附，共同行动而成此大功，将一齐受福。

【经文+传文】

九五　休否，大人吉，其亡其亡，系于苞桑。

《象》曰：九五　"大人"之"吉"，位正当也。

【译文】

九五　终止闭塞的局面，大人才能吉祥，（但还要时刻警惕）将要灭亡，将要灭亡，才会像系结于桑树一样安然无恙。

《象传》说：大人是吉祥的，是因为他地位得当。

【爻意分析】

此爻阳居阳位，又占上卦之中位，中正得当，故而具阳刚之气而能行中正之道，处于泰来而否休之时。九五爻有其德而居其位，但能身处治世而不忘乱亡，其要达到彻底休否的境地，所以居安而思危，时时告诫自己"将要灭亡，将要灭亡！"以免掉以轻心。也正是因为能够时常保持警惧之心，九五才能如系绑于根深

蒂固的桑树般稳固不移。

【可断结果】

此爻既得其时，又有其德，又得其位，阳刚中正而居尊位，若能居安思危，常怀戒惧之心，联同上下左右，必可打消闭塞之气运，重新恢复通泰之佳境。

【经文+传文】

上九　倾否，先否后喜。

《象》曰：上九　否终则倾，何可长也？

【译文】

上九　倾覆闭塞的局面，起初闭塞，后来通泰喜悦。

《象传》说：事情闭塞到了极点就要变了，怎么可能长久不变呢？

【爻意分析】

此爻以阳爻居于阴位，兼居乾体之上，积乾阳之气至极盛，故具刚健勇猛、无坚不摧之力以待天时。否极泰来，故云"先否后喜"。

【可断结果】

处此爻，若能积极而又谨慎行事，起初还是闭塞不通的，后来则会顺畅通达，终会皆大欢喜。

同人卦

天火同人
（下离上乾）

【同人卦导读】

卦象：下离上乾，为天在上，火也向上之象。卦德：下卦为离为明，上卦为乾为健。全卦讲述了如何广泛团结人和同于人的可贵思想。

卦辞

【经文+传文】

《同人》　同人于野：亨；利涉大川，利君子贞。

《彖》曰：《同人》，柔得位得中，而应乎乾，曰"同人"。《同人》曰："同人于野，亨，利涉大川"，乾行也。文明以健，中正而应，君子正也。唯君子为能通天下之志。

《象》曰：天与火①，《同人》。君子以类族辨物。

【注解】

①天与火：《同人》卦下离上乾，乾是天，离是火，所以说"天与火"。天象征君子，火象征明察，辨明物事是君子明察的表现，所以下文说"君子以类族辨物"（类：区分；族：族类）。

在野外聚集众人，同心协力，友好合作，有利于涉险渡难，共同创造出大的事业。

【译文】

同人 在郊野外聚集众人：亨通；渡大河有利，君子坚守贞正有利。

《彖传》说：《同人》卦的象征是，柔顺者地位得当，秉守中正，响应刚健者，所以卦名叫"同人"。《同人》卦说："同人于野，亨，利涉大川。"这是因为君子行事刚健。文明刚健，中正又得人响应，这是因为君子秉守正道。唯有君子能通晓天下人的心思。

《象传》说：天和火，这就是《同人》卦的象征。君主取法《同人》卦的卦象以区分物类，辨明物事。

爻辞

【经文+传文】

初九 同人于门：无咎。

《象》曰：初九 出门同人，又谁咎也？

【译文】

初九 出了门和同众人：无害。

《象传》说：刚出门就能与人和睦相处，又有谁会来怪罪你呢？

【爻意分析】

此爻居于本卦之初始，处本卦之下位，阳居阳位而当位，与九四同阳而相斥，却与本卦之唯一一阴爻相比邻，故易与之相接近而不心怀私念。初九处于同人卦之始，象征刚出家门就与人和同，《象传》中说，又有谁会来怪罪呢？走出门外与人和同，打破门户之见，不分亲疏远近，求同存异，其行为大公无私，符合同人卦的卦义，所以没有咎错。

【可断结果】

处此爻者若能弘扬自己阳刚之气，心怀博大而至善之心与人和同，摒却私念，以诚待人，与人和睦相处，同心同德，则不会招致过失和灾难。

【经文+传文】

 六二　同人于宗：吝。

《象》曰：六二　"同人于宗"，吝道也。

【译文】

六二　在宗庙聚集众人：危险。

《象传》说："同人于宗"，是危险的举动。

【爻意分析】

此爻阴居阴位，处中正之位，又居于下卦之中位，与上卦之九五阳爻阴阳相合，为正应关系，故而能相互和同。六二与九五正应，本来是好事，但在同人卦中，五个刚爻都想与六二柔爻相和同，而六二只想亲近位于君位的九五，违背了同人卦"同人于野"的精神，有攀高附贵之嫌。所以有所鄙吝。

【可断结果】

处此爻者若只一味与拥有权势者或本派别的人相和同，而对其他众人置之不理，不能团结其他派别之人，则有逢迎巴结之嫌，会招致怨恨。

【经文+传文】

 九三　伏戎于莽，升其高陵，三岁不兴。

《象》曰：九三　"伏戎于莽"，敌刚也；"三岁不兴"，安行也？

【译文】

九三　在草丛埋伏军队，又登上高地瞭望，三年了都不能取胜。

《象传》说："伏戎于莽"，这是因为敌兵强大；"三岁不兴"，怎能贸然行动呢？

【爻意分析】

此爻以阳刚之质居阳位，又处下卦之上位而不能得中，与六二相比邻而承于其上。六二本可以与九三相亲比，却舍近求远，专门攀附九五结好，这就引起了九三的忌恨。九三欲夺取与九五正应的六二，其横亘于六二、九五之间，埋下伏兵，伺机而动，但忌惮九五实力雄厚，所以不敢轻举妄动，如此过了三年，仍然没有采取行动，所以爻辞中不言结果。

【可断结果】

　　处此爻位者质刚而妄动，与其身边之人疏远而结交旷远势力之人，故不能得众人之助。而无奈于对手实力雄厚，自己势孤力薄，终致失败。

【经文+传文】

　　　　　　九四　乘其墉，弗克攻，吉。

　　《象》曰：九四　"乘其墉"，义弗克也。其"吉"，则困而反则也。

【译文】

　　九四　登临敌城了，但又放弃了进攻，是吉祥的。

　　《象传》说：虽然登临敌城了，不过按照道义是不宜赶尽杀绝的；军队是吉祥的，是因为军队受困时能回归正确的作战计划。

登临敌城了，但又放弃了进攻，因为按照道义是不能赶尽杀绝的。

【爻意分析】

　　此爻阳刚而居阴位，不中不正，有刚阳之质而兼具阴柔之德；处上卦之下位，与初九不能成正应，势单力孤，故于攻而不胜之时能反躬自省。《象传》说，登上城墙，但从道义上考虑是不能发动进攻的。获得吉祥，是由于九四在陷入困境时能够回到正道上来。九四与初九不应，也想与唯一阴爻六二相和同，但被九三所阻隔，九四居于九三之上，所以说"乘其墉"，也想以武力争取六二。九四攻而不能取，自知其行为不合义理，所以反躬自省，及时回归于正道，因而能得吉祥。

【可断结果】

　　处此爻位者因具刚阳之质而妄动，故而攻而不胜；又因居阴位而能施阴柔之德，在陷于困境时可知困而反，退而不攻，因此得以自保，结果吉祥。

【经文+传文】

　　　　　　九五　同人，先号咷而后笑，大师克，相遇。

　　《象》曰：九五　"同人"之"先"，以中直也；大师相遇，言相克也。

【译文】

　　九五　和同于众人，先是号哭，然后大笑，（原来是因为）大部队攻克了敌人，会师成功了。

《象传》说：赞同他人，先是哀哭，后是破涕为笑，是因为君子能守中正；军队和大部队会师，是说战争打赢了。

【爻意分析】

此爻阳居阳位，刚阳之气充盈，又居上卦之正中尊位，故而得中得正，阳刚而中正；然虽与本卦之唯——阴爻六二成相应关系，却为九三、九四相阻隔，所以九五为之痛哭。为了争夺阴爻六二,九五准备与九三、九四作战，而九三、九四终究因为实力不足、行为不合义理而退避。九五最终能战胜九三、九四而与六二和同，所以破涕为笑。

【可断结果】

处此爻位者虽阳气充盈，阳刚中正，然与其相应者受外力牵制而无力相助，故初期行事受阻；若能以中正之道为行事之准则，以真心对待他人，则能最后取得成功。

【经文+传文】

上九 同人于郊：无悔。

《象》曰：上九 "同人于郊"，志未得也。

【译文】

上九 在野外聚集众位同人：无悔。

《象传》说："同人于郊"，这是说君子尚未得志。

【爻意分析】

此爻以阳爻居阴位，处本卦之极末，居六爻之边缘，与之相应者九三阳刚，故而内无和同之人，大志无法实现。

在野外聚集同人，因为尚未得志。

【可断结果】

处此爻位者若不能尽量多地与大众和同共进，抛却私心，以天下为怀，求天下之大公，加强与人和同的协作精神，大志将无法实现。

大有卦

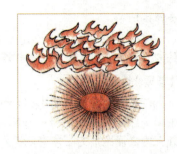

火天大有
（下乾上离）

【大有卦导读】

　　卦象：下乾上离，为火在天上，照耀万物之象。卦德：下卦为乾体为健，上卦为离为火。全卦讲述慎终如始的富有之道。

卦辞

【经文+传文】

　　《大有》　元亨。

　　《彖》曰：《大有》，柔得尊位大中，而上下应之，曰"大有"。其德刚健而文明，应乎天而时行，是以"元亨"。

　　《象》曰：火在天上①，《大有》。君子以遏恶扬善，顺天休命。

【注解】

①火在天上：《大有》卦下乾上离，离是火，乾是天，所以说"火在天上"。火象征明察，天象征君子，遏恶扬善是君子明察的表现，所以下文说"君子以遏恶扬善，顺天休命"（休：指磨炼）。

【译文】

　　《大有》象征大获富有：事业大亨通。

　　《彖传》说：《大有》卦的象征是，阴爻赢得了尊位，秉守中道，得到众阳刚的响应，所以卦名叫"大有"。君子的道德刚健而又文明，能顺应天道适时行事，所以说前途必是至为亨通。

大有卦象征富有，至为亨通。

　　《象传》说：火在天上，这就是《大有》卦的象征。君子取法《大有》卦遏恶扬善，顺应天道，磨炼命运。

爻辞

【经文+传文】

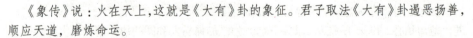

　　初九　无交害，匪咎，艰则无咎。

　　《象》曰：初九　《大有》初九，"无交害"也。

【译文】

初九　没有因不当的交往受祸害，就无灾殃，身处艰难时也无害。

《象传》说：《大有》初九说："无交害。"（传对此爻没有释读）

【爻意分析】

此爻虽阳居阳位而得位，然处本卦之最下一爻，不但与本卦之主六五相距甚远，无比无应，与位置相对的九四亦不能相应，独立无恃。"无交害"意谓不与事物相交涉，所以没有祸害。初九爻象征富有而地位低下的人，与六五、九四均不相交涉，没有利害关系，没有咎害。

【可断结果】

处此爻位者若能处富而思艰，不忘以往创业之艰难，不生骄奢之心，谨慎行事，不要彼此侵害、得意忘形，因而不会得咎。

【经文+传文】

九二　大车以载，有攸往：无咎。

《象》曰：九二　"大车以载"，积中不败也。

【译文】

九二　用大车运载货物出行：无害（因为有良好之工具、设备）。

《象传》说："大车以载"，是说货物堆在车上塌不了。

【爻意分析】

"大车"是古代用牛牵引，承载重物的交通工具。九二辅佐虚中的六五明君，犹如以牛牵引承载重物的大车。此爻为阳爻，故有刚健之气；而又居于阴位，又兼谦和之德；同时居下卦之中位，能中道而行；上与居本卦之主的六五阴阳相应，为其倚重与信任。九二爻处于大有丰盛之时，其所承载虽然盛大，但还没有到达顶点，又与六五相应，所以可以前往而没有咎错。

【可断结果】

处此位者，兼有刚柔，材质强健又深得处尊位者信任，有能力承担重大责任。若能谦逊待人，以中正之道行事，不贪得无厌，则可行以致远。

【经文+传文】

九三　公用亨于天子，小人弗克。

《象》曰：九三　"公用亨于天子"，"小人"害也。

【译文】

九三　公侯向天子献礼，小人不能担当重任。

《象传》说："公用亨于天子"，是说小人担当重任会有害。

【爻意分析】

"亨"同"享"，指诸侯朝觐时向天子献礼。此爻阳刚之爻居于阳位，处下体乾卦之末，乘九二阳刚强健之上，而履得阳刚之位，与九五同功而异位，威权达到了极盛的阶段。九三就好像执守正道的封疆大吏，不把其管辖之物据为己有，而

公侯向天子献礼致敬，小人做不到这一点。

将之送给天子，向天子做出物质上的贡献和精神上的敬意，增益天子的所有。而小人若居此位，非但会营私舞弊，不能"用亨于天子"，减损天子所有，还会危害社会，害人害己。

【可断结果】

处此爻位者，若能在物质上与尊者共享，精神上对尊者示以敬意，则能上下通达于正道。若鼠目寸光，吝以守财，无视尊者之威，骄盈傲物，则会遭遇祸害。

【经文+传文】

九四　匪其彭：无咎。

《象》曰：九四　"匪其彭，无咎"，明辨晢也。

【译文】

九四　富盛而不炫耀：无害。

《象传》说："匪其彭，无咎"，是因为君子明辨事理。

【爻意分析】

此爻以阳刚之爻居于阴柔之位，具内刚而外柔之质；然上近至尊之六五，下比分权之九三，身又处危惧之地。九四处大有之时，已经进入上体，所有极为丰大壮盛，身处多惧招嫌之地。幸而九四刚而能柔，能够谦逊自处，不以富有骄人，自觉抑制减损自身的丰有盛大，所以得以免过。

【可断结果】

处此爻位者若识盛极得咎的规律，若能克制私欲，谦虚谨慎，以刚正之气走中正之道，不以富贵骄人，自我损抑，急流勇退，则可免过。若是不知收敛，因其位其势已僭逼六五君王，则极易招致嫌疑，灾祸过错亦将随之而来。

【经文+传文】

六五 厥孚交如威如：吉。

《象》曰：六五 "厥孚交如"，信以发志也。"威如"之"吉"，易而无备也。

【译文】

六五 他与人交往诚信明亮威严：吉祥。

《象传》说："厥孚交如"，是说君子能老实地表达愿望。办事威严是吉祥的，是因为他平易近人，毫无心机。

【爻意分析】

此爻以本卦之唯一一阴爻居阳位，处本卦之尊位，柔而居中，有处事中正之象，故五阳爻俱心系之。六五爻居于尊位而能用柔守中，以诚信的态度与众阳爻交往，众阳爻因其诚信无私而心悦诚服，心生敬畏，六五的威信因此而得以彰显。六五既能以诚信待下，又不失威严，因此盛大而得吉。

【可断结果】

处此爻位者不私于物，处事公正；不疑于事，以诚信待人，既公且信，刚而带柔，恩威并举，因此自然而然地树立了威信，体现出威严庄重的气象，盛大而获得吉祥。

【经文+传文】

上九 自天祐之：吉，无不利。

《象》曰：上九 《大有》上"吉"，"自天祐"也。

【译文】

上九 上天降下保佑：吉祥，没有不利。

《象传》说：《大有》上九是吉祥的，是因为有上天的保佑。

【爻意分析】

上九居于大有卦之终，刚爻居于阴位，以刚顺柔，以阳从阴。上九刚爻亲比六五，为辅助君王之臣。其将所拥有之物归诸六五，有自上天协助六五之象。因其富而不骄，不私蓄其所有，所以得到吉祥，无所不利。

【可断结果】

处此爻位者好比贤人处于终极之地，因其能够知晓盈满则溢出，盛极必衰的道理，所以能够坦然将其所有归诸其辅弼之人，因而可长保富有。

谦 卦

地山谦
（下艮上坤）

卦辞

【经文+传文】

《谦》 亨，君子有终。

《彖》曰：《谦》，"亨"。天道下济而光明，地道卑而上行。天道亏
盈而益谦，地道变盈而流谦，鬼神害盈而福谦，人道恶盈而好谦。谦，尊而
光，卑而不可逾，君子之终也。

《象》曰：地中有山①，《谦》。君子以裒多益寡，称物平施。

【注解】

①地中有山：《谦》卦下艮上坤，坤是地，艮是
山，所以说"地中有山"。山上突，是有余，地下
凹，是不足，"地中有山"象征不公平的社会现
象，所以下文说"君子以裒多益寡，称物平施"
（裒：取；称：称量；平：平均）。

【译文】

《谦》卦象征谦虚：亨通，君子能保持
谦虚最终有好结果。

谦虚有益，要始终坚持。

《彖传》说：《谦》卦是亨通的。天道屈尊向下，照耀成就地上的万物，地道谦
逊卑下，从而使得地气得以上升。天道减损盈满的，补充谦虚的；地道毁坏盈满的，
增益谦虚的；鬼神道伤害盈满的，造福谦虚的；人道厌恶盈满的，喜爱谦虚的。秉
守谦虚，居尊位时是光荣的，居卑位时也不会遭人羞辱，这就是君子的好结果。

《象传》说：地中有山，这就是《谦》卦的象征。君子取法《谦》卦取多补少，
称物平分。

爻辞

【经文+传文】

　　初六　谦谦：君子用涉大川，吉。

《象》曰：初六　"谦谦君子"，卑以自牧也。

【译文】

初六　谦虚而又谦虚的君子：这种态度可以渡过大河，吉祥。

《象传》说："谦谦君子"，是君子就要培养谦逊。

【爻意分析】

初六在谦卦中，已是谦下之位，又处全卦最下位。初六前临互坎（六二九三六四），坎为水，故言"用涉大川"，意为遭遇山难水险，重重阻碍，但是初六因其谦谦君子之风，即便跋山涉水，行难涉险，也可保处境无虞。

【可断结果】

"谦"卦之初六爻，位于下卦之中的下位，一是谦下之意，同时也意为所做的事业正处于初始时期，方兴未艾，此时事业尚未大成，若无谦虚谨慎之心，甘居他人之下，难以广建人脉，树立口碑，对应卦爻辞义来看，"用涉"依旧践行于"谦之又谦"之理，意为抛开眼前之"蝇头小利，蜗角微名"放眼未来，先自修谦卑之心以处事待人，

【经文+传文】

　　六二　鸣谦：贞吉。

《象》曰：六二　"鸣谦贞吉"，中心得也。

【译文】

六二　名声在外，但仍能保持谦虚：吉祥。

《象传》说："鸣谦贞吉"，是因为君子心怀中正。

【爻意分析】

此乃谦卦第二阴爻，在谦卦中，六二一爻是阴爻又位于阴位，居中得正，有上升之势，意为事业成就稳步高升，前程远大，所以爻辞中写道："鸣谦。"鸣为鸣放，声名广扬之意。

六二与全卦的主爻九三十分契合，可谓阴阳互补，得谐而鸣，意为君子谦和并非缄默不言，而是既不四处标榜自己，却又能恰到好处地表达自己的内心感受，并且能将自己的美德散播于他人。

【可断结果】

此时凡事更需谨慎小心，不可因急躁而轻举妄动，当安守中正之道。这世间太多人稍获声名便难以自控，开始居功自傲，目空一切，因此而损坏了前程。所以，人若在声高名显之时，还可以做到谦逊谨慎，实属难得，自然吉祥。

【经文+传文】

☰☷ 九三 劳谦，君子有终：吉。

《象》曰：九三 "劳谦君子"，万民服也。

【译文】

九三 功劳很大，但仍能保持谦虚：吉祥。

《象传》说："劳谦君子"，使万民都敬服了。

【爻意分析】

此爻乃是谦卦之主，是位于爻中第三的阳爻，三亦是阳位，是以，九三乃是阳爻居于阳位，当位得正，故而十分吉祥。九三与六二相辅相成，无应不合。九三因位于本卦的中爻，上下皆为阴爻，一阳居于众阴之中，乃是下卦的上位，位高权重责任重大，自然劳心劳力，所以爻辞中写道："劳谦。"

九三处于两阴爻之间，居于坎位，身在险地。君子有终，意为需持之以恒，有善始亦要得善终，此时事业已经有所小成，业绩开始显露，更应谨慎小心，提防变生肘腋。

【可断结果】

九三身处众阴爻之中，孤身入险地，必定劳心劳力。然而此时之所劳，为日后成功之基业，此时也是建立口碑绝佳的时期，当以平等平和之心处事待人。

而今日若犯下纰漏，必定成为日后隐患，甚至会导致毫无建树，劳而无功。此时正处于崭露头角之际，于上于下身负众望，此时也最易惹人非议，成为众矢之的，不可有丝毫松懈，更当谦虚谨慎，提防行事虎头蛇尾，有始无终。

【经文+传文】

☷☷ 六四 无不利，撝谦。

《象》曰：六四 "无不利，撝谦"，不违则也。

【译文】

六四 在事业上发扬谦虚，没有不利。

《象传》说："无不利，撝谦"，是因为没有违反法则。

【爻意分析】

六四爻为谦卦中的阴爻，且身居阴位，象征柔顺守正。然而此爻在谦卦之中位于第四爻，四处于多惧之位，六四爻在谦卦之中又属于小过卦，特别的是其上是位于谦卦尊位的六五爻，而其下是位于谦卦之主的九三爻，六四处于这两者之间，动辄会有失误之忧。六四的爻中带有小过，即为很小的过失，所以即便有失也非大错。"扐"为分散分裂之意，"扐谦"意为将谦逊传播开来。

【可断结果】

将谦虚的美德四下传播，倡导世人皆成为谦逊之人固然是好的，但是应当注意其中的分寸与程度，并且，这种谦虚是真心还是假意，是有迥然之别的。

真正的谦虚是能做到顺势而止，在大趋势不利的情况之下能做到断然而止，不一意孤行，将损失降到最低，而不是在自己能力完全可以达到的情况下，做出不必要的退让。前者是真谦虚，后者则是没有掌握好分寸的假谦虚，过分的谦虚便是骄傲，是虚伪，便与谦虚背道而驰了。

【经文+传文】

　六五　不富以其邻，利用侵伐，无不利。

《象》曰：六五　"利用侵伐"，征不服也。

【译文】

六五　不能和邻国共富的国家，可以对它进行征伐，没有不利。

《象传》说："利用侵伐"，君子前去讨伐的是不臣服的国家。

【爻意分析】

六五爻为谦卦中的阴爻，居于本卦的尊位，阳爻象征殷实富庶。而阴爻象征空虚贫穷，此卦中阴爻居于君位。意为国力不够强盛富裕，但是有君临天下的威严，所以言行能够左右自己的邻国。但是阴柔者居于尊位，震慑之力较弱，难免有不甘心服从者出现，因六五爻所奉行的是谦恭大道，所以，但凡对他服从的国家都是信服于他的德行道义，而不服从的国家，则是因六五爻实力不强，难以甘心屈于其下，那么不服从者必定是信奉骄横的强势之道。

所以此时应当与志同道合的邻国联合，共同将不服从者制服以断绝后患，爻辞上之所以说"利用侵伐，无不利"，是因为此行乃是匡正去邪、民心所向、出师有名的正义之举。

【可断结果】

谦卦中的六五爻居于君位，意为此时的谦谦君子与以前已不可同日而语，事业正处于功成名就之际，此时，尤其应当注意戒骄戒躁。

六五本身是阴爻，说明内在实力尚有欠缺，若此时生出骄躁之气，那么与不服从者的矛盾就会激化，愈演愈烈，由惩戒变为互殴争势，谦谦之风便消失殆尽，失去德行的同时也会丧失身边的拥趸，这是六五爻成败之中最为重要的一点，所以切记不可如此。

六五爻因其谦谦君子之风而成为民心所向，又有"不富而以其邻"的能力，当更加持守谦恭柔和之道，集思广益，博采众长，弥补先天弱点，增益己所不能，对于骄横僭越者，应当把握好惩治的分寸，既给予警示但又不可过分欺凌，这样恩威并施，刚柔共济，方是众心归附的君子，自当无往而不利。

对于不信服者，六五便不可再坐视其变，姑息养奸了，若是等其势力扩张到不可收拾的地步，岂不被动？

正如南宋的著名思想家朱熹在《周易本义》所说的一样："以柔居尊，在上而能谦者也，故为不富而能以其邻之象。盖从之者众也，犹有未服者，则利以征之，而于他事亦无不利。"

【经文+传文】

上六　鸣谦：利用行师，征邑国。

《象》曰：上六　"鸣谦"，志未得也。可"用行师"，"征邑国"也。

【译文】

上六　名声在外，但仍能保持谦虚：用这种态度出兵征讨邑国有利。

《象传》说："鸣谦"，是因为尚未得志。出兵征伐不臣服的邑国是可以的。

【爻意分析】

此爻是谦卦中的第六爻，是最上一爻，主身居高位之意，而爻辞上又道"鸣谦"，意为此时虽然身份显赫，却未改初衷，依然秉持和宣扬谦逊之道。

"征邑国"中的邑是封地之意，"征邑国"意为动用军队去征讨临近小国。谦卦的核心要义便是谦逊，但是有些骄横跋扈的人是无法用谦德之心去感化的，那么此时只有用更强硬的方式解决问题了。这种做法并不与谦和之道相抵触，因为在六五爻中已经显示出来，这个将要出兵前去征讨的国家，挑衅侵犯在先，再不作出抉择，会给人软弱可欺之感，此时出兵乃是顺势之举，况且爻辞上带有"鸣谦"，就是说此行一路都会宣扬谦道，能避免杀伐就会避免，即使是征战也会尽力采用兵不血刃的办法，所以并无不利。

【可断结果】

此次的征战应注意以告诫为主，并要设法缓和引起敌对的矛盾，不可将惩戒变为杀伐，否则定会招惹事端。

但是也不可优柔寡断，放任挑衅者进犯，谦者乃仁义之人，这种仁和是出自于内心的慈悲，并非胆小怕事，懦弱无能，当有保家卫国的勇气。孔子道："仁者静而智者动。"谦谦君子乃是仁智兼备之人，以德行服众，以智慧取胜。那些所谓恃才傲物之人，便是典型的有才而无德无智的人。

谦和的君子应是既有真才实学，又能恭谨谦让的人，这样的人必是深孚众望的首脑，人人追随的领袖。

豫 卦

雷地豫
（下坤上震）

【豫卦导读】

卦象：下坤上震，为雷声轰鸣、大地震动之象。卦德：下卦为坤为顺，上卦为震为动。

全卦揭示了如何对待逸豫的辩证思想。

卦辞

【经文+传文】

《豫》 利建侯行师。

《彖》曰：《豫》，刚应而志行，顺以动，《豫》。《豫》顺以动，故天地如之，而况"建侯行师"乎？天地以顺动，故日月不过，而四时不忒。圣人以顺动，则刑罚清而民服。《豫》之时义大矣哉！

《象》曰：雷出地奋①，《豫》。先王以作乐崇德，殷荐之上帝，以配祖考。

【注解】

①雷出地奋：《豫》卦下坤上震，震是雷，坤是地，所以说"雷出地奋"。雷声可以震动万物，音乐可以感动天人鬼神，所以下文说"先王以作乐崇德，殷荐之上帝，以配祖考"（奋：动；殷：丰盛；荐：祭献；配：献；祖考：祖先）。

【译文】

《豫》象征欢乐：利于建立诸侯出征打伐。

《象传》说：《豫》卦的象征是，君子得到小民的响应，心意得以推行，顺应规

律办事，这就是《豫》卦。《豫》卦象征君子顺应规律办事，所以天地会顺从君子，何况是"建侯行师"这种愿望呢！天地顺应规律运转，所以日月的更替没有过失，四季的循环不会出错。圣人顺应规律办事，于是刑罚清明，百姓服从。《豫》卦这种顺应规律办事的道理真是大啊！

《象传》说：雷出地动，这就是《豫》卦的象征。先王取法《豫》卦制作音乐，推崇道德，用丰盛的祭品祭献上帝和祖先。

此爻说明民众对于国家心悦诚服时，必然乐于为国家出征。

爻辞

【经文+传文】

初六　鸣豫：凶。

《象》曰：初六　"初六鸣豫"，志穷"凶"也。

【译文】

初六　人有名声而耽于享乐：凶险。

《象传》说："初六鸣豫"，是玩物丧志的表现，会有凶险。

【爻意分析】

豫卦为上震下坤，震为阳，坤为阴。初六爻为豫卦中的阴爻，居于阳位有失正体，且初六阴柔居于卦之初位，其地位卑下而又不中不正，却与本卦唯一的阳爻九四相应。这就好像一个行为不端的小人居于下位却与上层有势力者拉上关系，而扬扬自得，这结果当然不会好。"豫"意为喜悦，与"谦"之意思正相反。爻辞为"鸣豫，凶"，又可以理解为：自鸣得意，沉溺于欢乐之中难以自控，浮夸之气大涨，志气丧失，乃是凶险之兆。

【可断结果】

豫卦中的初六爻，身为阴爻，能力较弱，却处于阳位，如同不谙世事的稚子，独自把持万贯家财，自鸣得意，门户大开，岂不凶险？况且人贵在其志，志向与前途事业息息相关，若是心中毫无志向，便如无帆无桨的孤舟飘摇于大海之上，毫无左右自己命运的能力，身既弱而力又薄，心中无志，更加无法控制利欲之心，无法纠正偏颇的言行，长此以往，难居上流。自古一切祸端损害的源头都是乐极忘形，当避免招惹灾祸，若是这种境况再持续下去，悔之晚矣。

明代曾出现过一些气焰熏天的宦官，如王振、刘瑾、魏忠贤等。特别是魏忠贤，利用昏庸皇帝的信任，横行霸道，残害忠良，其最得势的时候，朝中很多大臣都自认是他的儿辈、孙辈，全国很多地方都有他的生祠。这样的一种小人得志的情况，本身就不会长久，就蕴藏着凶险。结果，崇祯皇帝一上台，魏忠贤及其党羽就遭遇了灭亡之祸。

我们来看正面的例子，东晋宰相谢安运筹于帷幄之中，指挥他的弟弟谢石、侄子谢玄等率军击败了来势汹汹的入侵秦军，赢得了历史上有名的淝水之战，建立了巨大的功勋。当他得到了捷报时，正在与客对弈，面上了无喜色，若无其事，继续下棋。客人问他，他只淡淡地说："小孩子们已经打败了秦军。"他这种宏大的气量成了历史的佳话。

【经文+传文】

六二 介于石，不终日：贞吉。

《象》曰：六二 "不终日贞吉"，以中正也。

【译文】

六二 坚贞如石，不用一天就明白坚守中道，吉祥。

《象传》说："不终日，贞吉"，是因为君子能守中正。

【爻意分析】

六二爻是豫卦中的阴爻居阴位，位置中正。此爻中二阴相逢，主极晦暗，安静之至。但此爻的静并非沉寂不动，而是要在暗中静观其变，周围的福祸，事态的吉凶当可一目了然。

六二爻居中守正，洁身自爱，所以即便身处享乐之中也不必担心，穷则独善其身，达则兼济天下，所以必定吉祥无忧。

此爻动静有致，配合相当，刚柔相济，且柔要大于刚，是以沉稳宁静，虽强敌在外，也不能乱其心志，御外敌，除内患，开新局，功不可没，是豫卦六爻中最值得称道的一爻。

【可断结果】

所谓天降的吉凶，有大半决定于人为，身临险境如何抉择至关重要，正如六二爻爻辞中的"贞"字，此爻的吉祥安宁皆拜此字所赐，贞者，稳固，坚持，能安守中正而不乱，这种定力正是六二爻成功的关键所在。

六二爻宜守不宜攻，宜静不宜动，若是心中贞静被扰乱，在还未弄清楚状态的情况下冒然而动，那么不只外敌能轻而易举地进犯，自身的内忧也会同时涌动，届时内忧外患夹攻，必将苦不堪言，一败涂地。

所以千万不可悖逆柔静之道而妄逞急行之功，得贞则吉，失贞则凶，贞静一无，立时凶机四起。当柔顺安静以避外敌之锋芒，暗中自强自坚，伺机而动，假以时日，便能将一切忧患化解成无。

【经文+传文】

六三　盱豫，悔；迟有悔。

《象》曰：六三　"盱豫有悔"，位不当也。

【译文】

六三　贪慕他人放肆享乐，会有悔恨；迟疑不改，又有悔恨。

《象传》说："盱豫有悔"，是因为地位失当。

【爻意分析】

六三爻是豫卦中的阴爻，此爻以阴而居于阳位，位置不当，有失稳妥。

好在六三爻毕竟受到所处的阳位之影响。对于自身的失误已经有所醒悟，所以爻辞中写道："悔，迟有悔。"第一个"悔"字，悔在醒悟自己已经失掉了最好的时机，而第二个"悔"字才是真正有感而发，对于自身决策的后悔。

豫卦之六爻，阴盛阳衰，全卦只有九四为阳爻，其余皆是阴爻，六三阴爻居阳，位置不当，阴阳难以调和，此种情形也导致思想反复，会不经过深思熟虑就贸然行动抉择，随后又顿生悔意。

【可断结果】

"盱"为举目扬眉，抬头仰望，是自下向上看的角度。"上"可解释为上属或是地位比自己高的，此处有攀权附势之意，六三因身居不正，难免有失德之行，为达到目的，会作出以佞言献媚的小人之态来讨好权贵，然后很快又会心生悔悟，但苦于性子软弱，没有决断，而使自己处于进退维谷之中。

而"盱"还有四下张望，要将事事都看通透之意，这也是导致犹豫的根本原因，迟，则生变，而变，更加不及。

【经文+传文】

九四　由豫，大有得，勿疑，朋盍簪。

《象》曰：九四　"由豫大有得"，志大行也。

【译文】

九四　人们由于他而得到欢乐，必将大有所得，但不能猜忌，这样朋友就都聚集来了。

《象传》说："由豫大有得"，是说君子大大得志了。

【爻意分析】

九四爻为豫卦中的主爻，也是本卦中唯一的阳爻，居于阴位之上，但阳刚之气盖过阴气，所以于自身干扰不大。

"由豫"有犹豫迟疑之意，也有由其中而得到之意。"大有得"自然是指九四爻一阳居上，众阴附和，一呼百应，有很强的影响力，其志向宏大，能力过人，自然成绩斐然，有大成就与大收获。因爻辞前面说到"由豫"二字，所以后面称"勿疑"，意思是无须多虑，更无须计较旁人的流短蜚长，只要一心一意去做事即可。

九四的号召力来自于自身的能力，人们响应他皆是出自于对他的欣赏与拥戴，并非因利益引诱而来，所以此种关系较为稳固，大家对于九四十分的信任，丝毫没有质疑。

"朋友簪"，簪是古人梳拢头发后固定用的簪子，此处意为九四爻如发中的簪子一般，是能将众人都积聚在一起的关键人物。九四居于主位，其他五爻有在其上者亦有在其下者，在其上者为朋友，而在其下者为随从，而九四的凝聚力很强，可以将各类人等都汇聚在自己的身边。

【可断结果】

此爻中虽然不曾涉及危险灾祸，但也并非毫无可忧虑之处，九四爻在处于君位的"六五爻"之下，自己阳爻居阴位，身居不正，却一呼百应，难免会犹豫迟疑，心中惴惴。

自古以来，大的功劳难得一见，而大的业绩难以长期保持，九四爻的成就与其广大的人脉密不可分。他的迟疑有可能会影响他的抉择，令倚重他的朋友失望，若不加以克制，难免与众人心生间隙。所以九四爻应当注意的是，柔缓处事当然可行，但是不可过份，过了便是犹豫不决，会迟误时机，甚至会影响事情的最终结果。

【经文+传文】

六五　贞疾，恒不死。

《象》曰：六五　"六五贞疾"，乘刚也；"恒不死"，中未亡也。

【译文】

六五　坚守正道防止疾病：人能永久健康。

《象传》说：六五说"贞疾"，这是因为小民凌驾君子；"恒不死"，是因为中道尚未丧失。

【爻意分析】

六五爻是豫卦中的阴爻，身处主位之尊，而强臣九四爻在下威望极高，不免令六五爻有所顾忌。六五身为阴爻，其质阴柔，身居刚位，力不从心，对自身的掌控之力较差，对自己的要求又甚低，这些因素导致这位柔弱的君主沉溺于享乐安宁之中，胸无大志，毫无责任心与使命感。

六五凌驾于全卦唯一的阳爻之上，以阴乘阳，是为不吉，所以爻辞中写道：
"贞疾。"所幸，贞在柔道中为中正，所以爻辞中又道"恒不死"，意为，六五虽然
身染疾患，但是只要不失其中正之位，便可确保无性命之虞。

【可断结果】

六五爻疾患的根本在于，他将所有的责任都推在九四爻的身上，自己一味地贪
图眼前享乐，既无承担大事的能力，又没有励精图治的心愿，任由自己的元气被声
色之物所消磨。

而治理天下的大权旁落在强臣九四爻的手中，六五不但没有任何担心与改变，
反而乐地坐享其成，甘当一个有名无实的国君，这一切都是弊病的根源。在这种情
况之下，要是再加剧沉沦，很快便会疾病缠身，不治而亡。

六五一直得九四所辅佐，九四将自己的心智都放在六五的基业之上，并不时开
导六五，所以六五若是能有所感悟，心生悔意，借重九四之阳刚之气，那么自身的
阴郁当可化解一些，身上的疾患不会愈演愈烈，最终可以避免很多懊悔。

【经文+传文】

上六　冥豫成，有渝无咎。

《象》曰：上六　"冥豫"在上，何可长也？

【译文】

上六　沉迷享乐成性，但能及时改好就无害。

《象传》说：作为上级而沉迷享乐，这种享乐怎能长久呢？

【爻意分析】

上六是豫卦中的阴爻，位处上爻，尊位之六五爻已经纵情于声色，而上六爻，
又处豫卦之终。爻辞中写道："冥豫。"冥乃昏沉不清之意，显然上六爻如同六五
爻一般，依旧沉迷于享乐之中，毫无清醒悔
悟之意，此时局面急转直下，已经危如累卵，
如同头上悬挂千斤巨石，动辄有灭顶之灾。

终极之爻沉溺享乐，代表了其所作所为
之极端，乐极必定生悲，爻辞中的"有渝无
咎"实为警醒之言。"渝"是背弃，改变之
意，"无咎"本意为没有过错，在此是说可以
免责，此句话是说，此时悬崖勒马，浪子回
头，还来得及。

昏昧纵乐到了极点，又怎能长久呢？

【可断结果】

快乐愉悦本身是好事，但一味地沉浸在快乐中难以自拔，任由本性迷失，就成

了极度危险的事情，若再加上心生自暴自弃之念，那么人生事业就都会呈下坠之势，其危害可想而知。

如今，上六爻的冥昧糊涂已经有目共睹，平庸的臣子尚且轻视而不愿辅佐昏君，何况是深孚众望的九四爻？此时，外有觊觎疆土的强敌，而内有心生犹疑的强臣，可以说上六爻内忧外患已经迫在眉睫，若是还不思悔改，挽回自己在众人眼中的形象，审时度势认清局势，在臣子的帮助下消除所有威胁自己的基业的忧患，那么不但江山倾覆无可避免，贞疾之贞也将失去，自身还会有性命之虞。

随 卦

泽雷随
（下震上兑）

【随卦导读】

卦象：下震上兑，为大泽中有雷声响起之象。卦德：下卦为震为动，上卦为兑为悦。全卦阐发了与时偕行，以正随人，不故步自封的道理。

卦辞

【经文+传文】

《随》 元亨，利贞，无咎。

《彖》曰：《随》，刚来而下柔，动而说，《随》。大"亨贞无咎"，而天下随之。《随》之时义大矣哉！

《象》曰：泽中有雷[1]，《随》。君子以向晦入宴息。

【注解】

①泽中有雷：《随》卦下震上兑，兑是泽，震是雷，这是象征着大泽中响起雷声，所以说"泽中有雷"。这个卦象是象征着随从。古人认为天寒时，雷会进入地泽中休息；人是在夜间休息的，所以下文说"君子以向晦入宴息"（晦：夜；宴息：休息）。

【译文】

《随》象征追随：人有元创、亨通、利物、坚守正道之美德，人都愿意随从之，无危害。

身为尊贵君子而不吝委身求教他人，学问渊博者能够不耻下问，如此舍弃自身强势而随从他人，自然能进德修业，日有所成。这就是随卦的要义。

《象传》说：《随》卦的象征是，君主礼遇臣子，臣子对君主的行动感到欣喜，这就是《随》卦。君主正直，大亨通无害，天下人都追随他。《随》卦这种因时随人的道理真是大啊！

《象传》说：泽中有雷，这就是《随》卦的象征。君子取法《随》卦，夜来时休息。

爻辞

【经文+传文】

初九　官有渝：贞吉；前往交有功。

《象》曰：初九　"官有渝"，从正"吉"也；"前往交有功"，不失也。

【译文】

初九　做官要懂得变化之理，又要坚守正道，吉祥；前往与人交游必能成功。

《象传》说："官有渝"，是说官吏改邪归正是吉祥的；"前往交有功"，是因为没有迷失正道。

【爻意分析】

初九爻为随卦中的阳爻。"渝"，意为变动、改变，"官有渝"意为因官家的命令，而导致自身发生变动。"贞吉"意为安守中正则会吉祥，"出门交有功"意为出门与人交往便会得到功劳和利益。

【可断结果】

初九爻据阳刚之身，却屈居于下位，得正未能得中，如今原本安稳平静的生活又被突如其来的变动所打乱，难免生出不甘与焦躁之心，兼之初九爻心中既怀凌云之志，又具备腾飞之能，此时不甘于人下之心最为强烈。初九爻若是率性而为，不顾后果，固执己见，违背命令，那么不但原本所持有的庇护与特权会消失，还会有难以想象的麻烦与制裁。这种情况下，守贞则吉，失贞便会妨害自身，大为不吉。

【经文+传文】

六二　系小子，失丈夫。

《象》曰：六二　"系小子"，弗兼与也。

【译文】

六二　追随了小子，却失去了丈夫。

《象传》说："系小子"，是说丈夫和小子不可兼得（这句是说鱼和熊掌不可得兼，必须二者选一）。

【爻意分析】

六二爻为随卦中的阴爻，此爻过于柔弱，以女人取相，有心中无坚守之志，难以安于寂寞之迹象，对于身边所临近的初九爻，有依附之势。初九在六二爻之下方，位置临近，而阴柔的六二爻最易为初九爻的阳刚之气所吸引，大有追随之意。

本卦中处于尊位的九五爻与六二爻虽然也是阴阳相合，但是所居甚远，令六二爻难以仰仗，以至于六二爻生出叛离九五爻之心，所以才有"系小子，失丈夫"之爻辞。

六二爻背离真正要应和的九五爻，而与初九爻相随，皆因贪图近利而失去本分，在人事上，便有背夫偷情之嫌，同时在六二的心中也有"明知不是伴，事急且相随"的想法，是以两者关系又并不稳固。

【可断结果】

鱼与熊掌自然难以兼得，但是以六二犹豫懦弱，只顾趋利，且贪图甜言蜜语，难免令自己深陷泥沼，届时只怕不但君子远离，连小人也会将之厌弃，落得个一无所有的下场。

【经文+传文】

☱☳ 六三　系丈夫，失小子；随有，求得，利居贞。

《象》曰：六三　"系丈夫"，志舍下也。

【译文】

六三　追随了丈夫，却失去了小子；追随就会有，追求就能得，坚守正道乃为有利。

《象传》说："系丈夫"，是说君子的意见是放弃小子。

【爻意分析】

六三爻是随卦中的阴爻，依旧做女相，"系丈夫，失小子"之爻辞意为此爻与之前的六二爻相比已经开始拨乱反正，放弃了不切实际的想法，重新依附于九五爻，是弃下而随上之势。

"随有求得"意为六三爻已经开始意识到自身的欠缺，因此去追随真正强大而有学识的人物，并从中有所增益和收获。

【可断结果】

六三爻所得到的并不周全，"系丈夫，失小子"，虽然所得远远大于所失，但是六三心中难免喜忧参半。六三所处之位较为相宜，刚柔相济，有求必应，所以作决定的权利往往握于六三的手中。此时最怕六三爻外表贞静而心生懊悔，加上自己的召唤很容易得到应和，而在冲动之中作出反复的小人之举，最终令九五远离。

【经文+传文】

 九四　随有获：贞凶。有孚在道，以明，何咎？

《象》曰：九四　"随有获"，其义凶也；"有孚在道"，明功也。

【译文】

九四　追逐能有所收获（但不免相争）：坚守正道以防凶险；行路有诚信，又能明察，这样能有什么害处呢？

《象传》说："随有获"，是凶险的；"有孚在道"，是君子明察的功劳。

【爻意分析】

本卦中的九四爻是阳爻，居于同样身为阳爻，却是一卦之尊的九五爻之下，意为强臣辅佐强盛的君主，相得益彰。"随有获"意为跟随在君主的身后，就会有所收获，这种收获所指为官禄的封赏。但是爻辞中道"贞凶"，意为九四爻阳爻身居阴位，身居不正，难免生出些不当的心思，并因此而扰乱言行。

贞守本身并没有过错，但九四并非能安于静默，而是心中怀有远大的志向，所以追随九五，意欲建立一番功绩。贪天之功不可行，但是有建功立业的机会而苟且偷安，犹豫畏缩，一派丧志之相，无疑是有悖天道，有渎职之罪的，所以爻辞中写道："贞凶。"

【可断结果】

能建功立业之人必定能获得威望与信服。九四居于臣位，最忌讳的便是居功自傲。九五爻是身在尊位的阳爻，代表了强大的君主，这样的君王大多猜忌与戒备心深重，九四臣服于其下，若是重于功利，锋芒过盛，威名过强，难免有功高盖主之嫌，君王心中若是惴惴难安，那么九四的平安日子也就不多了。

【经文+传文】

九五　孚于嘉：吉。

《象》曰：九五　"孚于嘉吉"，位正中也。

【译文】

九五　对美德者广施诚信：吉祥。

《象传》说："孚于嘉吉"，是因为君子能守中正。

【爻意分析】

随卦中的九五爻是阳爻，居于尊位，代表其居尊而得正，爻辞中的"孚"为信服信用之意，"嘉"意为美善的人物与事情。九五爻的爻辞意为一国之君以诚恳之心治国，唯善是从，感化天下，并因此得到天下臣民的信服与赞美，吉祥。

【可断结果】

历史上开国建立基业的君主不乏其人，但是知人善用，心怀诚挚，不随便见疑于有功之臣的帝王却不多。九五爻阳刚之气充足，身正位尊，自然追随者甚众，这诸多的追随者固然是想辅佐明君建立一番丰功伟业，但同时也希望自己所拥戴的君主，在建立了太平盛世之后，会赐予自己应得的荣华与尊名，封爵赐侯人人向往。

九五爻若是在江山稳固之后，自恃九五之尊，无人可以僭越，而将之前众人的协助之功抛诸脑后，生出"飞鸟尽，良弓藏；狡兔死，走狗烹"的心思，便会丧失诚信，必定为天下人所不齿，就不能称为"孚于嘉"了，结果自然不吉。

所以九五爻切忌不可行出这样自毁长城之举，当以己之诚信随天下之善。

【经文+传文】

　　　　上六　拘系之，乃从维之；王用亨于西山。

　　《象》曰：上六　"拘系之"，上穷也。

【译文】

　　上六　绑了他，又放走了他；获释后的周文王在西山举行祭祀大礼。

　　《象传》说："拘系之"，是说上六处于上位而陷于困境。

【爻意分析】

随卦九五尊贤崇德，用最诚挚的心意将上六的贤人和自己维系在一起，使贤人不再离散，最终成就了王业。此卦足见九五是个体恤下属之人，其挽留上六的心意也很挚诚，所以上六应当自始至终地追随其左右，在这样赏识自己的人手下做事，何愁没有作为？

　　上六爻是随卦中的阴爻，但身处本卦最高之位，任何事物到了极致之时，往往产生逆向的变化，于是，此爻中的"随"开始向着"不随"而发展。

象征上六爻不易随从于人，此爻是随卦中的无妄之卦。无妄即是无妄之灾的意思，在随卦中出现了无妄卦，有因为追随的问题而惹来灾祸的意思。

爻辞中写道："拘系之，乃从维之，王用亨于西山。"意思是说上六爻因不愿臣服顺从于九五而遭到捆绑拘禁，不得已才从之，而后随同帝王于西山进行宴享，席间受到帝王诚挚爱重之心的感召，以不从变为心愿从之。

【可断结果】

九五爻身处帝王之尊，不但从善如流，且能安守中正仁和，面对如此明君，上六爻却并不肯继续追随其后，难免令九五震怒。并且上六之前的功绩皆是为了九五而建立，两人一直休戚与共，互相扶助，这样的君主可遇不可求。上六也并非就能做到对这段情谊断然舍弃，所以不可过于执拗，将原本属于自己的机遇，与大好的局面错失，届时悔之晚矣。

蛊 卦

山风蛊
（下巽上艮）

【蛊卦导读】

卦象：下巽上艮，为山下起风之象。卦德：下卦为巽为入，上卦为艮为止。
全卦揭示了除弊治乱之理。

卦辞

【经文+传文】

《蛊》 元亨，利涉大川，先甲三日，后甲三日。

《彖》曰：《蛊》，刚上而柔下，巽而止，《蛊》。《蛊》"元亨"，
而天下治也。"利涉大川"，往有事也；"先甲三日，后甲三日"，终则有
始，天行也。

《象》曰：山下有风[①]，《蛊》。君子以振民育德。

【注解】

①山下有风：《蛊》卦下巽上艮，艮是山，巽是风，所
以说"山下有风"。山象征君子，风象征德教，君子是
通过道德感化百姓的，所以下文说"君子以振民育德"
（振：感化）。

【译文】

《蛊》象征要拯弊治乱：大亨
通，利于渡
过大河。物极必反，宜先想好"甲"日前三
天的情况，然后定好"甲"日后三天的治乱
方针（符合"七日来复的自然规律"）。

蛊卦论述的重点在于蛊乱发生之后，如何拯救弊
端，整治乱事，也就是治蛊乱之道。

《彖传》说：《蛊》卦的象征是，君主居上，臣子居下，都谦逊清静，这就是《蛊》
卦。《蛊》卦是大亨通的，会天下大治。"利涉大川"，这是因为有事要办；"先甲三
日，后甲三日"，这是说事物到头后又是新的开始，这就是天道。

《象传》说：山下有风，这就是《蛊》卦的象征。君子取法《蛊》卦感化百姓，
培育他们的道德。

爻辞

【经文+传文】

初六 干父之蛊，有子，考无咎，厉，终吉。

《象》曰：初六 "干父之蛊"，意承考也。

【译文】

初六 纠正父辈积累的弊端：这种儿子能继承先业而且于父辈没有危害，即使有危险，也能终获吉祥。

《象传》说："干父之蛊"，整治父辈留下的弊病，是说儿子志在继承父亲的事业。

【爻意分析】

初六爻是蛊卦的第一爻，身为阴爻而处于阳位之上，爻辞中的"蛊"是弊端祸害之意，"干父之蛊"意为干预纠正父辈所犯下的弊端与失误，避免因此能造成的祸害与影响。

"有子，考无咎"中的"考"本是用来称呼已经去世的父亲的，但在此也有指离职的前任之意，意为继任之人对前者的工作予以肯定，并且不去计较前任在工作中所犯的差错，以理解的态度认为这些错误难以避免。

"厉终吉"的意思是，心中应当时刻警醒明白这些隐患的厉害与危急，应及时弥补，绝不掉以轻心，最终便可得到吉祥的结局。

【可断结果】

上六爻在注意到隐患之时，切不可因为其所造成的问题尚在轻微阶段，而忽视耽搁，任其蔓延至无法收拾的地步。只有整治弊乱，初六爻才能大展宏图，若是因轻敌而丧失补救的最佳时机，那么牵一发而动全身，接下来的工作将处处受阻，渎职之责，上六与其前任都难以免除。

【经文+传文】

九二 干母之蛊：不可贞。

《象》曰：九二 "干母之蛊"，得中道也。

【译文】

九二 纠正母辈的过失：情势难行时不能强行，要守正以待。

《象传》说："干母之蛊"，是合乎中道的。

【爻意分析】

九二爻是蛊卦中的阳爻，身处下卦居中之位，与处于本卦之尊位的六五爻相对应，呈辅佐之势，处于尊位的六五爻是蛊卦中的阴爻，阴柔的统治者领导阳刚的下属，恰与爻辞中的"干母之蛊"之说相符。爻辞中父母之称谓，只是比喻，在理解上并不必拘泥。

上一爻"干父之蛊"可说是子承父业，而这一爻的"干母之蛊"可说是绍继母德。处本卦尊位的六五爻，柔中居正，即便是所作所为中有什么偏差弊端，也不至于太过严重，所以九二在整治弊端的时候，态度不可强硬固执，应以缓和的方式进行，并在适当的时候变通折中。爻辞中的"不可贞"便是此意。

【可断结果】

在位于尊位的六五混乱迷惑之时，作为其子的九二爻当然有义务去提醒干预，虽然爻辞中的贞乃中正之意，但是也不可自恃自己的观点正确，而强迫六五爻作出改变或让步。

【经文+传文】

九三　干父之蛊：小有悔，无大咎。

《象》曰：九三　"干父之蛊"，终"无咎"也。

【译文】

九三　纠正父辈的过失：小有不幸，但无大害。

《象传》说：九三说"干父之蛊"，结果"无咎"。（传对此爻没有释读）

【爻意分析】

九三爻是蛊卦中的阳爻，且居于阳位之上，身端位正，阳气刚猛无亏，此爻与初六一样，都是"干父之蛊"，但与初六不同的是，初六爻乃是在父亲有错误之初上前干预，一则初六身为阴爻，行事不会过于激烈，二则此时一切初始，即便有错误也并未演变至很严重的状态，所以纠正的过程会相对地温和，出现大冲突的可能性微乎其微。

爻辞中道："小有悔"，意为九三爻事后会因为自己过于激烈的处理措施，而感到小小的懊悔，并且会因为这种自己内心的后悔，而使纠正父亲错误的行为出现搁置与反复。

九三爻此时眼看父亲所犯下的过错已经愈演愈烈，自己又是阳气过盛，一派刚猛，难免心生急躁之情绪而出现矫枉过正的问题，但这些局面都是暂时的，因为九三爻毕竟身居正位，说话行事不会出现偏差，同时也可解释为以己之正道去修正父亲的昏昧，所以大节不亏，不会背负太大的错责。

【可断结果】

九三爻刚猛有余而持重不足，很可能会在整治弊端的过程中出现行事鲁莽，举措不恰当的问题，直接的影响首先是自身会留下遗憾与懊悔，更重要的是最终整治的效果与自己所预想的稍有偏差，但是毕竟微小的细节也可以决定大局的安危，即便最终结果是好的，过程也难免艰辛。

所以在行事之初还是应当谨慎思虑，将可能发生的因果详加分析，这样才会稳妥顺利。

【经文+传文】

　　　　六四　裕父之蛊，往见吝。

《象》曰：六四　"裕父之蛊"，往未得也。

【译文】

六四　放任父辈的过失，这样发展下去会出现危险。

《象传》说："裕父之蛊"，这种做法是不得当的。

【爻意分析】

六四爻是蛊卦中的阴爻，居于阴位。九三爻阳刚之气过猛，而六四爻与之相反，以其重柔之气居中位，志向纯静，行事却难免优柔寡断，缺少决策之力，尤其是见到自己的尊长犯了错误时，往往无法直面指正，而是持着宽容拖延的态度。所以爻辞上写道："裕父之蛊。"此言意为对父亲所犯的错误宽缓不争，一任事态发展下去，势必造成令自己悔恨的结果，所以爻辞上又写道："往见吝。"

【可断结果】

六四爻至阴至柔，行事畏首畏尾，既无劝谏的魄力，又无拨乱反正的能力，以至于进退受阻，行止不畅，六四以阴爻居于阴位，按着《本义》上所说，便是无可作为之相，所以其宁可委曲求全也不愿与上级的意愿相违背，皆是出自于懦弱的本性。他即便是眼见蛊患日益加深，也会默然处之，这样长此以往，当六四见到千里之堤最终毁于自己发现的小小蚁穴，当然会为自己当日的不作为而心生懊悔与遗憾。

【经文+传文】

　　　　六五　干父之蛊，用誉。

《象》曰：六五　"干父用誉"，承以德也。

【译文】

六五　纠正父辈的过失，会得到称赞。

《象传》说："干父用誉"，是说儿子以美德来继承先业。

【爻意分析】

六五爻乃是蛊卦中的阴爻，以阴柔之身居于本卦的尊位，六五爻位高权重却安守中正之道，有承顺父辈的德行，"干父之蛊，用誉"意为纠正了父亲因被蛊惑而犯下的错误，并且对外宣称这改正错误的功劳在父亲身上，因此保住了父亲的声誉。

蛊卦之大用卦在于六五爻，六五爻统领众爻，与九二爻内外应和，与九三爻刚柔并济，与六四爻并柔行刚，调度有理，为众望所归；并且，六五爻高居上位，勤勉谦和，德行显著，自然名满天下。

【可断结果】

六五爻所承继的基业中，还有父辈在治理中留下的诸多隐患与陈旧的弊端。六五爻身为新的君主，不可为眼前繁花般的景致所迷惑，也不可盲目屈从于父辈的经验教导，应当镇定自若地分辨是非，明察秋毫之末，正朝纲，肃风纪，这样才能将父辈的事业很好地传承下去。

【经文+传文】

上九　不事王侯，高尚其事。

《象》曰：上九　"不事王侯"，志可则也。

【译文】

上九　不去侍奉王侯，先培养自己的志向为重。

《象传》说："不事王侯"，这种志向值得效法。

【爻意分析】

上九爻是蛊卦中的阳爻，居于蛊卦之终，虽然身为阳爻，却与同为阳爻的九三并不相应和，好比同殿侍君的两位臣子，脾气志向大相径庭。

此爻意在说明功成而不居，退出名利之争，以充实的生活为高尚之事。

上九爻是蛊卦中的升卦，以此爻来看，这个"升"在这里是升华超脱之意，所以爻辞中道："不事王侯，高尚其事。"上九爻在经历了之前的整治弊端之后，似有所悟，已经开始超然物外，不再将功名利禄放在心上，开始将全部心神投入自己所热爱的事业之中，甚至连王侯这样的权贵都无法令他听命。上九爻心怀高远，志向凌云，不愿自己再被世俗之事干扰，将逍遥物外看做至高无上的的行事准则。

【可断结果】

本卦之前五爻功业已成，至上九爻时，治蛊之道已经极尽，极则生变，是以，上九爻此时处于无用武之境地。上九爻位于众人之后，又不当位，所以自居其下，方能自得安稳。上九爻乃是阳刚之爻，并非全无志向，但是局势如此，不得已才以清高自居，远离世事，慎守中道。

若是此时强要跻身于诸位臣子之列，恐有坐享他人之成的嫌疑，届时失德失誉，应当说上九爻此举，表现了其既有知人之智又有自知之明，其处事策略是暂时归隐退避，不做无谓之争，安守中道，静待适当的时机复出。

临 卦

地泽临
（下兑上坤）

【临卦导读】

卦象：下兑上坤，为大地在水泽上之象。卦德：下卦为兑为悦，上卦为坤为顺。全卦系统地阐述了管理之术和领导者应有的品质和修养。

卦辞

【经文+传文】

临　元亨，利贞。至于八月有凶。

《彖》曰：《临》，刚浸而长。说而顺，刚中而应。大亨以正，天之道也。"至于八月，有凶"，消不久也。。

《象》曰：泽上有地[①]，《临》。君子以教思无穷，容保民无疆。

【注解】

①泽上有地：《临》卦下兑上坤，坤是地，兑是泽，所以说"泽上有地"。地包容泽，君子包容教化百姓，所以下文说"君子以教思无穷，容保民无疆"。

【译文】

《临》阳临阴消象征自上至下治理民众之事：大亨通，利于坚守正道。到了阳气日衰的八月份有凶险。

《象传》说：《临》卦的象征是，

临为尊贵者屈就卑贱者，阳刚下临阴柔，也就是以尊降卑、以刚临柔的意思。

君子的道德逐渐增长，性情和悦，顺应天道，刚健中正，得人响应。中正才能亨通，这就是天道。"至于八月有凶"，这是因为八月时阳气渐消，不能长久保持了。

《象传》说：泽上有地，这就是《临》卦的象征。君子取法《临》卦不懈地教导百姓，关心百姓，包容和保护百姓。

爻辞

【经文+传文】

 　　　初九　咸临：贞吉。

《象》曰：初九　"咸临贞吉"，志行正也。

【译文】

初九　用感化的政策治理百姓：正固吉祥。

《象传》说："咸临贞吉"，是因为君子品行端正。

【爻意分析】

初九爻是临卦中的阳爻且居于阳位，与本卦六四爻阴阳应和，而六四爻与临卦中处于尊位的六五爻相临近，是近君之臣，初九爻与君王的近臣相和，说明同样是受到君王信任的臣子。

爻辞上写道："咸临，贞吉。""咸"是感化感应之意，"咸临"意为初九得到了感应，既然后面说道"贞吉"，说明这种感应是正面的，与正道相符，能为初九带来吉祥，那么这份感应多半来自君主的近臣六四爻，意为君主通过六四爻向初九流露出认可与欣赏的信息。

【可断结果】

初九爻身为阳爻而居于阳位，纯阳无阴，但是身处于卑微之位，之所以能得到众人的应和与君主的赞赏，皆因其心志行为刚正不阿，见信于人，所以其成事的重要原因是固持中正，守贞得吉，失贞则失吉。

【经文+传文】

　　　九二　咸临：吉，无不利。

《象》曰：九二　"咸临吉无不利"，未顺命也。

【译文】

九二　用感化的政策治理百姓：吉祥，没有不利。

《象传》说："咸临吉无不利"，是因为民众不从王命。

【爻意分析】

九二爻是临卦中的阳爻，居于下卦的中位，居中得正，又与处于尊位的六五爻相应和，身份地位更高于初九爻。九二爻比起初九爻之意气昂然，更多了持重与使命感，处本卦之尊位的六五爻阴柔而无所作为，全靠九二与初九戳力辅佐，而初九又有听命于九二之势，所以九二爻在临卦之中至关重要。

爻辞中写道："咸临，吉，无不利。"意为九二爻是监临督导之臣，所到之处，如君主亲临，经过他的监临，民众的意愿为君主所闻，而君主的回复又通过九二爻很快地传达下去，因此九二爻十分关键，身负沟通安抚之要责，君臣同心，上行下效，皆是九二爻之功。

【可断结果】

九二扶植初九，二爻阳气日渐强盛，而柔顺的六五爻也为两爻的阳气所感染，对其越发亲厚爱重，极为信任，面对这样仁和宽厚的君主，九二爻会有得遇知己之感，但是也有可能而生出取而代之的心思。爻辞中的"咸临，吉无不利"所指的是九二爻安于臣子之道，进则有功，所以事事吉祥，无不利处，因其行为顺应天命，天下民众信服。

若是九二爻不再奉行臣子之道，想自强以统治天下，那么便悖离了中正，不应天顺命，便失了吉祥，即便得了天下，也难堵天下悠悠之口。

可以说天下是否安稳太平，都在九二爻一身，九二爻实为临卦中之大用。

【经文+传文】

六三　甘临，无攸利；既忧之，无咎。

《象》曰：六三　"甘临"，位不当也。"既忧之"，"咎"不长也。

【译文】

六三　用巧言令色来治理百姓，无利可得；若是已经知道忧虑这种政策了，则无害。

《象传》说："甘临"，是说君主地位失当；"既忧之"，这样危机就久不了了。

【爻意分析】

六三爻是临卦中的阴爻，居于阳位，阴柔失正，好比资质平平之人，心中对自己怀有较高的期望。六三爻与初九阳爻相应和，其阴柔得到初九爻阳刚之力的协助，然而爻辞上道"甘临"，意味为这种协助是六三爻以巧言妄语，施惠于人而换取的，并非初九爻与其意气相投，出于欣赏而自发作出的帮助。

爻辞中所说的"既忧之，无咎"意为，若是六三爻能幡然悔悟，明白自己的所作所为难称上流，并为此感到悔悟忧虑，并因忧而生出悔改之心，自此谦虚恭谨，努力提高自身的学识与修养，便不会造成任何恶果，不必承担错咎。

【可断结果】

为官者若是以甜言去奉承上司，以蜜语督导下属，必定是上下欢欣内外和睦，但是这种以欺骗为基础的和睦关系，难以持久。初时以甜蜜的许诺哄骗下属为自己出力，事实上却无法兑现自己的承诺，屡屡自食其言之后，不仅会丧失人心口碑，还会招致愤恨。

而以献媚的言语奉承自己的上司，大夸海口巧言令色，日子久了却毫无实际性作为，便失去了上司的信任与器重，同时也失去了上升的机会。

六三爻居位不当，故而心术不正，一味地做些投机取巧欺上瞒下的事情，然而这种哗众取宠的手段，既失德行又丧志气，其成果不可能长久维持，随着时间的推移，很快便能为人所识破，届时，六三爻所营造的假象为众人拆穿，其结局必定是众叛亲离，为世人所不齿。

【经文+传文】

六四　至临：无咎。

《象》曰：六四　"至临无咎"，位当也。

【译文】

　　六四　用极为亲和的态度治理百姓：无害。
　　《象传》说："至临无咎"，是因为君主地位得当。

【爻意分析】

　　六四爻乃是临卦中的阴爻，且居于阴位，位置得当，虽柔而不失其正。爻辞中的"至临"，意为其正处于极好的位置上，以居高临下

六四不受阳刚逼临，当位得正，又是近君大臣，所以能持守正道，使贤任能，受人拥戴，所以无咎。

之势管理下属。因六四爻柔顺中正，所以其对待下属既公正严明又不失以礼，实有利贞和贞静之正道，所以爻辞中道"无咎"，意为毫无错咎。

【可断结果】

　　六四爻柔中居正，处理政务又事必躬亲，所闻所见都是最为切实的信息，加上他性情儒雅柔缓，待人待事都施以平等之心，身端表正，安守贞静，礼贤下士，有君子之风，这样的领导者，走到哪里都不乏追随之人。

【经文+传文】

六五　知临，大君之宜：吉。

《象》曰：六五　"大君之宜"，行中之谓也。

【译文】

六五　用明智的政策治理百姓，这是君主的适宜的做法：吉祥。

《象传》说："大君之宜"，是说君主能行中道。

【爻意分析】

六五爻是临卦中的阴爻，处于尊位，如同一国之君，位于外卦之中，在临卦中是节卦，"节"是节制有度之意。爻辞中的"知临"意为将自己的知识与智慧加临于平日的接人待物处理国事之中；"大君之宜，吉"意为用一国之君的大气作风去处理身边事宜，必定会吉祥。

【可断结果】

六五爻是身份尊贵的君主，应当高瞻远瞩，心怀天下，监临管理国事不必事无巨细，处处亲临；当有所节制，不可使自己在无关紧要的事情上太过费心分神：应当把精力放在重要的大事上去。

六五爻是阴柔的君主，应守中致和，在国事上可以依仗阳气刚猛的下属，不必劳神费力，以一身代替百官之职。大君的知临是以知人善用之智，合理号令百官，自己施行无为之治。无为，既非无所不为，亦非一无所为，应善取天下之能者，智者，贤者，整合众人之力以供国家之所需，像这样以大智慧大胸怀君临天下，才是明君所为，哪有不吉祥的道理？

【译文】

上六　用诚恳厚道宽容的政策治理百姓：吉祥，无害。

《象传》说："敦临"是吉祥的，是因为君主心怀治好国家的愿望。

【爻意分析】

上六爻为阴爻，在临卦中是损卦，意为此爻可以做到自我减损，性格极其忠厚，所以爻辞中道"敦临：吉，无咎"，意为诚恳朴实的监临者，可以做到消减个人的利益而去增益于民众，此举大得人心，民众被他的行为所感动，大加拥戴，监临者的做法，毫无错误，非常吉祥。

此爻是教人们怎样做领导。作为一个好的领导应该有良好的做人素质，即要有厚德载物的品质，有温和的态度。临卦的核心思想在于管理的思想和方法，古代讲的统御之术是有历史的局限性的，现代人不能再用一种权术的思想去对待被管理者。居于领导位置的人，掌握了很多主要的资源，获得了权势，很容易自以为是，以至于刚愎自用，甚至于施暴政以残虐人民。"敦临"强调的首先是真心诚意，要全心全意为人民着想，真诚要发自自己的内心，这样才能得到人民的真心拥护，自然是吉祥的。

【可断结果】

上六爻为临卦的终极之爻，彰显了临卦之大用。上六爻之位高出卦中其他五爻，而个性却比其它五爻都谦卑有礼，皆因物极必反，天道使然。上六爻居高临下，却以上俯就于下，以尊临卑，放弃自己的利益来维护民众的利益，足见其忠厚无私，至情至性，这样

上六尊贤而取善的心志笃实而亲切，关心民间疾苦，深得臣民爱戴，臣民也必受其感化。人人尊贤崇善，自然吉祥而无咎。

的领导者必为民众所喜爱；但是上六爻应当注意，敦厚宽容也要适度，不可因为将自己放得过于卑微，而失去威信。

观 卦

风地观
（下坤上巽）

【观卦导读】

卦象：下坤上巽，为和风吹在大地上之象。卦德：下卦为坤为顺，上卦为巽为入。全卦阐发用美育教化人心的道理。

卦辞

【经文+传文】

《观》 盥而不荐，有孚颙若。

《彖》曰：大观在上，顺而巽，中正以观天下，《观》。"盥而不荐，有孚颙若"，下观而化也。观天之神道，而四时不忒，圣人以神道设教，而天下服矣。

《象》曰：风行地上①，《观》。先王以省方观民设教。

【注解】

①风行地上：《观》卦下坤上巽，巽是风，坤是地，所以说"风行地上"。风象征德教，"风行地

上"象征德教在各地推行，所以下文说"先王以
省方观民设教"（省：视察；方：邦国）。

观卦强调君王应当仰观天道，俯察民情，以身作则，行不
言之教。政令深入人心，臣民顺从。

【译文】

《观》象征观仰：观看用酒洒地迎神，
即使没看到神供献祭品，心中已充满了
虔信恭敬。

《彖传》说：君主遍观下民，柔顺谦
逊，观察天下时能秉守中正，这就是《观》
卦的象征。"盥而不荐，有孚颙若"，这
是为了使下面的臣民看到并受感化。圣人观察上天神妙的规律，发现四季循环不会
出错；圣人根据这种神妙的规律设立教化，使得天下都顺服了。

《象传》说：风刮在地上，这就是《观》卦的象征。先王取法《观》卦视察邦国，
观察民情，设立教化。

爻辞

【经文+传文】

初六 童观，小人无咎，君子吝。

《象》曰：初六 "初六童观"，"小人"道也。

【译文】

初六 像儿童一样幼稚地观仰事物，在小人不算过失，在君子则有害。

《象传》说："初六童观"，这是小人的观察方法。

【爻意分析】

初六爻是观卦中的初始之爻，身为阴爻而居于阳位，身居不正，距离处本卦尊
位的九五爻又相离甚远，观察周围环境与自己应当仰望的九五爻，却因为视线模糊
不清，而难以看明白。

所以爻辞中道"童观"，意思是初六爻本身阴柔无为，如同孩童一般，视角稚
嫩，蒙昧无知，难以窥到事物的全貌，以及其本质。

而"小人无咎，君子吝"的意思为平民百姓因为地位低下，见识浅薄，难以看
清楚天子诸侯的治世之道，自然是寻常之事，但是若是饱览群书，见识广博的君子
或者贤士，也无法理解君侯的为观之道，那就令人难以谅解了。

【可断结果】

初六爻位于观卦之下位，如同少不更事的孩童，刚出家门，面对眼前纷扰熙攘
的世界，一片茫然。其观瞻懵懂，难以明辨是非，分清始末，是为"童观"。

初六阴爻柔弱又身居不正，好比见识粗鄙，德行浅薄的小人，只能看见眼前之蝇头小利；而毫无远见卓识，这种人难成大事，难担要职，行事做人如同孩童般幼稚可笑，思考极为肤浅，在这种人的身上谁也不会寄以厚望。小人的无知只会成为世人眼中的笑柄。

【经文+传文】

六二　窥观，利女贞。

《象》曰：六二　"窥观女贞"，亦可丑也。

【译文】

六二　从暗中偷偷地观仰，有利于女子坚守正道（但对于君子来说就不好了）。

《象传》说："窥观女贞"，是丑陋的行为。

【爻意分析】

六二爻是观卦中的阴爻，居于阳位之上，有阴云蔽日之象，且六二爻是观卦中的涣卦，"涣"是涣散之意，爻辞中的"窥观"解释为暗中偷看，也有暗地里有所谋求之意。"利女贞"意为此时六二爻心摇志动，应当如同女子守贞一般才能得到利益。

【可断结果】

门中窥物，难以得见全貌，以此种观察为依据得出的判断，难免偏颇。六二爻既做窥观，显然身在门内，门内者，耳目闭塞，对外界事态处于失察状态，自狭隘的角度向外张望，无非看到一些炫目的浮光掠影。

【经文+传文】

六三　观我生，进退。

《象》曰：六三　"观我生进退"，未失道也。

【译文】

六三　观察自己的成长过程，以决定进退。

《象传》说："观我生进退"，是说君子没有迷失正道。

【爻意分析】

六三爻阴爻，居于阳位上，是观卦中的渐卦，"渐"为逐渐，循序渐进之意。爻辞中道"观我生，进退"，意为先观察自己所处的境遇与局势，以保证自身生存为目的，以德行为标准，谨慎地作出前进或是后退的决策，不可凭自己的臆想急功近利，而必须循序渐进，时刻反省，审时度势，步步为营。

【可断结果】

　　六三爻与同他相邻的六二爻与六四爻同为阴爻，于六三爻这里，便有阴霾不清，迷雾重重之象，而六三爻身为阴爻，无阳爻可依仗，只得与众阴相互遮蔽，处于蔽而难明，观而不清的境地，实为大观之阻碍；所以六三爻不可任由自己困顿其中，首先要认清自己的内心与所处境地，持守中正的德行，不可过久地在进退之间游移，应认清自身所需求，自观之后，结合利弊，作出适合自己的决定。

六三爻爻辞中道"观我生，进退"，意为先观察之后再作出决定，意为六三爻并未偏离观之正道。之前的初六爻与六二爻所侧重的是向外界所作的观察，而六三爻中所注重的是内心，问省于内心，之后将所处的环境与自己相结合，而后作出或弃或守的选择。

【经文+传文】

六四　观国之光，利用宾于王。

《象》曰：六四　"观国之光"，尚宾也。

【译文】

　　六四　观仰国家的光荣，明白这时出仕辅佐君主有利。

　　《象传》说："观国之光"，是说君子是时候出仕从政了。

【爻意分析】

　　六四爻身为处观卦之外卦的中爻，阴爻阴位居中守正，且临近观卦中处尊位的九五爻，乃是国君身边亲近的重臣。

　　"观国之光"，国光乃是国之光华，意为六四爻身在君王身侧，十分准确地看清了国家里所有光明与有希望的一面，心神为之振奋。"利用宾于王"意思为，想要实现自己的志向，最为有利的做法是成为幕下之宾，以臣子的身份去辅佐君王治理天下。

【可断结果】

　　六四爻身为国家重臣，心怀凌云之志，以使国家发展壮大作为自己的理想。六四既然仰观九五国君治国有方，应该成为君王幕僚，贡献一己之力，所以说"利用宾于王"。

【经文+传文】

九五　观我生，君子无咎。

《象》曰：九五　"观我生"，观民也。

【译文】

九五 观察自己的成长，（时时自省）这样君子就可以无咎害了。

《象传》说：反观自己的生命历程，也是说君主观察民生。

一个人若是内心的德行不足，那么其言行也必定没有可称道之处。爻辞中所说"观我生，君子无咎"，意为应审视自己，并不断修正完善自身的问题与缺点。虽然巨细不同，但因为九五爻乃是一国之君，所以其言行应当以最高的道德标准来衡量，方可为万民表率，才会无错咎。

【爻意分析】

九五爻阳爻居于阳位，乃是一卦之君主，乘时得位，自上俯下，其影响力如中天之日，普照天下。观的意图与结果便是明，而观卦之大用在于，将自己所观之结果明示于人，在九五爻身上意为应当向天下施以明德仁政。

【可断结果】

九五爻所讲的是为国君之道，君主为一国臣民的首脑，国家的前途，百姓的安宁皆系于君王一身。君主若是个德智兼备的明君，为民众利益着想，为天下兴衰而忧，自然是万民敬仰人人辅助；若是违背明君之道，将天下视为自己囊中之私物，为所欲为，施严刑苛政，那便是自毁根基，亡国之君所为。

【经文+传文】

 上九 观其生，君子无咎。

《象》曰：上九 "观其生"，志未平也。

【译文】

上九 观察别人的成长，（从中借鉴）这样君子就可以无咎害了。

《象传》说："观其生"，是说君子修养道德的心志未可松懈。

【爻意分析】

上九爻是观卦中的终结之爻，身为阳爻居于上极之地，此时上九爻极则生变，如同天上的太阳已经偏西，处于无可作为的境地，但若是君子处于此境地，则无论返本还源还是功成身退，都毫无错咎。因为君子行事，进依从于道，退亦依从于道，退则独善其身，进则思虑天下，所以爻辞中写道："观其生，君子无咎"。

"观其生"是指上九爻怀忧国忧民之思绪，观天下众生而以自省。上九爻与尊爻九五十分亲近，同心同德，所以常怀着君王才会有的忧思。在观众生的过程中，谦逊的上九爻心志从不松懈，时时想着增益自己的德行。像上九爻这样足以令人仰视的君子，自然诸事无咎。

【可断结果】

上九爻之无咎重在其是有道的君子。自古功成名就者，抽身而退难。上九爻非居于君主之位，却时刻以君主的标准要求自己，若是能恪守君臣之道，自然毫无罪咎，若是因受万民仰望，而心生非分之想，那不但会使之前的所得一切功绩毁之一旦，而且还将承受天下的骂名，所以观其生而自省对于上九爻是至关重要的。上九爻应时刻提醒自己，处于民众的目光注视之下，不可有失误的言行，安守君子中正之道，才能确保无咎。

噬嗑卦

噬嗑
（下震上离）

【噬嗑卦导读】

卦象：下震上离，为雷电交加之象。卦德：下卦为震为动，上卦为离为明。全卦阐述了以德治为核心的法律思想。

卦辞

【经文+传文】

《噬嗑》 亨，利用狱。

《彖》曰：颐中有物，曰噬嗑。《噬嗑》而"亨"，刚柔分，动而明，雷电合而章。柔得中而上行，虽不当位，"利用狱"也。

《象》曰：雷电①，《噬嗑》。先王以明罚敕法。

【注解】

①雷电：《噬嗑》卦下震上离，离是电，震是雷，所以说"雷电"。雷象征刑罚，电象征明察，明察刑罚是君主的责任，所以下文说"先王以明罚敕法"（敕：整饬）。

【译文】

《噬嗑》卦象征啮合：亨通，利于决断刑事案件。

《彖传》说：腮帮鼓动，口腔中有食物，这就叫"噬嗑"。《噬嗑》卦是亨通的，这是因为此卦三阳爻三阴爻刚柔均衡，下震上离，有雷有电，象征办事明察，威明结合。六五阴爻居上卦中位，能守中道，虽然地

口中有物，嘴巴不能合拢，必须将其咬断，嘴才能合上。推演到人事方面，必须用刑罚除去强暴作梗的小人，社会才能安宁。

位失当，但和人打官司还是有利的。

《象传》说：雷和电，这就是《噬嗑》的象征。先王取法《噬嗑》卦明察刑罚，严正法令。

爻辞

【经文+传文】

初九　屦校，灭趾：无咎。

《象》曰："屦校灭趾"，不行也。

【译文】

初九　脚拖着刑具，脚趾被伤及了：倒也无害。

《象传》说："屦校灭趾"——这是为了使他不再犯罪。

脚上戴刑具，属于较轻微的刑罚。由于只是初犯，罪过尚轻，初九如果能够就此觉悟，也不是坏事。

【爻意分析】

噬嗑卦之初九爻是阳爻。爻辞中写道："屦校灭趾。""屦校"意为双脚被套上了枷锁，用以限制其行动，是惩戒罪犯的举措；灭为伤灭，指用刑具而使脚趾受伤，并非砍足，这意味着对罪犯还有改造的期许，"无咎"意为这种惩戒对于犯罪者来说十分得当，毫无过咎。

【可断结果】

罪责并未到不可收拾，无法弥补的地步，虽然被法规制约了自由，但还是可以教导纠正的。若是小错小非之时能够受到严惩，那么其施恶行之心必定会被震慑住，其所造成的影响也不至于继续扩散，对于初九爻这种小罪犯来说，何尝不是好事？

【经文+传文】

六二　噬肤，灭鼻：无咎。

《象》曰："噬肤灭鼻"，乘刚也。

【译文】

六二　偷吃肉，被施割鼻的轻刑（由此惩前毖后，所以说）：也无害。

《象传》说："噬肤灭鼻"，是因为小民凌驾君子。

【爻意分析】

六二爻是噬嗑卦阴爻，位于初九之上，柔居柔位，却以阴凌阳，如同一得势的小人出于私心而压制有才能的下属，长此以往必然给自身带来麻烦，引致灾祸。

爻辞中写道："噬肤灭鼻，无咎。"灭鼻是指对罪犯施以劓刑，将其鼻子割掉。这种刑罚毁坏人容貌，可谓重刑，然而爻辞中却道"无咎"，意味刑罚得当，六二爻所犯的罪过不轻。

【可断结果】

六二阴爻居于内卦之中位，其下的初九爻为阳爻，又做奋起之势，以六二爻阴柔之质既难以抗衡，又无法与之调和，其以柔乘刚乃是噬肤灭鼻之祸的源头。

"噬肤，灭鼻，无咎"意味刑罚得当，可见六二爻所犯的罪过不轻。

六二爻秉性阴柔，是以对惩罚并未做过多的抵抗，所以对其的惩罚尚在皮肉，没有造成筋骨之害，此种刑罚虽然过重，但是对于六二爻所犯的罪责来说，只是矫枉过正，并无错咎。

【经文+传文】

六三　噬腊肉，遇毒：小吝，无咎。

《象》曰："遇毒"，位不当也。

【译文】

六三　像吃坚硬的腊肉，遇毒：未咽小有不好，没有大害。

《象传》说："遇毒"，是因为他地位失当。

【爻意分析】

六三爻为噬嗑卦中的阴爻，却居于阳位，身居不正，阳遇阴爻是爻辞中遇毒的原因，腊肉是将鲜肉腌制后风干制成的，味道鲜美，口感有韧性。"噬腊肉。遇毒，小吝。无咎"意为腊肉在储藏时发生了变质，但所幸是干肉中所含有的毒素，毒性较轻。引申意为，弊端的积累并非朝夕之间完成的，但一直未被察觉，直到其威力显露出来。

【可断结果】

因与六三爻阳爻相违，又身居不正，所以爻辞中以中毒作为比喻，凡事应当顺其自然，不合用之人，不适当的行事，若是强行求之，必会为日后埋下隐患，如同每日吃有毒的腊肉一般，毒量虽然很轻微，但谁也架不住日积月累的堆积，待到最终毒性发作之时，势必面临难以收拾的局面。

【经文+传文】

九四　噬干肺，得金矢：利艰贞吉。

《象》曰："利艰贞吉"，未光也。

【译文】

　　九四　吃带骨的干肉，吃到铜箭头：在艰难中要坚持守正，吉祥。（"噬干肺"比喻办事，"得金矢"比喻办事遇到了艰难；但扔掉金矢，肉还可继续吃，比喻艰难可除，所以说吉祥。）

　　《象传》说："利艰贞吉"，是说君子这时还未获得光明。

【爻意分析】

　　九四阳爻居于阴位，身居不正，其想施行之事必定受到阻碍，爻辞中道"噬干肺，得金矢"，是说口中吃着带骨头的干肉脯，竟然吃到了金属的箭头。这种突兀的情况，有柔在外而刚居其内之象，寓意为内有乾坤，意外之收获。"利艰贞吉"意为此爻对于占问艰难困苦之事有利，只要知道事情的艰难，人便会警醒不松懈，再以贞正为行事的根本，便会一切吉祥。

九四爻以刚爻居阴位，刚柔相济，深得刑狱之道，干肺虽然难噬，但只要坚守金矢刚直之德，贞固守正，则必获吉祥。

【可断结果】

　　九四爻落于阴位，虽然自身阳刚，但是因为所处的环境阴暗，难免受到影响，如爻辞中所说，口中有难以咀嚼的肉脯，肉脯中还藏有箭头。九四爻口中塞物，有言路被堵塞之象，虽然知道身边发生了弊端或是超越常理的事情，却难以通过与他人沟通而得到协助，这也意味着此事颇为棘手，艰险重重。

　　九四爻若是因此而志气低落，犹豫不决，任由事态发展，那么势必为这件麻烦事所牵累，恐有与这种阴暗事情同流合污之嫌，所以应当机立断，表明立场，施以决策，以正视听；但同时，因为九四爻身为阳爻，难免压抑不住刚猛之气，处理事情唯恐不及而宁可有过，所以要尤其注意把握分寸，心中坚守贞正，必定可扭转事态，获得吉祥。

【经文+传文】

六五　噬干肉，得黄金：贞厉，无咎。

《象》曰："贞厉，无咎"，得当也。

【译文】

六五 吃干肉，吃到黄金：固守正道，勤勉努力，终可无害。（黄金吃进肚里，能致病甚至致死，比喻事有危险；"得黄金"比喻危险发现了，终获无害。）

《象传》说："贞厉无咎"，是因为君子行为得当。

【爻意分析】

六五爻是噬嗑卦中的阴爻，居于本卦的尊位，原本以柔乘刚，以阴居阳是不当的，但是，六五爻虽然是阴爻，与其临近的九四爻与上九爻却皆为阳爻，六五处于两阳之间，上爻下爻对其皆有辅助，乃是个得当的位置，六五爻身居正位又生逢其时，是本卦之大用卦，

噬嗑卦至这里，已经集齐天下精华，君主六五爻阴以绾阳，大富大贵，福禄优厚，既能享用珍馐美味，又拥有数之不尽的财富，所以爻辞中道"噬干肉得黄金"，意为六五爻居君王之尊，既有干肉可以随时噬食，又有黄金随时待他取用，一人在上，万民供奉。

六五爻虽然能享用甘美的食物与贵重的珍宝，但是并不可自觉一切都是理所当然的，应当经常自我反省，看看自己上能否对得起生养万物的天地，下是否没有辜负供养自己的民众，享用这些美食与财富是否可以无愧于心。所以爻辞中还有"贞厉，无咎。"的说法，"贞"自然是指中正贞静，"厉"是勤勉努力，其意思为，九五爻只要能做个德行中正，勤勉努力的明君，就可安享天下的美食与财富，而毫无错咎。

【可断结果】

爻辞中的干肉是利禄的象征，而黄金是财富的象征。六五爻身居尊位，所得所享皆与自己地位相宜，其他爻无法与之相比。财富可以强国，利禄可以安身，这些因素都是身为一国之君治理天下，所不可或缺的；但是任何事情与状态都不可能保持长久不变，身居安逸之地便会生出懈怠颓废之心，而常处于富贵之所难免有骄奢淫逸之念，这些心念一起便会引来无穷的祸患，届时福转为祸，利转为害，六五爻会因为难免错咎，而为天下所责骂。

【经文+传文】

䷔ 上九 何校，灭耳：凶。

《象》曰："何校灭耳"，聪不明也。

【译文】

上九 肩扛着刑具，耳朵被割掉：凶险。

《象传》说："何校灭耳"，是因为他闭目塞听。

【爻意分析】

上九爻是噬嗑卦中的阳爻，处于一卦之极。全卦之富贵已经止于六五爻，如今上九爻虽然高高在上，却毫无地位，悬悬而起，上下不得呼应协助，既无用武之地，又无可立之功，原本每卦的终极之爻都会面临如此尴尬的境地，但是噬嗑卦中的上九爻这种境况尤其严重，所以此爻反吉为凶。

爻辞上写道："何校，灭耳，凶。"何是负荷之意，校是木制的枷锁，灭耳是伤害到了耳朵，意为上九爻犯了重罪身受重刑的惩罚，肩上负荷着沉重而粗大的木制枷锁，连耳朵也被割掉了，处境很凶险。

上九，灭耳。

【可断结果】

上九爻为卦中的离上爻，处于穷极之境地，既无可承继财产，又无朋友相帮。处境穷极无助之时，便应当审视自身，由内向外找到问题，然后改变完善自身而寻求出路，若是濒临无路可走的境地，还不知悔改，直至恶行积累到无法掩藏的地步，那么必然会有不好的事情发生。

贲卦

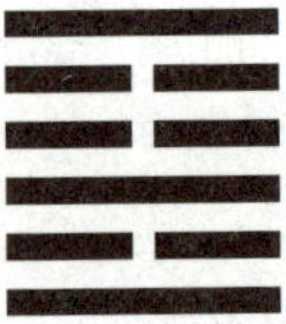

山火贲

（下离上艮）

【贲卦导读】

卦象：下离上艮，为山下有火之象。卦德：下卦为离为明，上卦为艮为止。全卦讲文与质的辩证关系，主张文以质为本。

卦辞

【经文+传文】

《贲》 亨。小利有攸往。

《彖》曰：《贲》亨，柔来而文刚，故"亨"。分，刚上而文柔，故"小利有攸往"。刚柔交错，天文也；文明以止，人文也。观乎天文，以察时变，观乎人文，以化成天下。

《象》曰：山下有火[①]，《贲》。君子以明庶政，无敢折狱。

【注解】

①山下有火：《贲》卦下离上艮，艮是山，离是火，所以说"山下有火"。火象征明察，山象征政务，明察政务是君子的责任，所以下文说"君子以明庶政，无敢折狱"（庶：众多；折：判决）。

《贲卦》探讨的是事物需不需要纹饰的问题，也就是"质"与"文"、本质与表象的关系。

【译文】

《贲》卦象征文饰：亨通。前往有小利。

《彖传》说：《贲》卦是亨通的，臣子辅助君主，所以亨通。君臣各居其位，君主援助臣子，所以说"小利有攸往"。刚柔交错，就形成了自然景观；用文明约束人，就形成了人文。圣人观察自然景观，从中洞察时序的变迁，观察社会制度与教化，以此教化并成就天下之人。

《象传》说：山下有火，这就是《贲》卦的象征。君子取法《贲》卦，明察各种政务，不乱断官司。

爻辞

【经文+传文】

初九　贲其趾，舍车而徒。

《象》曰："舍车而徒"，义弗乘也。

【译文】

初九　修饰自己的脚，舍车走来。

《象传》说："舍车而徒"，是因为他乘车是不合理的。

【爻意分析】

初九爻是贲卦的初始之阳爻，爻辞中写道："贲其趾，舍车而徒。""贲"为文辞修饰，表面意为修饰好了脚趾之后，舍弃坐车改为徒步而行，实际上是指文饰的阶段，初九爻之"贲"此时如同人之足趾，尚在最低的阶段。

【可断结果】

文饰是务虚之物，是在事情的本质之上所增加的修饰。文饰的场合很多，可以是对仪表的装饰打扮，或是话语中增加的溢美之词，还可解释为某种特定的礼仪礼节，《程传》中写道："观人文以教化天下，天下成其礼俗，乃圣人之用贲之道。"初九爻一阳初始，如同身强体壮的少年，自低微处起步，不畏艰难，不沉浸在舒适享乐之中，以自身的辛劳示于天下，假以时日，必有所成。

【经文+传文】

 六二　贲其须。

《象》曰："贲其须"，与上兴也。

【译文】

六二　修饰自己的胡子。

《象传》说："贲其须"，是说六二辅助居上位者振兴事业。

【爻意分析】

六二爻是贲卦中的阴爻，上应和本卦处尊位的六五爻，外接应九三爻，以自己之阴柔去文饰阳刚，其阴在内而阳在外，柔中居正，德行具备，虽然居于下位，却大有追随上面的九三爻而升起的志向。

爻辞中道"贲其须，无咎"，意为文饰尊者的胡须。胡须为男人所有，这里代指阳爻，而与六二爻所临近的阳爻是九三爻，爻辞正说明了六二爻以文饰其须的方式，来表达对九三爻的仰慕与追随之心。

【可断结果】

六二爻在贲卦中至关重要，是大用之爻，但因身为阴爻却居于阳位之上，那么在追随上爻的过程中，应当时刻警醒自己，不可因一时的得意，而心生骄躁之气，不然必定会背离中正之道，迷失心性而失去其贞。六二爻失了贞静便失去了亨通，有悖贲之本义，届时六二爻会与自己最初的理想背道而驰，难免作出为奸作乱、以下犯上之举，结局必定是身负罪咎。

【经文+传文】

九三　贲如濡如，永贞吉。

《象》曰："永贞"之"吉"，终莫之陵也。

【译文】

九三　扮靓了，又与人相润泽，长期坚守正固必然吉祥。

《象传》说：永远正直是吉祥的——这样就没人敢来欺凌他。

【爻意分析】

九三爻是贲卦中的阳爻，上爻六二爻与下爻六四爻同为阴爻，九三位于两阴之间备受瞩目，将得到这两爻共同的文饰。文饰到了九三爻这里开始呈现文过饰非的走势。爻辞中写道："贲如濡如，贞吉。"其中"贲如"便是"贲"至此已经过盛之意，"濡如"意为其文饰过于华丽充盈，充盈便会使人有满溢之感。

世间的事物，太过极致便会向着相反的方向发展，文饰之道，在于增加本质的光彩，但若是太过，就会有遮掩本质之嫌，成为本末倒置之举。

所以爻辞最后道"贞吉"，意为文饰应当固守中正，永保其贞。只要不背离中正之道，所言所行就不至于过分，一切便会安稳吉祥。

【可断结果】

九三爻本是重刚之爻，但是因为处于下卦之末爻，所以外表刚硬，内心柔软，对于六二爻与六四爻言过其实的溢美之词，明拒暗和，面违心从，原则并不坚定。

九三爻的志向不确定，那么言行也就无法揣测，很有可能被两阴爻用文饰得过分的言语左右，忘乎所以，失去心中的贞守，届时为奸作乱，忧患无穷。

九三爻的处境，犹如一个俊美的男子位于众佳丽之中，赞美之声不绝于耳，阴柔之诱惑使人陶醉。九三爻境遇至此，其自制之难，失节之易，可想而知。九三爻若是心智低靡，甘愿沉浸在这些空洞的溢美之词中，最终定会无力自拔，祸乱言行，因这些甜言美语而遭受屈辱。

文饰无论多么华美，归根结底不过是事物本质之上的装饰之物，若是凌驾于本质之上，就变成了如同空中楼阁的谎言，毫无实际意义。

【经文+传文】

 六四 贲如皤如，白马翰如，匪寇，婚媾。

《象》曰："六四"，当位疑也；"匪寇婚媾"，终无尤也。

【译文】

六四 打扮得美素，骑白马奔来，他们不是抢劫的，是求婚的。

《象传》说：六四说的是，君子地位得当，但遇事会起疑心；"匪寇婚媾"——这结果是无害的。

【爻意分析】

六四爻是本卦中的阴爻，居于阴位之上，与初九之阳爻应和贲卦中全仗阴柔来文饰阳刚，六四爻重柔之身，虽然未处于尊位，但是因为其性至柔，擅长文饰一切，且其文饰并不像其他爻一般绚烂华丽，而是自然，真诚，有返璞归真之象，实为贲卦之大用。

【可断结果】

六四阴爻对初九阳爻求之心切，虽然一时因心中犹疑而踯躅不前，但内心中实在是希望初九爻是友非敌，能亲近而莫远离；事实上，初九爻确实与其志同道合，极为相契，所以六四爻只要固守心中的礼法，与初九真诚相对，便可确保毫无怨尤。

【经文+传文】

六五　贲于丘园；束帛戋戋，吝，终吉。

《象》曰："六五"之"吉"，有喜也。

【译文】

六五　装点山丘田园，礼物却是微薄的丝帛，这样求婚就难了，但终获吉祥。

《象传》说：六五中的"吉"，是指喜事临头。

【爻意分析】

六五爻是本卦的尊位之爻，身为阴爻居于中位，是位阴柔的君主。爻辞中写道："贲于丘园。"丘园为城邑附近的丘陵园圃，古代的贤人大多隐居于此，此处意为六五爻认为上九爻是隐居丘圃的贤人。"束帛戋戋。吝，终吉。"束帛是指五匹一束的绢，戋戋意为很少，这句话的意思是君王六五爻来到初九爻的隐居之地，通过文饰而邀请他出山，为自己效力，但是虽然六五爻贵为君主，随身却只带了很微薄的礼物，微薄到了几乎是吝啬的地步，这是因为六五爻知道初九爻是一位清高质朴的贤人，不会以此为意，初九爻更注重的是与六五爻精神上的契合。

所以此次会面，微薄的礼品丝毫没有影响到两人的关系，君臣之间最终的结果是吉祥的。

【可断结果】

六五爻虽然柔顺，心中却有所固守，虽孱弱却有礼有节，虽居于上位却不以屈身俯就贤人为耻，这些品质不但为天下人所信服，更令初九爻崇敬仰慕。

六五爻虽为阴爻，却心境澄明，深谙贲卦之精髓，既注重文饰又主张不可文过饰非，行事做人以质朴勤俭为重，这样的君主不会给自己留下遗憾，而追随这样君主的臣子也不会后悔。

【经文+传文】

 上九　白贲：无咎。

《象》曰："白贲无咎"，上得志也。

【译文】

上九　朴素的打扮：没有过错。

《象传》说："白贲无咎"，是说君子得志了。

【爻意分析】

上九阳爻是贲卦的终极之爻，无疑会面临所有终爻共同的问题，便是穷极返始，贲卦以文饰为用，到了穷极之时，原本华美富丽，绚烂多彩的文辞已经转变成为无色无形，质朴平实言语。

【可断结果】

贲卦讲述文饰，一直阐述文不可无饰，质与文应当相辅相成，彼此不可或缺，但是上九爻却主张摒弃文饰，以质为重，恐有行与时相违之嫌，原本应当有错咎，但是因其位于终极上位，所以言行都符合贲卦之文与质的规律。

并且，贲卦对于文饰的讲究是十分谨慎小心、张弛有度的，光辉射于外，而贞静存于内。尤其，贲卦之主旨认为，文不可过质，所以到了上九爻这里，饰终而返白，恰恰符合了贲卦之道。上九爻居上能正，乃是贲卦之大成。

上九爻以极高之位，注重德行而不贪恋华丽，崇尚天道自然，本色素净，所以爻辞中道"白贲。无咎"，意为维持质的本原，没有文饰，崇质尚实，没有错咎。

剥 卦

山地剥
（下坤上艮）

【剥卦导读】

卦象：下坤上艮，为山附地上之象。卦德：下卦为坤为顺，上卦为艮为止。全卦揭示事物发展过程中阴剥阳的变化规律。

卦辞

【经文+传文】

《剥》 不利有攸往。

《彖》曰：《剥》，剥也。柔变刚也。"不利有攸往"，小人长也。顺而止之，观象也。君子尚消息盈虚，天行也。

《象》曰：山附于地①，《剥》。上以厚下安宅。

【注解】

①山附于地：《剥》卦下坤上艮，艮是山，坤是地，这是说高山崩颓，附着于地，所以说"山附于地"。山象征王侯，地象征百姓，王侯是依附百姓生存的，宜厚待百姓，所以下文说"上以厚下安宅"（厚：厚待）。

【译文】

《剥》卦象征剥落：前往不利。

《象传》说：剥，指衰落。小人改变了君子。"不利有攸往"，这是因为小人猖獗。这时君子要顺服清净，这是君子由观察卦象得到的启示。君子按自然消长盈虚的规律决定行动，这就是天道。

《象传》说：山依附在地上，这就是《剥》卦的象征。王侯取法《剥》卦厚待百姓，使百姓安居乐业。

文饰的华美发展到一定程度也会向反面转化，精美的床足剥落就是其象征。

爻辞

【经文+传文】

初六　剥床以足，蔑；贞凶。

《象》曰："剥床以足"，以灭下也。

【译文】

初六　床腿剥蚀了，床将毁掉，应守正道以防凶险。

《象传》说："剥床以足"，是说根基坏了。

【爻意分析】

初六阴爻是剥卦的初始爻，爻辞中道"剥床以足，蔑"，意为床脚因腐朽而脱落，床将被剥落。初六爻处一卦初始却遇到这样的爻辞，有基层不稳定，潜藏隐患之象，若是不谨慎检查，恐生大祸端。此床乃以比喻国家，初六爻此时处境危机四伏，有宵小之辈正在做祸国殃民之事，此种境况已经威胁到了君王的政权，所以爻辞中警醒道："贞凶。"此时应当固守自省以防不测。

【可断结果】

初六爻居于一卦之下，如同床之足，是一国之中位于基层的领导者，而初六身为阴爻，自身柔弱，其力难以承载床的厚重，如同才能稍逊的臣子，已经有勉为其难之象，长此以往，难免折足之祸；所以应当固而自守，先坚固自身，增强守备。此时若是因力不从心而生出自弃之念，自失其志，则会呈下山如奔之势，届时不但床倾，足亦断，局面混乱，更加难以控制。

【经文+传文】

六二　剥床以辨，蔑；贞凶。

《象》曰："剥床以辨"，未有与也。

【译文】

六二　床身与床足脱落，床板剥蚀了，床将毁掉，应守持正道以防凶险。

《象传》说："剥床以辨"，是说剥蚀到了床身，六二没有相应相助的人（王侯失去了辅助他的人）。

【爻意分析】

六二爻身为阴爻，居于下卦之中位，本来居身得正，其位安稳，不易为剥落所影响，但是此时事态的发展已经到了危及六二爻的界域。爻辞中写道："剥床以辨，蔑，贞凶。"床为托器，此时已经剥落至床头，爻辞中的"辨"指的是膝盖左右高的位置，"剥床以辨"意为大床现在已经剥落到了床身，其足已经蚀坏。此时六二爻与六五爻同为阴爻，无法应和互助，所以呈孤掌难鸣之势。

此时事态恶化，床身已经倾斜，六二爻孤立无援，只得仰仗自身的中正，固守持正以防备凶险。

【可断结果】

六二爻此时身处尴尬险地，上下无助，孤身一人，周围幽明难辨若失去中正的方向，无异于自毁堤坝，自撤防线，届时只怕堕入小人之浊流之中难以自拔。

【经文+传文】

六三　剥之：无咎。

《象》曰："剥之无咎"，失上下也。

【译文】

六三　床腿和床板都处剥落时，却无咎害。

《象传》说："剥之无咎"，是因为敌人失去了上下人的拥戴。

【爻意分析】

六三爻是剥卦中的阴爻，居于阳位，虽然身为阴柔者，但是有阳刚之质。六三爻身居阳位，本应受小人剥之所害，但是因为与上九阳爻相应和，刚柔相济，虽然居位不正，但是能得到朋友的援助，声应气求，同仇敌忾，所以虽然处于剥卦之中，依旧能做到固守君子之道，居于险地而不遭受凶险，处于乱世而心神不被其搅乱，因为人道昌盛，所以天道之剥可避免。

六三能坚守正道，与君子为伍，所以无咎。

【可断结果】

六三爻虽然心向阳爻，但是与之临近的都是同类，难免有物以类聚之嫌。其毕竟是阴柔之身，与刚猛的阳爻相应和的时候，其力难免孤弱，其心难免忐忑。在剥卦中乃是阴剥于阳，是以，上九对于众阴爻有所顾忌，但所幸六三居于阳位，含章可贞，其心中充盈贞正之气，为上九爻所感应，上九爻终与之应和。

【经文+传文】

六四　剥床以肤：凶。

《象》曰："剥床以肤"，切近灾也。

【译文】

六四　床面剥蚀：凶险。

《象传》说："剥床以肤"，是说剥蚀到了床面，六四接近凶险（灾祸就要来了）。

【爻意分析】

六四爻是剥卦中的阴爻，居于阴位，又是上卦之初始，与初二爻同有剥至于床之象。六四爻于剥卦中的位置大抵与床面相同，是与床上人最接近的位置。

爻辞中道"剥床以肤。凶"，意为床之损坏已经贴近人的肌肤，床毁身伤之祸迫在眉睫。此时，六四爻因床随时都会倾覆，所以身心难以安稳。六四爻正当小人之道亨通之际，遭受剥害，处境无可退守，所以有凶无吉。

【可断结果】

剥卦之中，三爻凶，三爻吉，凶爻之中以六四爻最为不利。初六爻之凶险尚在初期，若应对得法，可以将风险降至最低，初二爻之凶险也还有回旋余地，尚可固守以对；而六四爻所受的危害已经切身，最急迫最险峻，此时兵临城下，迫在眉睫，只得顺承六五爻之德行，以期待自上九爻处得到协助，知时而善动，明哲保身，或可趋吉避凶。此种行事之法，智者自明，而愚者蒙昧，六四爻最终受剥害程度之深浅，全凭其是智者还是愚者来决定。

【经文+传文】

六五　贯鱼以宫人宠：无不利。

《象》曰："以宫人宠"，终无尤也。

【译文】

六五　象贯串一起的鱼一样的宫女依次得到君王的宠爱，没有不利。

《象传》说："以宫人宠"——这结果是无害的。

【爻意分析】

六五爻是剥卦的尊位之爻，身在阳位，虽然是阴柔之身，但是所幸其阴依附在阳之上，此种境况与六三爻类似，并非重阴，因其身处于尊位，才能与德行都非其他阴爻所能相比，志向也自迥出伦辈。虽然柔弱却能统领众爻，皆因其有贞固之心。爻辞上道"贯鱼以宫人宠：无不利"，意为，宫女们列队整齐，如鱼贯般进入宫中，并得到君主的宠爱，无任何不利之处。

【可断结果】

鱼与水是相生相护的和谐关系，恰如六五爻与众爻一般。六五爻又与阳爻上九亲和，凡近阳者，其志必不落拓，能知顺治顺止之道理，能有匡正邪祟之功德，所以其基业不倒，君位不危，并且在六五爻的统领下，其后宫的嫔妃也不会做失德之争，所以虽然受宠于君王，也无不利处。

六五爻自身正固，贞静安然，又有强臣上九爻的辅助拥护，刚柔并进，阴阳相成，所以不会受到剥脱之害。

【经文+传文】

上九　硕果不食，君子得舆，小人剥庐。

《象》曰："君子得舆"，民所载也；"小人剥庐"，终不可用也。

【译文】

上九　硕大的果子没被摘食，这意味着君子将得到车马，小人将失去房子。

《象传》说："君子得舆"，是说君子得到了百姓的拥戴；"小人剥庐"，是说小人是不能任用的。

【爻意分析】

上九爻是剥卦的终极之爻，并且是本卦中唯一的阳爻。但凡上爻都处于极位，位处于极，其奉行之道则趋于穷尽，而剥卦之上九爻便是一个极为明显的例子。上九爻以阳之身应对卦中群阴，虽然势单力孤，但是因为其所处的位置十分有利，刚好可以运用自己的极位而衍生变化。

君子得乘大车，乃是民众的期望。

全卦之用到上九爻这里已经截然相反，上九爻大行君子之道，反穷极而变亨通，一阳在上，众阴相继折服，这也是天道使然，阳不可亡，而阴无法长久。

爻辞中道"硕果不食。君子得舆。小人剥庐"，意为，树上硕大的果子，若是落于君子之手，便会为君子带来乘坐大车的荣耀，若是为小人所窃取，那么小人会剥落得百姓民不聊生，流离失所。

【可断结果】

上九爻一阳在上，承担着全卦的生机与希望，其重要可想而知。剥是危害君子，施利于小人之道，君子以厚德载物，是国泰民安的根本，而小人毫无道德礼法，其贪欲毫无止境，若是天下落于小人之手，必会被剥落到极致，届时国家会陷入极度混乱的状态之中，这对于小人来说同样是灭顶之灾。所以当上九爻开始整肃国家风气之时，这些原本大肆剥落的小人开始惴惴不安，试图依附于上九爻的身边以图自保，剥卦之道有衰落之象，小人之势渐渐低微。上九爻此时乘势而起，一阳统领众阴，辅助君主六五爻，力挽国家之危厄，实为济世之功，当然会如爻辞中所说的一样，安享乘坐大车的殊荣。

复 卦

地雷复
（下震上坤）

【复卦导读】

卦象：下震上坤，为雷在地中之象。卦德：下卦为震为动，上卦为坤为顺。全卦说明事物复兴的规律。

卦辞

【经文+传文】

《复》 亨，出入无疾，朋来无咎，反复其道，七日来复；利有攸往。

《彖》曰：《复》"亨"。刚反，动而以顺行，是以"出入无疾，朋来无咎"。"反复其道，七日来复"，天行也。"利有攸往"，刚长也。《复》，其见天地之心乎。

《象》曰：雷在地中①，《复》。先王以至日闭关，商旅不行，后不省方。

【注解】

①雷在地中：《复》卦下震上坤，坤是地，震是雷，所以说"雷在地中"。古人认为天寒时，雷会进入地泽中休息；冬天是百姓休养生息的时候，所以下文说"先王以至日闭关，商旅不行，后不省方"（至日：冬至日；后：君主；省：视察；方：邦国）。

【译文】

《复卦》象征阳气回复事物复兴：亨通，出入无病，朋友也都挺好，从路上往来，七天就可一个来回；前往有利。

《彖传》说：《复》卦是亨通的。君子将回归正道，顺应规律办事，所以说"出入无疾，朋来无咎"。万物循环往复，以七为周期单位，这就是天道。"利有攸往"，这是因为君子的刚健在增长。《复》卦大概就体现了这种天地循环的规律吧。

《象传》说：雷在地中，这就是《复》卦的象征。先王取法《复》卦，冬至日时关闭城门，杜绝商旅出行，君主停止视察邦国。

复卦为阳刚渐长之卦，出入皆合时宜而没有病害。朋友也会前来结伴，为生长兴旺之象。

爻辞

【经文+传文】

初九　不远复：无祗悔，元吉。

《象》曰："不远"之"复"，以修身也。

【译文】

初九　走出不远就返回正道来：没有大悔恨，大吉。

《象传》说：才走不远就回来了——这是为了修身养性（如果人偏离了正道，最可贵的是及时回复）。

人孰无过？过而能改，善莫大焉。初九爻迷途不远即能复归于正道，所以无悔而吉祥。

【爻意分析】

初九爻是复卦中的初始之爻，身为阳爻，居于阳位，居身得正，阳气刚猛，为复卦之大用爻。初九是全卦唯一的阳爻，全卦之生机皆系于其一身，所以虽然身处于最下之位，但是无疑是复卦之主爻。爻辞中道"不远复，无祗悔，元吉"，指出行并没有多远，便折返而回，这种终止行程的行为，没有什么可令其后悔的，大吉祥。

【可断结果】

初九爻身为阳爻而居于阳位，一阳伊始，志在上升，又肩负全卦的安危，所以欲动而不欲静。想要谋求发展，是理所当然之事，但是初九爻虽然是阳爻，毕竟处于低下之位，阳气并不充盈，其阳刚之力尚在微弱之时，且受上面五个阴爻所压制，十分消极，此时有所举措，必会受到重重阻碍，并且毫无还手之力。

所以若是妄逞物欲之心，迷失中正贞和的本性，导致自身有所损害，那么于全卦之影响是不言而喻的。

【经文+传文】

六二　休复：吉。

《象》曰："休复"之"吉"，以下仁也。

【译文】

六二　美好的恢复：吉祥。

《象传》说："休复"是吉祥的，是因为君主能谦恭地亲近贤人。

【爻意分析】

六二爻居于内卦之中位，阴爻居于正位，原本是重阴之身，但所幸临近阳爻初九，大有以阴就阳之势。爻辞中写道："休复：吉。""复"有成全初九爻复返之道的意思，凡在复卦中爻辞中带复字之爻，皆与阳爻之意相合不悖，愿促其成事。其成就与才能虽然难比初九，但是因中正仁和，可以吉祥无忧。

六二爻是复卦中的阴爻，柔中居正，与初九阳爻比邻，此爻仁善亲和，大有俯就身居下位的贤士之意。其秉性仁和，中正贞静，在休养之中心中向往光明，有志追随扶助初九，且有去位让贤之意，遵从复之大道，自然吉祥。

【可断结果】

六二爻之静守，是因为知道初九爻处于阳气萌发期间，能量积聚之时，此时适宜休养，若是冲动行事，胡做妄为，必然会招致灾祸。

【经文+传文】

六三　频复：厉，无咎。

《象》曰："频复"之"厉"，义"无咎"也。

【译文】

六三　皱着眉头回来：有危险，终获无害。

《象传》说："频复"是危险的，不过按理终获无害。

【爻意分析】

六三爻是复卦中的阴爻，阴行阳位，其位与上六应和，志同道合。爻辞中的"频"一是形容六三爻反复，二也有皱眉之意，指六三爻对自己言行的修正并不情愿。六三爻见初九爻之阳刚微弱，不能胜过阴柔，于是心生疑虑。这也是他反复的原因之一。

爻辞中道："频复：厉，无咎。""厉"是危险之意，意思是六三爻此举十分危险，但是因为每次六三爻都能及时改正，所以没有错责。

【可断结果】

六三爻屡屡犯错，随后很快又意识到自己的行为有偏颇，于是不得已皱着眉头加以修正，错误有时固然难以避免，但是如同六三爻这般，犯了错改正，改完之后很快再犯，循环往复，就是爻辞中所说的"厉"了。此举动摇人心，使六三爻丧失了信誉，而且每一个错误都是一个隐患的源头。六三爻若是继续这样蒙昧不清，混乱不明，那么不只其行动会辍废于中途，还会酿成大的祸端。

【经文+传文】

六四 中行独复。

《象》曰："中行独复"，以从道也。

【译文】

六四 持中行正，专心回复。

《象传》说："中行独复"，是为了遵从正道。

【爻意分析】

六四爻是复卦中的阴爻，居于阴位，居身得正，与阳爻初九上下应和，大有阴柔者遵从辅助阳刚者之势。爻辞中写道："中行独复。"中行与中道意思相符，意为从容地行中正之道。六四爻夹身于两个阴爻中间，是为中行，而其与初九爻是正向应和的位置，作为唯一的与初六相应之爻，其情弥专，是为独复。自爻辞上看，六四爻是奉行中正之道的，行为举止毫无偏颇。

【可断结果】

六四爻奉行中正仁和之道，身处众爻之中而能承上启下，对于阳爻初九能体阳用阴，其德行道义为众所周知，人人得见。六四爻表面柔顺而内心有所固守，静在外而贞在其中，遵从正道，一心回复。众阴爻之中以六四爻最为心无旁骛，专注守一，其心中毫无利己的观念，已经超越了凶吉的范畴。

【经文+传文】

六五 敦复：无悔。

《象》曰："敦复无悔"，中以自考也。

【译文】

六五 诚恳地返回：无悔。

《象传》说："敦复无悔"，是因为君子能用中道内省。

【爻意分析】

六五爻是复卦中的阴爻，居于上卦的中位，居中得正，内心敦厚。虽然居于尊位，但是却失位于阳爻初九，所以对于初九爻并无应和。

六五爻虽然失位，却毫无狭隘怨愤之心，而是敦厚自省，诚心向善，虽然不占吉祥，但是因其守德以复，并无后悔与错咎。这便是爻辞中的"敦复：无悔"之意。

敦厚地回来，没有悔恨，说明六五能够以中道反省考察自己，最后敦厚地安固于善道。

【可断结果】

六五爻虽然身在尊位，其志向却在于崇尚贤德有才能之人，有仁厚之念，有好生之德，有自知之明，有知人之智。阴无法害其心智，柔不会损其德行，行事有善终之心，在行进的途中，心怀敦厚地返回。六五爻的敦复，并非因为失位于初九之爻，完全是因为自身内心的自悟与自省。其心中正仁厚，志向坚定，虽有功绩却并不要求人赞美，虽然有成就却并不要求声名，就如独自苦修之士，其心无悔，是因为安守心中所奉持的中正之道。

【经文+传文】

上六 迷复：凶，有灾眚；用行师，终有大败，以其国君凶，至于十年不克征。

《象》曰："迷复"之"凶"，反君道也。

【译文】

上六 迷失回来的路：凶险，有祸；行军打仗，结果大败，连他的国君也有凶险，以至十年不能出兵作战。

《象传》说："迷复"是凶险的，是因为君主违反为君之道。

【爻意分析】

上六爻是复卦中的终极之爻，是阴爻，处于极位之上。事情到了极致的时候，会形势反转，这是事物循环的常理。复卦全卦亨通，待到了上六爻这里，运数气势都已用尽，致使上六爻倒行逆施，与之前五爻作为大相径庭。

上六爻位置与初九阳爻相距甚远，对于阳刚之气的感应十分微弱，蒙昧不清，有迷途失路之象，并且处于落势，上下难以辅助，自身又不顺应天道，致使上下不和睦，内外不协调。

爻辞中道"迷复：凶，有灾眚"，意为上六爻迷失正道，难以寻找回归的路径，会招致灾祸。"用行师。终有大败。以其国君凶"，意为上六爻眼前的情况十分混乱，若是行军作战，必定兵败垂成，若是治理国家必定会祸乱天下，殃及君主。

"至于十年不克征"，意为，造成的恶果用十年的时间都难以平复。

【可断结果】

上六爻迷入歧途，难以回复，皆是因为上六与君主初九爻背道而驰，加之自身地位高亢，难以有谦恭自省之心，远离阳爻初九，受众阴围困，心智蒙昧不清，没有迷途知返，改过自新的能力。

上六爻所作所为与复卦的天道人道相违背，失道者失去人心，没有协助者也没有亲近的朋友，最终招致灾祸，危及国君，国力与民众没有休养的机会，所以大伤元气而难以复原。

无妄卦

天雷无妄
（下震上乾）

【无妄卦导读】

卦象：下震上乾，为雷声动天下之象。卦德：下卦为震为动，上卦为乾为健。全卦说明做事不可妄为及处无妄之时的原则。

卦辞

【经文+传文】

《无妄》 元亨，利贞，其匪正，有眚；不利有攸往。

《彖》曰：《无妄》，刚自外来而为主于内，动而健，刚中而应。大"亨"以正，天之命也。"其匪正有眚，不利有攸往"，无妄之往何之矣？天命不祐，行矣哉！

《象》曰：天下雷行[①]，物与，《无妄》。先王以茂对时育万物。

【注解】

①天下雷行：《无妄》卦下震上乾，乾是天，震是雷，所以说"天下雷行"。春雷惊起，万物生长，都遵循一定的时令，所以下文说"先王以茂对时育万物"（与：生长；茂：茂读为"懋"，勉力；对：应）。

【译文】

《无妄卦》象征不妄为：大为亨通，守持正固有利，如果不守正道，就会遭灾；前往不利。

《象传》说：《无妄》卦的象征是，初九阳爻从外部进来，成为一卦之主，其动势健进，刚健中正，得居下卦之中位的阴爻响应。中正才能亨通，这就是天理。"其匪正有眚，不利有攸往"，这是说君子就算不是妄意前往，又能往哪里去呢？上天不保佑，能往哪里去啊！

《象传》说：天的下面有雷震动，万物生长，这就是《无妄》卦的象征。先王取法《无妄》卦勉力应时，养育万物。

此卦在于说明守正的人才能无妄。不妄为需要自省，也需要好友与其互相警示。

爻辞

【经文+传文】

初九　无妄，往吉。

《象》曰："无妄"之"往"，得志也。

【译文】

初九　不胡来妄为，前往会吉祥。

《象传》说：不妄为而前往——这是说君子得志了。

【爻意分析】

无妄卦初始之爻初九，身为阳爻居于阳位之上，居身得正，内心纯正毫无隐晦之处，且阳气刚猛，意气昂扬，一副积极上进的姿态，是无妄卦之主爻。与初九爻相应和的九四爻也是阳爻，所以初九爻因为有所辅助，更加稳妥。重刚纯阳之爻处于众阴之下，是谦恭谨慎，不妄言妄动之象，是以爻辞中道"无妄，往吉"，意为初九爻不妄为，前程必定吉祥。

【可断结果】

初九爻顺应天时地利，身端表正，心中的志向坚定，趋善避恶，所以行事无往而不利，只要不失去刚正，凡事不用太过费心便能得偿所愿。

【经文+传文】

六二　不耕获，不菑畬，则利有攸往。

《象》曰："不耕获"，未富也。

【译文】

六二　不耕种，不在乎收获，不开荒，无意于良田，人心平和如此，外出去做事有利。

《象传》说："不耕获"——这样是换不来富裕的。

【爻意分析】

六二爻是无妄卦中的阴爻，居于下卦之中位，与本卦处于尊位的九五爻相呼应，刚柔相济，内外相合。六二爻以阴顺阳而因此得到了九五爻的信任倚重。

爻辞中道："不耕获，不菑畬，则利有攸往。""菑"是耕耘时间很短所以收获不多薄田，而"畬"是指耕耘了多年，收获丰厚的熟田。爻辞中的意思是说，不去耕耘，便不会期待收获，不开垦田地，便不会渴望得到良田，这样心无挂碍，更适合轻身向前。

【可断结果】

六二爻虽为阴爻但是居身于正位，所以德行无亏，毫无贪图安求之心；又与尊爻九五亲近交好，并能得到九五爻的认可与赞赏，因此更加恪守正道，不仅没有非分之想，而且更加克己自律。

【经文+传文】

 六三 无妄之灾，或系之牛，行人之得，邑人之灾。

《象》曰："行人"得牛，"邑人灾"也。

【译文】

六三 没有胡来妄为却遭灾了：有人拴牛在外，路人顺手把牛牵走了，这就是邑人的灾祸。

《象传》说：路人顺手牵走了牛——这就是邑人的灾难。

【爻意分析】

六三爻的爻辞中道"无妄之灾，或系之牛，行人之得，邑人之灾"，意为并未妄言妄动便凭空灾祸临身。有村民将牛系于道旁，过路之人看见之后将牛偷走，牛的主人回来见失了牛，怀疑是附近的邻居所偷，这种无端的猜忌，令这位邻人遭受了难以解释的冤枉。

【可断结果】

六三爻之灾，源自其居身不正，因自身不正而志气颓丧，德行丢失，因此而对自己的言行难以控制，长此以往，必然令人感觉其行为不端。六三爻将自己置于隐患之中，却对这种危险毫无察觉，不知反省，此为无妄之灾的因，失牛的村民首先怀疑举止毫无德行的六三爻，此为无妄之灾的果。六三爻蒙受委屈却依旧不明就里，还以为天道有所误，其实不必怨天尤人，这一切的结果其实都应归咎于六三爻自己所造就的前因。

【经文+传文】

九四　可贞，无咎。

《象》曰："可贞无咎"，固有之也。

【译文】

九四　固守正道，无害。

《象传》说："可贞无咎"，是因为君子本来就具有美德。

【爻意分析】

九四爻是无妄卦中的阳爻，临近本卦之尊爻九五。伴君如伴虎，是以九四爻的心中常怀不安。君王身侧，乃是非之地，言行稍有差池，便会大祸临头，但所幸九四身为阳刚之爻，谦恭守正，行事光明磊落，志向高洁，固守心中之贞静，恪守无妄之道，为修身正德的君子，所以爻辞中道"可贞，无咎"，意为九四爻心甘情愿地安守其贞，所以毫无过咎。

九四爻身为阳爻，因其性刚猛，行事容易冲动，情动则身动，身动则难保无咎，兼之爻位不正，容易受到外界影响。若是九四爻因一时冲动，而导致轻举妄动，有违于静，失其贞守，那么定会失德丧志，届时便会身负错咎。

【可断结果】

无妄卦主要讲无妄之道。言语不失，则贞固了自己德行的根本，行为无失，则贞固了德行的真义。坚守正道为九四爻之所用，所以九四爻爻位虽然不正，但是终可免忧无咎。

【经文+传文】

九五　无妄之疾，勿药有喜。

《象》曰："无妄"之"药"，不可试也。

【译文】

九五　没有胡来妄为而得的小病，不吃药也能好。

《象传》说：没有妄行的疾病却试图服药——这是不必试的。

【爻意分析】

九五爻是无妄卦中的阳爻，居中得正，作为一卦之尊，无妄而无为，顺应天命，恭顺自然。爻辞中道"无妄之疾。勿药有喜"，意为九五爻并因未妄为而损身，却患上了疾病，此病全为外因所致，所以不必以医药治疗，稍后便会自行痊愈，身上的疾病不药而愈，怎不令人欣喜？

【可断结果】

九五爻身为阳爻而居于尊位，纯阳之身，有同为阳爻的九四爻于身旁辅助，又有六二爻与其相呼应，此时正处于鼎盛时期，正位乘时，却忽遭无妄之疾，乃是水满则溢，月盈则亏之象。爻辞中的疾病，是借以比喻现实中遇到的问题与麻烦，而药就如同借物之利；想借从旁之力妄自解决，最终必然徒劳无功。所以九五爻此时更加不可妄动，当坦然以对，安守中正，只要德正而行端，便会如爻辞中所说的一样，"勿药而喜"，问题自然会迎刃而解。

【经文+传文】

上九　无妄行，有眚，无攸利。

《象》曰："无妄"之"行"，穷之灾也。

【译文】

上九　不要胡来妄为，不然将有灾，无利可得。

《象传》说：妄意前行，就会导致途穷的灾难。

【爻意分析】

本卦之上九爻为阳爻，处于阴位，居位不正，又是无妄卦中的终极之爻，所以事事更需谨慎小心。此时正是无妄卦的穷极反转之时。爻辞中写道："无妄行，有眚，无攸利。""眚"是灾祸之意，这句话是说，上九爻不可妄动，宜静守，若有所行动必会招致灾祸，对自身毫无益处。

此爻警示人们知所进退，不要妄作行动。

【可断结果】

上九爻辞中出现"有眚"一说，皆因无妄卦中以内心的贞静为大用。上九爻身为阳爻，又是终极之爻，阳气上亢，难以下降，阳爻居阴，居非宜地。与上九爻所对应的六三爻身负无妄之灾，自身尚且麻烦缠身，无力应和上九爻。所以上九爻处在于内无可补给，于外无可增益，阴阳难济的处境之中。

上九爻导致灾祸临头，皆因居身不正。失正便会妄言妄动，而妄动失去心中贞静，便会生眚。无妄之道用起来极为艰难，处本卦尊位之九五爻趁时当位都难免疾病缠，何况时穷数尽的上九爻？

大畜卦

山天大畜
（下乾上艮）

【大畜卦导读】

卦象：下乾上艮，为山包蕴了天之象。卦德：下卦为乾为健，上卦为艮为止。全卦揭示事物发展必须大畜正气和积蓄力量的道理。

卦辞

【经文＋传文】

《大畜》 利贞，不家食：吉；利涉大川。

《彖》曰：《大畜》，刚健笃实，辉光日新。其德刚上而尚贤，能止健，大正也。"不家食吉"，养贤也；"利涉大川"，应乎天也。

《象》曰：天在山中①，《大畜》。君子以多识前贤往行，以畜其德。

【注解】

①天在山中：《大畜》卦下乾上艮，艮是山，乾是天，所以说"天在山中"。天象征君主，山象征贤人，尚贤效贤是治国的大法，所以下文说"君子以多识前贤往行，以畜其德"（识：记住）。

【译文】

《畜卦》象征大为积畜：有利于守持正道，不要守食于家（而是外出做事业），吉祥；渡大河有利。

《彖传》说：《大畜》卦的象征是，君子刚健笃实，道德光辉，

才德俱佳之君子，不应自食于家，而应出仕食禄，贡献所学，兼善天下。

天天有新气象。他的德行是，刚正居尊而尚贤，能留住刚健的贤人，这就是伟大的正道。"不家食吉"，这是说君主能蓄养贤人；"利涉大川"，这是因为顺应天道。

《象传》说：天在山中，这就是《大畜》卦的象征。君子取法《大畜》卦，多多记取前贤的良言德行，来积累自己的道德。

爻辞

      初九　有厉，利已。

《象》曰："有厉利已"，不犯灾也。

【译文】

初九　有危险，暂时停止行动有利。

《象传》说："有厉利已"——这样就不会引祸上身了。

【爻意分析】

大畜卦之初九爻，是居于阳位之阳爻，不仅居身得正，而且是纯阳重刚之爻，有奋发而起之象，易躁动而贸然行事；但是，初九爻一阳初始，根基还未稳固，此时并不适宜有太大的举措，若是急功近利，必定招致灾祸。

爻辞中道"有厉，利已"，意为前方有危险，继续行动将惹来祸患，对自己的有利的举措是停止行动。

【可断结果】

初九爻若能及时自省自励，心中坚守贞正，便能避开危厄，成就大畜卦之利。初九爻阳爻初始，所要积蓄的德行、素养、学识很多，静则能蓄养，动则会散失，所以当及时提醒与勉励自己，不可骄躁而动，使自己置身于危厄之中。

【经文+传文】

　　　　　九二　舆说輹①。

《象》曰："舆说輹"，中无尤也②。

【注解】

①说：通"脱"，松脱。輹：车轴。②中：本爻九二是阳爻，居下卦中位。

【译文】

九二　车轴脱了车厢。

《象传》说："舆说輹"，是说（君子虽然脱离了组织），仍能秉守中道，所以是无害的。

【爻意分析】

九二爻身为阳爻居于阴位，与本卦的身处尊位的六五爻相应和，以九二爻之刚行六五爻之柔，两爻不甚协和，导致九二爻其志难抑，其情易躁，因此爻辞中有

"舆说輹。"之说，意为在行进中车辇下面与车辕相连接的木头掉落，致使车辇难以继续前行。

【可断结果】

九二爻行动因"脱輹"而被迫停止，并因此而免于灾害，但若是继续依照九二爻原先的意愿疾驰而行，那么必定驶向危险与灾厄。九二爻位正而时中，厚蓄其德行，安守中正之道，虽然失了代步的车辇，但不会仓皇失措，其行动依旧自若，并不会受困于半途，喻为虽然合作关系断开，无法互利互用，但是也不至于互为危害，甚至可以说此时虽然暂时止步，但是从深远的角度去看，于九二爻之后的行进却是更为有利的。

【经文+传文】

九三　良马逐，利艰贞；曰闲舆卫，利有攸往。

《象》曰："利有攸往"，上合志也。

【译文】

九三　驾着良马奔驰，这意味着牢记艰难的事有利；每天练习驾车术和防卫术，这样就能前往有利。

《象传》说："利有攸往"，是因为九三能和上九心志相合。

【爻意分析】

本卦之九三爻身为阳爻居于阳位，居身得正，与六四爻刚柔相济，甚为协和，兼之承接九二爻之积蓄，阳气充盈，又得上下辅助，大有奋而进取之势；且本卦之上九爻与九三同为奋进之爻，所以相互间有角逐之势。

九三应当每天练习车马防卫战斗技能，才能无往而不利。

爻辞中道"良马逐"，正是比喻九三爻势头之迅猛境遇之顺和，与上九爻志向相同，如同良马之间有秩序地进行良性竞争，速度虽疾却并无危害，情志虽兴却全无焦躁，皆因九三爻重阳之身德行兼备，其阳刚之中毫无隐晦遮蔽，能健行不息，而上九爻所走的更是显达的畅通大道。

【可断结果】

上九爻与九三爻之间的追逐，并未导致失和。两爻相互追逐，志在拼比能力与德行，德力兼具才能成其大事。有坚贞之守才能有广博之行，心中德行贞固方能身负重任，不至于中途败于失去正道。此为大畜卦之大用所在。预先有防范警醒之心，日后才能避免一朝之患。

【经文+传文】

六四　童牛之牿：元吉。

《象》曰："六四元吉"，有喜也。

【译文】

　　六四　小牛角上有横木挡着（伤不到人）：大吉。

　　《象传》说："六四元吉"，是说将有喜事来临。

【爻意分析】

　　六四爻是大畜卦中的阴爻，居于阴位，是重柔之爻。"童牛之牿，元吉"意为将还未长角的小牛头部绑上横木，这种防微杜渐的做法，是为了让小牛日后即便长出犄角也无法触顶伤人，这是喜庆吉利的事情。

【可断结果】

　　本卦的六四爻与九三爻应和。两爻刚柔相济，阴阳互补。六四爻所获得的安稳，都是源自九三爻艰贞的积蓄。若非九三爻中正自省，那么自九三爻手中便会开始出现隐患，那么六四爻此时所遇到的，就并非可以驯服的小牛，而很可能变成无法控制的莽撞凶猛的野牛了，那时六四爻莫说喜乐，只怕连平安也难以保证。因此，六四爻此时的喜乐，是发自于心，见之于情的。

【经文+传文】

六五　豶豕之牙：吉。

《象》曰："六五"之"吉"，有庆也。

【译文】

　　六五　阉割过的大猪虽有牙齿（却伤不到人）：吉祥。

　　《象传》说：六五中的"吉"，是指福庆临头。

【爻意分析】

　　六五阴爻位于本卦的尊位，与九三阳爻相应和。爻辞中写道："豶豕之牙。吉。""豶豕"是指为了更好地驯养凶猛的野猪，而为野猪去势。去势之后，野猪便失去了原有的野性，更加便于豢养，也更易于增肥了。六五爻是得居中位的阴爻，上接上九爻，下应六四爻，能顺天之时，能因地之利，容易积育成果。蓄之用此时已经有所成就。

　　六四爻辖制小牛为自己所用。小牛耕耘负重，但其带来的利益还并未在眼前，而六五爻所豢养的去势之后的野猪，已经随时可以得到回报了。爻辞中的"豕之牙"所指的是野猪之前的能伤害人的利器，去势之后已经形同虚设，不足为患，所以一切吉祥。

【可断结果】

六五爻所处的大蓄卦的尊位，乃是积蓄得最为丰盛充盈的位置。六五爻应天行道，自身中正，抬举贤者，制服小人，乃是一位注重才德的明君。但是毕竟六五爻制止恶人的方法并非防微杜渐，而只是正本清源，虽然同样有效，但是毕竟恶人已经犯下恶行，造下恶果，所以爻辞中只是说"吉"，而并不说"大吉"。

【经文+传文】

上九　何天之衢：亨。

《象》曰："何天之衢"，道大行也。

【译文】

上九　何等四通八达的天上的大道：亨通。

《象传》说："何天之衢"，是说正道大行于天下。

【爻意分析】

上九爻为本卦的终极之爻，是处于极位的阳爻。一阳在上，其素养德行、物质的积累都已达到顶峰。爻辞中的："何天之衢，亨。"意为上九爻身负重任，承担天之正道，积蓄已经

九三的德智易蓄养成熟，前途通畅而光明。

十分饱满，又遇大蓄卦之极时，此时大川已经跋涉而过，艰难险阻已经没有，兼之上九爻开通贤达之路，行进通畅。"亨"为亨通之意，是说此时国家政通人和，昌盛富强，处太平盛世，万事亨通。

【可断结果】

上九爻因自身德行盛美，而使得天下贤路通畅，此时为大蓄卦处于最为鼎盛之时期。之前初九爻之奋起，九二爻之自省，九三爻之良马追逐，九四爻之防微杜渐，九五爻之正本清源，步步积蓄才成就了上九爻如今的"何天之衢"，大道亨通。

上九爻承继之前的积蓄与天道，且能安守自己的德行操守，正是"梅花香自苦寒来"。大蓄道之所成，皆因如此。

颐 卦

山雷颐
（下震上艮）

【颐卦导读】

卦象：下震上艮，为山下响雷之象。卦德：下卦为震为动，上卦为艮为止。全卦讲述了养育生命的道理，含养生之道。

卦辞

【经文+传文】

《颐》 贞吉。观颐，自求口实。

《彖》曰：《颐》"贞吉"，养正则吉也；"观颐"，观其所养也；"自求口实"，观其自养也。天地养万物，圣人养贤以及万民，《颐》之时大矣哉！

《象》曰：山下有雷①，《颐》君子以慎言语，节饮食。

【注解】

①山下有雷：《颐》卦下震上艮，艮是山，震是雷，所以说"山下有雷"。山象征王侯，雷象征刑罚，王侯用刑，时势严峻，所以下文说"君子从慎言语，节饮食"。

【译文】

《颐卦》象征颐养：谨守贞正可获吉祥。观察天下的颐养之道，就知人应该自己努力用正道求得食物。

《彖传》说：《颐》卦中的"贞吉"，是说君子循着正道养身就会吉祥；"观颐"，是说观察他人的养生法；"自求口实"，是说观察怎样自我养育。天地养育万物，圣人养育贤人和百姓。《颐》卦这种养生的道理真是大啊！

《象传》说：山下有雷，这就是《颐》卦的象征。君子取法《颐》卦，谨慎说话，节制饮食。

《颐》卦蕴含着颐养生命的道理。

127

爻辞

初九 舍尔灵龟，观我朵颐：凶。

《象》曰："观我朵颐"，亦不足贵也。

【译文】

初九 舍掉灵龟的自养美德，却贪看我吃得鼓起来的腮帮：凶险。

《象传》说："观我朵颐"——这种行为是不值一提的（吃喝之风有害健康）。

【爻意分析】

颐卦之初九爻，虽然一阳居下，但是阳爻得处阳位，居身得正，既有阳刚在外，又质美于内，志在升腾，有奋起之象；但是颐卦接续大畜卦，意为积蓄丰盈之后应当以安养为妥，使得之前的蓄储可以绵延继续。

而初九阳爻心怀升腾之志向，喜动而不喜静，其情难自抑，其心有不甘，所以爻辞中写道："舍尔灵龟，观我朵颐：凶。"爻辞中的"灵龟"借指丰美稀罕之物，初九爻见到别人进食而垂涎心生羡慕，却忘记了自己所拥有的美食，这种贪欲乃是凶险的起源。

【可断结果】

见到别人大快朵颐就心生嫉妒，难以自持，初九爻为重阳之身，又是一爻初始，涵养与德行都尚浅薄，且地位卑下，容易为物欲所引诱，宜静不宜动。爻辞中的灵龟其实正是在比喻初九爻，原本自身资优质美，可以像灵龟一样不用饮食便可以长寿。这是极为宝贵的特质，但是初九爻对于自己可以自养的特质却丝毫不看重，反而贪图他人的奉养，羡慕别人食物的丰美，皆因初九爻贪欲太过旺盛，因为一点口舌之欲竟要摒弃颐养之正道。此种做法背离了颐卦之本意，所以招致凶险。

六二 颠颐，拂经，于丘颐，征凶。

《象》曰："六二征凶"，行失类也。

【译文】

六二 既颠倒向下求获颐养，又反常理跑去高丘向尊者乞食，前往就凶险了。

《象传》说：六二说"征凶"，是因为行为失轨。

【爻意分析】

六二爻是本卦中的阴爻，居于阴位，居身得正，原本自养无虞，但是爻辞中却道：“颠颐，拂经，于邱颐，征凶。”“颠”是颠倒之意，颠颐是说六二爻向居于其下的初一爻求养；“拂经”，意为有违正常之道；而“丘”，意为高丘，指处于高位的上九爻，丘颐指六二爻向上九爻求养。

爻辞之意是说六二爻弃自养而求养于阳爻初九，后来又有意随众爻一起求养于卦主上九爻，但是途中会遇到六三爻、六四爻、六五爻众阴爻阻挡。六二爻此举本末倒置，拂逆颐卦之本意，所以其行途多凶险。

只知让老百姓供养自己。这样的领导者，可谓“颠颐，拂经”，违背了以上养下的正道，结果只能招致老百姓的反对。

【可断结果】

六二爻之养并非寻常之养，乃是拂逆颠倒的养法。其居于地位，是以志向并不远大，六二爻本有可固守之资本，原可独善其身，却行小人之所为，损下面之初九爻而利自己，又欲以自己之阴就身于上九爻之阳。六二爻虽然求养于初九爻，却拂逆了初九的志向，虽然就身于上九爻，却有违上九爻之道义，皆因其言行有违正常道义礼法。

【经文+传文】

六三　拂颐：贞凶，十年勿用，无攸利。

《象》曰："十年勿用"，道大悖也。

【译文】

六三　违反颐养常道，要坚守贞正以防凶险，十年不能有所行动，无利可得。
《象传》说："十年勿用"，是因为大大违背了颐养之道。

【爻意分析】

六三爻是颐卦之中居于阳位的阴爻，居身不正。爻辞中道"拂颐：贞凶，十年勿用，无攸利"，意思是六三拂逆颐养之正道，阴柔而贪求物欲，难以安守贞静，反而妄动妄行，再这样下去，实为凶险之象。这种影响会持续干扰六三爻十年的时间，期间六三爻毫无作为，没有任何利益。

颐养不可只是流于形式，而要切实地付出努力。六三爻不行中道，为了一己的私欲，行事无所顾忌，不择手段地求养于人。这样的做法导致其失去民众的信任与期望，以至于长久无人愿意供养。

【可断结果】

六三爻背离颐卦之要义，狂妄不自省，贪图新路径而逆颐卦之道而行。此为大悖之举，如同自己将原本亨通的道路堵塞，致使自己守株自困，寸步难行。

【经文+传文】

六四　颠颐：吉；虎视眈眈，其欲逐逐：无咎。

《象》曰："颠颐"之"吉"，上施光也。

【译文】

六四　颠倒向下寻求颐养，再用以养人，吉祥；像老虎紧盯猎物，对它的猎物紧追不舍：无害。

《象传》说："颠颐"是吉祥的，是因为六四在上而有德之光辉（六四居上而向下问道，以德自养）。

【爻意分析】

六四爻是颐卦中的阴爻，处于阴位，身居得正。"颠颐：吉"意为颠倒了颐养之道却获得吉祥。"虎视眈眈，其欲逐逐：无咎"意为其目光如老虎般专注，并追逐目标锲而不舍，没有错咎。

龟是最擅长于自养的，而虎是最擅长求养于外的。六四爻以重柔之身居于高位，其能力稍逊，难以自养，但是其目光敏锐，有识人之智，发现了德才兼备的初九爻，并虚心求教。六四爻此举并非为了一己私利，单为求养于自身，而是为了向国家举荐贤才，施惠于大众，所以虽然有悖常理，却有吉无凶，有功而无咎。

【可断结果】

六四爻向下求养之势，意义深远。爻辞中之所以以老虎作比，除了形容六四爻如虎般下视初九爻，专注不舍以外，还意在提醒六四爻不可失了朝廷重臣之威严。六四爻之举措本身便是以尊就卑，且自身是阴柔之身，若是恭敬过度，恐难管制阳气刚猛的初九爻，所以谦恭有度，恩威得体，上下秩序井然，方为大用。

【经文+传文】

六五　拂经；居贞吉，不可涉大川。

《象》曰："居贞"之"吉"，顺以从上也。

【译文】

六五　违背常理，静居守正可获吉祥，不可渡大河。

《象传》说："居贞"是吉祥的，是因为六五能顺从上九。

【爻意分析】

六五爻是居于颐卦之尊位的阴爻，如同一位阴柔的君主，其才德尚且不足以自养，更别提颐养于天下了，因上有阳气刚猛的贤者上九爻，于是顺从其上，仰仗九爻的供养。六五爻为君主之身，本应济给天下，却反赖他人之养，有悖颐养之道，所以爻辞中道"拂经"，意为说六五爻违于经常之道。

而"居贞吉，不可涉大川"的意思是，六五爻因自身不足，必须安守贞正之道，不可妄动，远涉大川，只有在家中静守，才能获得吉祥。

【可断结果】

本卦之六三爻之所以陷于凶险，皆因为难以贞守，而六五爻终获吉祥，皆是因为能安于所守。六五爻自身阴柔无势，若是妄自尊大，强力逼近于阳气刚猛的上九爻，会很难控制局面。届时既难以进又无法退，在艰险之中无自保之力，势必酿成重大的祸患。

六五爻既然没有上升超越的才能，就必须有甘于沉潜的德行，所以其志向应当在内而不可在外，不能远行涉险，不能失之据守，应当柔顺谦逊，借自身居位之宜，因势利导，稳定心志，委婉自全，安养贞静，静守以待。

【经文+传文】

上九　由颐：厉，吉；利涉大川。

《象》曰："由颐厉吉"，大有庆也。

【译文】

上九　天下君民都赖他颐养：有危险，终获吉祥；渡大河有利。

《象传》说："由颐厉吉"，是说君子大获福庆。

【爻意分析】

上九爻是本卦之大用。这一点与其他的卦有所不同。其他卦每当终极之时，多半已经竭尽所用，数尽时穷，又或是终极反转，鲜有如颐卦之上九爻一般，身负救世济国重责，而大展所用的。颐卦之大道，凡

上九爻虽然身担大任，但不可有骄奢之心。竭尽己之所能，周济天下之危困，才能不负君王的信任与百姓的厚望。

拂逆为凶，顺正为吉，上九爻谨遵颐养之要义，进取有为，是使颐养之道得以变得通畅的至关重要的一爻。

【可断结果】

上九爻有颐养天下之功德，虽不在君王之位，却行君王之事，故而难免名不正而言不顺，且随时会有功高盖主之嫌，容易引起猜忌而引发不利于自身的事情。

所以上九爻应当勤于自勉，常怀危厉之念，不可僭越为人臣子之道，逞阳刚之势凌驾于君主六五爻之上。

大过卦

泽风大过
（下巽上兑）

【大过卦导读】

卦象：下巽上兑，为大泽淹没树木（巽引申为木）之象。卦德：下卦为巽为入，上卦为兑为悦。

全卦阐明了善处大过的原则及拯治大过的方法。

卦辞

【经文+传文】

《大过》 栋桡，利有攸往，亨。

《彖》曰：《大过》，大者过也。"栋桡"，本末弱也。刚过而中，巽而说行，"利有攸往"，乃"亨"。《大过》之时大矣哉！

《象》曰：泽灭木①，《大过》。君子以独立不惧，遁世无闷。

【注解】

①泽灭木：《大过》卦下巽上兑，兑是泽，巽是木，所以说"泽灭木"。泽象征百姓，木象征朝廷，"泽灭木"象征百姓暴动，朝廷覆灭，所以下文说"君子以独立不惧，遁世无闷"。

【译文】

《大过卦》象征过度、过分：栋梁弯曲，利于前往，亨通。

《彖传》说：大过，是说在刚大者超过了限度。"栋梁弯曲"，是因为其头尾力弱。阳刚过分时以中道来调节，刚盛过头，就要回归中正，谦逊和悦地办事，这样才能前往有利，如意亨通。《大过》卦这种察时观势的道理真是大啊！

《象传》说：泽水淹没木头，这就是《大过》卦的象征。君子取法《大过》卦独立不惧，纵然遁世也不感到苦闷难熬。

大过卦说明当形势咄咄逼人的时候要明智地积极调整自己，以转危为安。

爻辞

【经文+传文】

　　　　初六　藉用白茅：无咎。

《象》曰："藉用白茅"，柔在下也。

【译文】

　　初六　用白茅衬垫（祭品），无咎害。

　　《象传》说："藉用白茅"，是说下级具有柔顺的品质。

【爻意分析】

　　大过卦中的初六爻是阴爻，阴柔之爻居于卑微之地，才能浅薄，注定不会有大的作为。爻辞中道"藉用白茅，无咎"，意思是说初六爻预先用白茅草制作成垫子，待到祭祀时将此垫放在祭品下面，以显示自己对所祭拜的天地上苍与先祖的虔诚恭敬之心，这样的做法毫无错咎。爻辞中描述的场面，其实暗喻初六爻的处境与态度，初六爻为阴柔之身，地位卑下，势单力薄，无所依仗，所以应当时刻谨慎自省，甘心居于有才能的贤人之下。一爻初始，事关重大，初六爻应当时刻警醒自己，谨慎言行，才可确保自身平安，无所错咎。

【可断结果】

　　初始之爻是一卦的根基，凡事没有善始则难有善终，初六爻身为阴爻，柔弱在下，又处于大过卦之初，心中难免惴惴不安，普通程度的谨慎已经不足以令初六放心。从爻辞上看，初六爻是本着万无一失的心来行事的，在动辄有过的大过卦中，初六爻的这种谨慎，是极为可取的。本卦九四爻的爻辞中写道："栋隆：吉；有它：吝。"初六爻与九四爻相应和，所以初六爻好比九四爻之栋的地基，所以初六爻只有谨言慎行加倍小心，免除一切纰漏，才能使九四爻之栋不至于倾覆。

【经文+传文】

　　　　九二　枯杨生稊，老夫得其女妻：无不利。

《象》曰："老夫女妻"，过以相与也。

【译文】

　　九二　枯杨树抽嫩芽，老年人娶得年少娇妻：没有不利。

　　《象传》说："老夫女妻"——说明阳刚过度，但能和阴柔相配。

【爻意分析】

　　九二爻是大过卦中的阳爻，且居于阴位。爻辞中道"枯杨生稊，老夫得其女

妻：无不利"，意为，枯朽的老杨树忽然生出新芽，年老的男人娶年轻的女子为妻，没有不利之处。

老夫少妻难说般配，但爻辞上却道毫无不利之处，皆因九二乃是阳刚过盛之爻，因而爻辞中才有枯阳一说。九二爻是本卦阳爻之始，与九五爻阳爻不相应和，而与初六阴爻亲近，借初六之阴柔弥补自身阳气过盛之弊，两爻阴阳互济，相得益彰，使得九二爻之枯木生出了新芽。

【可断结果】

九二爻与初六爻虽然阴阳相合，但是若按互为配偶来说，实为强和之象，但大过卦中以过为用，所以借此为喻。老夫娶得少妻，如枯木发出

九二爻如年迈的男子因娶得少年妻子重新焕发活力一般，原本不好的局面向着好的方向转变，这自然是大有利处的。

新芽，有生机不息，子嗣不绝之意，这便是大过卦之正道，乃是因过而得功，原本为有过之事竟从中得到了益处，乃是所犯的过错最终能归于中正之象。

【经文+传文】

九三　栋桡：凶。

《象》曰："栋桡"之"凶"，不可以有辅也。

【译文】

九三　栋梁弯曲：有凶险。

《象传》说：栋梁弯曲是凶险的，没有什么办法补救。

【爻意分析】

九三爻身为阳爻而居于阳位，是重刚之身却居身不正，有因刚而有违中和之嫌，行事对人不得转圜，不懂变通，刚愎自用，自恃而行，长此以往无人愿意辅佐支持，其事业发展势必大受影响。爻辞中道"栋桡，凶"，意为支撑房子的栋梁已经弯曲，随时会断裂开来，有房倒屋塌之祸，形势凶险。

【可断结果】

自古成大事者必是中正仁和，刚柔适中之人，九三爻过于强硬，难有辅佐助，居身不正，孑然无友，阴阳不齐，乃是大过之象。

九二阳爻因与初六阴爻相和而归于中正，九四爻与上六爻相应，只有九三爻因过于强硬，而拒人千里之外，上下不合，内外失助，整栋房子的重量，自己一力承受，落得个栋梁弯曲将要折断的结局。

【经文+传文】

九四 栋隆：吉；有它：吝。

《象》曰："栋隆"之"吉"，不桡乎下也。

【译文】

九四 栋梁隆起：吉祥；假如有意外变故，还是有危险。

《象传》说：栋梁隆起是吉祥的，是因为栋梁没有朝下弯曲。

【爻意分析】

九四爻是大过卦中居于阴位的阳爻。爻辞中道"栋隆：吉。有它：吝"，意为房屋的主梁挺直无恙，这很吉祥，但是须得提防出现其他的祸患。大过卦的三个爻辞中都以栋梁作为比喻，但只有九四爻的栋梁是挺直向上，毫无危象的，皆因九四爻以刚居于柔位，下有初六阴爻应和，刚柔共济，基辅有力，所以其栋不但不桡，反而隆起，栋梁之处虽然吉祥，但是其他方面却并非无虞。

九四爻自身是阳爻，身居阴位，本身便已经刚柔协调，并不像九二爻与九三爻一样阳气过于刚猛，所以九四爻再与初六阴爻相应，就偏于阴柔了，这反倒成了九四爻的负累，但是好在虽然其情可吝，却并不会造成什么严重的后果，九四爻只需自身警醒，远离阴爻初六便可平安无事。

【可断结果】

九四爻之吉，在于知错能改，改过便可回复中和，中和便可趋吉避凶。所以古语道"贵人早觉"，意思是贵人都是能早早醒悟修正自己言行的人。在大过卦中，过错在所难免，所不同的在于是有所觉醒及时改正，还是懵懂无知我行我素。福祸虽属天降，但最初实为自招。善于反省纠正自己的人，处事的漏洞与隐患会越来越少，那么自然会吉人天相，事事顺利。

【经文+传文】

九五 枯杨生华，老妇得其士夫：无咎无誉。

《象》曰："枯杨生华"，何可久也？"老妇士夫"，亦可丑也。

【译文】

九五 枯杨树开花，老妇人嫁给少夫：无害也无赞誉。

《象传》说："枯杨生华"，这种花怎能开得长久呢？"老妇士夫"，是令人羞愧的事。

【爻意分析】

九五爻身为阳爻而居于阳位，是重阳之身，有阳气过盛之嫌，于是与位于极位的重阴之爻上六相应和，爻辞中道"枯杨生华。老妇得其士夫：无咎无誉"，意思是枯朽的杨树重新绽放花朵，年老的妇人嫁给年轻的男子为妻，此举虽然说不上有错咎，但也不值得称道。

九五爻如同风华正茂的男子与行将就木的老妇人为伴，老妇人虽然暂时地焕发青春神采，但是身体机能都已衰退，既无法为男子生育后代，也无法与其相伴终生，绝非良伴，所以两人的结合，不是光彩之事，实为无奈之举

上六爻身处大过卦之终极之位，阴爻居阴位，气数已尽，如同已届垂暮之年的衰老妇人，九五爻因阳气过盛而不得已与之相应和，虽然也可调剂阴阳，但是只能获得暂时的功效。上六爻与初六爻不同，已经呈衰败之象，纵然得了九五爻的阳刚之气，能开出花朵，也只是一时之繁华。此花难以结果，很快便将凋落。

【可断结果】

本卦的九二爻为枯杨生稊，九五爻为枯杨生华，两者虽然都是以年老之身得配年轻之伴，但是结果与意义大不相同：九二阳爻得初六爻之阴接济，生机勃发尚有希望；而九五爻与上九爻乃是不平之合，明知上九所绽放的荣华如镜花水月一般难以长久，为求自补还妄行这种名不正言不顺，招致耻辱之事，实为大过。在周易中，向来以阴顺从阳为吉，阳顺从阴为凶，九五爻颠倒阴阳，逆反人道，之所以能暂免错责，皆因自身趁时得位，一旦失势，此举必定为其招致灾祸。

【经文+传文】

上六　过涉灭顶：凶，无咎。

《象》曰："过涉"之"凶"，不可咎也。

【译文】

上六　过河时水没过头顶：有凶险，终究无害。

《象传》说：过河是凶险的（但事已至此），不必多加责备他了。

【爻意分析】

上六爻是大过卦的终极之爻，阴爻居于阴位，自身柔弱无能，且又处于盛极必衰之时，此时大过之用已经竭尽，于是乘物极必反之天道，由极高落至极低，虽在上位反而沉沦于下，所以爻辞中道"过涉灭顶：凶"，意为涉水之时遭遇灭顶之灾，极为凶险。

之所以爻辞中又道"无咎"，是因为上六阴柔之质，有顺从之德，身临渊泽之地，为求自保，只能勉为其难地涉水前行，以至于遭遇"过涉灭顶"之灾。上六爻自身能力低微，却肩负解危救困之重任，但是其才难以济困，虽然奋起而救，终难

力挽狂澜，然其志可勉，其情可嘉，所以自身不必承担错责。

【可断结果】

上六爻遭受灭顶之凶祸，皆因其有过，在行进途中，未曾勘察水流的深浅缓急，在还未审时度势，将可能演变的事态、发生的状况预想清楚的情形下，贸然躁动，轻身涉险，以至于过涉灭顶。

坎 卦

坎为水
（下坎上坎）

【坎卦导读】

卦象：下坎上坎，为两水连至之象。卦德：下卦为坎为险，上卦为坎为险。
全卦讲明了身陷于险，处险、脱险的事理。

卦辞

【经文+传文】

《习坎》 有孚维心，亨，行有尚。

《彖》曰：习坎，重险也。水流而不盈。行险而不失其信，维心亨，乃以刚中也。"行有尚"，往有功也。天险，不可升也；地险，山川丘陵也。王公设险以守其国。险之时用大矣哉！

《象》曰：水洊至[①]，习坎。君子以常德行，习教事。

【注解】

①水洊至：《坎》卦下坎上坎，坎是水，两坎相重，水流不断，所以说"水洊至"。水象征道德，道德宜不断进步，所以下文说"君子以常德行，习教事"（洊：再；常：通"尚"，崇尚）。

【译文】

《坎卦》象征坎险重重：用诚信维系人心，亨通，努力前行必得成功。

《彖传》说：习坎，指双重坑险，水流进坑中都不能满坑。君子遇险却不失诚信，顺利地维系众人的心，这是因为他刚健中正。"行有尚"，这是说前往有收获。

坎卦要说明如何排难脱险。

天险，是指天高不可攀；地险，是指地面山川丘陵密布。但王公却能设置险障来守卫他的国家。这种"险"能因时而用的道理真是大啊！

《象传》说：水不断涌至，两坎相重，这就是《坎》卦的象征，君子取法《坎》卦崇尚德行，熟习政教。

爻辞

【经文+传文】

初六　习坎，入于坎窞：凶。

《象》曰："习坎入坎"，失道"凶"也。

【译文】

初六　坑中有坑，进入坑中，掉进深处：凶险。

《象传》说："习坎入坎"，是说君子迷失了正道，会有凶险。

【爻意分析】

初六爻是坎卦的初始之爻，身为阴爻，虽在阳位，但其位低下，呈下潜之势。爻辞道："习坎，入于坎窞：凶。""习坎"意为两坑重叠，即坑中有坑，"窞"为地穴或指陷阱，"入于坎窞"是说初六爻落入了深深的陷阱之中，难寻出路，形势十分危险。

坎卦以危险为其所用，一爻初始便陷入很深的危机之中，是因为初六爻毫无面对危险的经验，难以分辨事情的利害，无法忖度事态的轻重，却狂妄自满，贸然而动，如同行走在还未冻结实的薄冰之上，如此的冒昧莽撞，怎能不使自己落入陷地！初六爻居身不正，德行与心智低微，与六四爻同为阴爻，无法应和，与邻近的九二爻亦不亲近，孤身一人，缺少援助，而自身又没有审时度势的能力，缺少自我判断的明智，所以此次以身犯险，归根结底都是初六爻自身的错咎，无可怨尤。

【可断结果】

初六爻正在学习如何辨识应对陷阱与坎坷，却落入陷阱之中，皆因失去了坎之正道，如同学习游泳者溺水，学习骑术者落马，

初六爻一阴在下，与其临近的九二身为阳爻，难以协调应和，阳升而阴降，两者渐行渐远，背道而驰。初六爻失去依仗，自身又荒于学习，以至于见到陷阱无法分辨，落入其中无力自拔。其遭遇诚然是意料之外的，但结果却是情理之中的。

【经文+传文】

九二　坎有险，求小得。

《象》曰："求小得"，未出中也。

【译文】

九二　在坑穴中遇有危险，可以先从小处努力，能有所得。

《象传》说："求小得"，是因为君子没有偏离中道。

【爻意分析】

九二爻为坎卦之阳爻，居于阴位，虽然自身阳刚，但是上下爻皆是阴爻，其阳刚之气为重阴所遮蔽，如同被小人所包围，无法脱离，难

此爻阳刚，象征奋发有为之人在困难之中从小处努力，必有成就。

以得志，所以爻辞中道"坎有险，求小得"，意为，九二爻亦在陷阱之中遭遇危险，但是已经找到了脱离困境的办法，虽然目前还无法完全脱险，但是也算小有成就。九二爻阳爻处于众阴爻的夹攻之中，虽然阳刚中正，一时却也无法解决眼前的危难。"求小得"，喻为九二爻并不急于求成，而是先求小得，于自保之中逐步找到解决问题的方法。

【可断结果】

九二爻身在中位，又是阳爻，虽然处于险境之中，必不至于遭遇凶祸。但是切不可心生焦躁，不将眼前的小成放在眼里，而心系在大得之上。需知日后的大得乃是靠眼前的小成积累而来的，若是此时因小而不为，势必影响之后的脱困的成就。若是刚愎自用，不去忖度身边的凶险，只求大获，那么必定功败垂成。

【经文+传文】

六三　来之坎坎，险且枕，入于坎窞，勿用。

《象》曰："来之坎坎"，终无功也。

【译文】

六三　来去都在坎险之中，进退都难，进入坑中，掉进深处，这意味着不可盲目行动。

《象传》说："来之坎坎"——任何行动的结果都是毫无收获。

【爻意分析】

六三爻，是坎卦之阴爻，居于阳位，居身不正，位于坎卦下卦与上卦中间，成夹陷之势，故而其四周都是坑坎，又因其以其阴柔乘凌九二爻之阳刚，有失德行中正，难以施展作为。

爻辞中道"来之坎坎，险且枕，入于坎窞，勿用"，意为六三爻来也会遇到坎，去也会遇到坎，前后皆险，进退维谷，六三爻此时陷落深坑之中，不宜妄动，动而无果反而会陷入更深的危机。

【可断结果】

六三爻身处多重凶险之境地，却因居于阳位而躁动不安，大有想奋力而起，摆脱困境之象，但其居身不正，阴柔有失中正，而坎卦之大道为失中则败，所以其行动注定徒劳无功。六三爻此时若因贪功贸然而起，必定致使自身陷落更深，处境更危险，此种形势之下，唯贞静自守，行无为之举为宜。

【经文+传文】

 六四　樽酒簋贰用缶，纳约自牖：终无咎。

《象》曰："樽酒簋贰"，刚柔际也。

【译文】

六四　一樽酒，两碗饭，用缶装着，从窗口里送进取出，终获无害。

《象传》说："樽酒簋贰"，是说用于刚柔交际的礼品。

【爻意分析】

六四爻阴爻居于阴位，与六三爻境遇相同，也为众坎所围困，但与六三爻不同的是，六四爻居身得正，适宜有所作为。尤其是，六四临近本卦之尊爻九五，大有亲近阳刚君主，仰仗其阳相助自己之意。爻辞中写道："樽酒簋贰，用缶，纳约自牖：终无咎。""樽酒簋贰，用缶"是指六四爻向君主九五爻行燕享之礼，以质朴的瓦器盛放酒水饭食向君王进献。"纳约自牖：终无咎"意为六四爻通过窗户向君王交接，开诚布公，所以无咎。

六四爻身处困境，所拥有的食物有限，在君王的面前并未缺失应有的礼仪，献奉有度，宠辱不惊，故而毫无错咎。

【可断结果】

六四爻身为君子而临险地，既不失其诚信，又不失其礼仪，以其忠善德行打动君王之心，君臣缔结君子之交。六四爻能于重险之中，得到君王的理解与救助，完全取决于其善于与人沟通。人心之中有明亮通达处，亦有隐晦遮蔽处，六四爻正是自君王心中通达之处入手，晓之以理，动之以情，纳约自牖，为君王所接受。

【经文+传文】

九五　坎不盈，祇既平：无咎。

《象》曰："坎不盈"，中未大也。

【译文】

九五　坑里的水还未满溢，只是已经和坑边持平了：无咎害。

《象传》说："坎不盈"，是说中正之道尚未光大。

【爻意分析】

九五爻为坎卦的尊位之爻，位同君主，身为阳爻而居于阳位，居身得正，有安邦济世之才，在坎卦中最得中道。爻辞中道"坎不盈，祗既平：无咎"，意思是坎中之水流动但并不会满溢出来，恰好与坎的边缘持平，比喻九五爻虽然身处于坎中却并不会遭遇危险，因为坎中之险已经消除，所以不会出现灾祸，没有错咎。

【可断结果】

九五爻虽然趁时乘势，但是毕竟受困于众阴之中，身在坎中暂时得平，但是并没有消除下陷的危

此爻说明陷入艰险之境的人要持中守正。

险。坎卦之大用便在于危险的陷阱，注满水的陷阱最为凶险，因其会随时下陷，但若是九五爻弃其险陷，便会失去坎卦之用，所以九五爻此时只能先稳定局面，不适宜有大的举措，需提防坎坑因形势改变而突然陷落，令事态更加危险。

【经文+传文】

上六 系用徽纆，置于丛棘，三岁不得：凶。

《象》曰："上六"失道，"凶""三岁"也。

【译文】

上六 被用绳子捆住了，投进监狱，三年不得释放：凶险。

《象传》说：上六说犯人受囚——这是因为他迷失了正道，所以有受囚三年的凶险。

【爻意分析】

上六爻是坎卦中的阴爻，阴柔之身，能力低微，又处于终极的险地，有失德失道之象。爻辞中写道："系用徽纆，置于丛棘，三岁不得：凶。""系"为拘系，"徽纆"是指捆绑犯人时所使用的绳索，三股绳为"徽"，两股绳为"纆"，爻辞的意思是说，将犯人捆绑着送入监牢，长达三年没有将其释放，凶险。

【可断结果】

上六爻因为身居高位，坎之危险已经过去，但是灾难又接踵而至，坎卦至九五爻时坎已平，到了上六爻时本应脱离险地，但是上六乃是穷极之爻，时运穷尽，天数所至，虽然逃开了陷落之危，却难逃困辱之厄，以至于身陷囹圄，难以自救。

这皆因上六爻背离中正之道，以自身的高位，逼迫尊爻九五，因而失阳难济，兼之受困于群阴之中，行动受阻，举步维艰。上六爻位极时穷，因其丢弃德行，违背道义，逞强自大，冒昧行事，未能得坎之用，反受坎之害，实为咎由自取。

离卦

离为火
（下离上离）

【离卦导读】

卦象：下离上离，为重火两明之象。卦德：下卦为离为明，上卦为离为明。
全卦阐明了人生的辉煌及有所附丽才能发展的道理。

卦辞

【经文+传文】

《离》 利贞，亨，畜牝牛，吉。

《彖》曰：离，丽也。日月丽乎天，百谷草木丽乎土。重明以丽乎正，
乃化成天下；柔丽乎中正，故"亨"，是以"畜牝牛吉"也。

《象》曰：明两作①，《离》。大人以继明照于四方。

【注解】

①明两作：《离》卦下离上离，离是明，两离相重，所以
说"明两作"。"明"又是日，"明两作"指太阳重复升
起。太阳以光芒照彻万物，大人用明察洞悉四方，所以下
文说"大人以继明照于四方"。这是说伟大的人物或优秀
的人才要用可持续的光明照临四方。

【译文】

《离卦》象征附丽：守贞正之道有利，亨通，
蓄养母牛可获吉祥。

《彖传》说：离，指附丽。日月附丽在天上，
百谷草木附丽在地上。君子不息的明察力附丽
在正道上，于是促成天下；柔顺附丽在中正上，
所以亨通，所以能够"畜牝牛吉"。

《象传》说：太阳重复升起，这就是《离》
卦的象征。大人取法《离》卦，用不息的明察
力洞悉四方。

人如果有蓄养的牝牛一般的柔顺之德，又依循正
道而行，当可得吉。

爻辞

【经文+传文】

初九　履错然，敬之：无咎。

《象》曰："履错"之"敬"，以辟咎也。

【译文】

初九　步履错乱，但能很快转而恭敬行事：无害。

《象传》说：步履乱却终能保持恭敬——这是为了避免过错。

【爻意分析】

初九爻为离卦的初始之爻，阳爻居于阳位，阳气刚猛，躁然好动，其位在全卦最下，位置相当于人的足部，所以爻辞中以履来做喻。爻辞中道"履错然，敬之：无咎"，意为因为太过急躁地行动，导致脚步有些错乱，但是很快便能自省，恭敬谨慎地行事，所以没有错咎。

【可断结果】

初九爻所依附的主人招致的宾朋众多，难免鱼龙混杂，其中自然不乏贤人志士，但也会有逐利的小人，以初九爻之刚直躁动，最易获罪于小人，所以其恭敬之态，便极为重要，不独能免于得罪小人，且能辟错咎于无形之中。

初九爻一阳初始，如早晨的太阳，虽然锐意躁动，但也心智澄明，所以能敬人于外，心明于内。其性情高洁，能抵御浊流污染，姿态为主人家所见，当会被以礼相待，初九爻便可处下而不受辱，行孤却不被困了，困与辱既然都能避免了，错咎便不会来临了。

【经文+传文】

六二　黄离：元吉。

《象》曰："黄离元吉"，得中道也。

【译文】

六二　（见到）附丽着黄金色彩的物品（指富贵之物）：大吉。

《象传》说："黄离元吉"，是因为合乎中道。

【爻意分析】

六二爻在离卦之中，身为阴爻且居于阴位，柔顺居正，是离卦中的大有之卦，象征六二爻必定大有收获。爻辞中写道："黄离。元吉。"黄色自古便被誉为吉祥之色，古人以"东南中西北""青赤黄白黑"五色对应五方，而黄色处于中位，是最中正无偏的颜色。"黄离"，是形容六二爻在离卦之中如同黄色一般居中得正，德行、时运、位置、天数，事事俱佳，极为完满。所以爻辞中道"元吉"，意为六二爻至善至美，大为吉祥。

【可断结果】

六二爻柔居中位，奉行中庸仁和之道，如同正午的太阳，德行普照四方，其行事柔和贞静，身处文明之极处，却毫无骄躁之气，依旧安守中正大道，毫不偏离。在离卦之中，唯有六二爻能如此尽善尽美，全德全才，所以才能得到元吉。

【经文+传文】

　　　　九三　日昃之离①，不鼓缶而歌，则大耋之嗟②：凶。

《象》曰："日昃之离"，何可久也？

【注解】

①昃：太阳西斜。②耋：老年人。

【译文】

九三　（见到）太阳西斜，附着天边的云彩，如果不及时敲起瓦盆纵歌，那么就会因为老朽而叹气：凶险。

《象传》说："日昃之离"——这种状况怎能长久呢？

九三爻因失中道而失德行，失德行便失了心中的安稳，无法面对生老病死的正常循环，因而发出悲伤的哀叹之声，生而不乐，是久于世之象。在这种情绪之下，会加速衰老，更加接近死亡。

【爻意分析】

九三爻是离卦中居于阳位的阳爻，但因处于下卦之极，居位不正，有阳气刚猛失中之象。爻辞中写道："日昃之离，不鼓缶而歌，则大耋之嗟：凶。"在离卦之中同为阳爻的初九如初生之日，而九三爻"日昃"，为偏西向晚之日，如同一位年华老去的垂暮之人，"不鼓缶而歌，则大耋之嗟"。古人以敲击缶作为歌唱的伴奏，九三爻悲观消沉，因为自己的垂暮而忧心忡忡，失去了鼓缶而歌的兴致，反而嗟叹感伤自己已经进入耄耋之年，这种情绪会令人心志沉靡。此种低落的情绪，对九三爻的身体健康与为人处事都有很负面的影响，十分凶险。

【可断结果】

九三爻身为刚爻而居于刚位，重刚猛而失中和，日昃而难以致用，故而爻辞中以偏西之日做比喻，有难以持久之象。爻辞警醒世人应珍惜光阴，君子志向贵在早立，能人英豪建功立业，当趁青春年少之时；若是任意蹉跎了光阴，到了迟暮之年再后悔，也只是有心无力，于事无补。

【经文+传文】

九四　突如其来如，焚如，死如，弃如。

《象》曰："突如其来如"，无所容也。

【译文】

九四　突然而来，像是火在燃烧，会有生命危险，会被抛弃。

《象传》说："突如其来如"，是说九四无处容身了。

【爻意分析】

九四爻是离卦中的阳爻，却居于阴位，居身不正，重刚失中，且居于处尊位的六五爻之旁，此为多惧之地。九四爻身为阳爻，躁然好动，却因六五爻之阴阻挡而难以伸展，又与其下的九三爻同为阳爻，无法协和互助，所以爻辞中道："突如其来如，焚如，死如，弃如"，意为九四爻阳刚之气过盛，暴躁之气犹如突如其来的火焰般烧起，这种祸患有死弃之象，十分凶险。

【可断结果】

九四爻内外不协，上下无助，阴阳失济，致使其自身悖离中正之道，德行有失，与尊爻六五互相猜忌，无法相容；且六五爻阴柔屡弱，九四爻刚猛躁动，有临近相逼，欲侵其位之象，又与众爻皆不合，毫无辅助，其行为天下难容，人人唾弃。

【经文+传文】

六五　出涕沱若，戚嗟若：吉。

《象》曰："六五"之"吉"，离王公也。

【译文】

六五　践大位，为新君，为悼念先君泪水滂沱，哀愁叹息：吉祥。

《象传》说：六五说"吉"——这是因为攀附上了王公贵族。

【爻意分析】

六五爻处于离卦中的尊位，身为阴爻而居于阳位，如同一位秉性阴柔且居位不正的君主，身为君主却难以发出君主的威严，且之前强臣九四爻仰仗自身阳气旺盛，竟然施行纵火逼宫之举，虽然最终将其乱平定，但是九四爻的叛乱所造成的结果，令六五爻深感忧虑。

爻辞中道"出涕沱若，戚嗟若：吉"，意为落泪如滂沱之雨，面带戚容地发出叹息，这样的忧心忡忡，居安思危，是吉祥的。

【可断结果】

六五爻之软弱在之前处置九四爻之叛乱时，就已经显露无疑，九四爻之所以胆大包天行谋逆之举，很大程度上是六五爻纵容漠视其野心所致。

从爻辞上也可看出，六五爻对于国家因为奸臣叛乱而导致的不安定与民心恐慌，深感自责，此刻时局尚在动荡，人心躁动不安，六五爻又深知自己的才能低微，只能暂时抛却君主的尊严，将自己竭力放低，行事如履薄冰，以谦和卑微的姿态广聚人才，借贤人志士之手将国家危难扭转，这样才是明智之举。若是一见九四爻叛乱的危机已经平复，就得意忘形沉浸于享乐之中，必招致天下百姓与臣子的反感，失去民心与辅助，那么九四爻逼宫之祸迟早还会重演。

【经文+传文】

上九　王用出征，有嘉折首①，获匪其丑②：无咎。

《象》曰："王用出征"，以正邦也；"获匪其丑"，大有功也。

【注解】

①嘉：一说喜事；一说指有嘉国（周初国名）。②匪：彼，指敌人。丑：胁从的众人。

【译文】

上九　君主任用他出征，建功业，斩获了敌首，捉住了他们许多人：无害。

《象传》说："王用出征"，是为了安定国家；"获匪其丑"，说明获取了大的胜利。

【爻意分析】

上九阳爻位于离卦的终极之位，其阳刚明智达到了顶点，可纠正邪风，监察恶行，征伐不义。爻辞中道"王用出征，有嘉折首，获匪其丑：无咎"，意为上九爻乃众望所归，承君主之命带领兵将出征讨伐。上九爻明察秋毫，心中刚正，在征伐的过程中只会惩戒作恶的首脑，而对于盲目跟随和被迫胁从的民众会宽厚处置，甚至不加以治罪，所以其行为毫无错咎。

王者之师以仁义中和为根本，一般情形之下会征而不战，只有在迫不得已的时候才会宣战，但也是以惩戒为主旨，上九爻心中安守中正，德行昭然，行止有度，此次出征立下赫赫战功，这样英勇刚正的行为是不会有错咎的。

【可断结果】

六五爻乃是阴柔软弱的君主，对于国家中发生的叛乱往往束手无策。阳气刚猛的上九爻临危受命，带领王者之师讨伐，此举为的是正国安邦，不会有咎错。

贰

下经

咸 卦

泽山咸
（下艮上兑）

【咸卦导读】

　　卦象：艮下兑上，为山上有泽之象。卦德：下卦为艮为止，上卦为兑为悦。全卦揭示了阴阳交感的普遍规律。

卦辞

【经文+传文】

　　《咸》　亨，利贞，取女吉。

　　《彖》曰：咸，感也。柔上而刚下，二气感应以相与，止而说，男下女，是以"亨利贞，取女吉"也。天地感而万物化生，圣人感人心而天下和平。观其所感，而天地万物之情可见矣。

　　《象》曰：山上有泽①，《咸》。君子以虚受人。

【注解】

①山上有泽：《咸》卦下艮上兑，兑是泽，艮是山，所以说"山上有泽"。山是高的，泽是低的，泽包容山，君子包容人，所以以下文说"君子以虚受人"。

【译文】

　　《咸》卦象征交感：亨通，有利于坚守贞正，娶妻吉祥。

　　《彖传》说：咸，指感应。阴柔的女在上，阳刚的男在下，阴阳二气交感，男女情投意合，清静和悦。男亲自下到女家迎娶，所以说"亨利贞，取女吉"。天地阴阳二气交感，

咸卦以男女之相感应为喻，论述感应之道。

由此万物化生，圣人感化人心，由此天下和平。观察这些感应的现象，就可以知道天地万物的情状了。

　　《象传》说：山上有泽，这就是《咸》卦的象征。君子取法《咸》卦虚怀纳人。

爻辞

   初六　咸其拇。

《象》曰："咸其拇"，志在外也。

【译文】

初六　感应在大脚趾上。

《象传》说：感应在脚拇指上，是说初六已经有心在向外追求了。

【爻意分析】

咸卦之中的六爻，均是借人体不同的部位做喻。初六阴爻一卦初始，居位在下，如同人体的足趾部位，对世间事物的感应尚属轻微。爻辞中道"咸其拇"，意为脚的大拇指与其他足趾互触，交相感应。初六爻与本卦之九四爻阴阳相济，互为呼应，恰如爻辞中所说的，因九四爻身居外卦之初始，所以初六爻有向外发展的志向。

【可断结果】

初六爻在咸卦最下的位置，故而被比喻为足部的拇指，意为初六爻与九四爻情感初通，尚无很深的交往，但是两爻互相倾慕之情殷殷，互悦之意切切。但是初六爻切不可因情而乱性，逾越礼仪有过分狎昵之举，因初六爻之位置在于足趾部，意为其情感浅显，未到肺腑。初六爻脚趾有感而动，志在远行，所以与九四爻行动上不可有过。

【经文+传文】

　　　六二　咸其腓，凶；居吉。

《象》曰：虽"凶居吉"，顺不害也。

【译文】

六二　感应到了小腿肚，有凶险；安静一下，别躁进，吉祥。

《象传》说：尽管有凶险，但安居守静可获吉祥，说明顺从正道可以免遭祸害。

【爻意分析】

六二爻是咸卦中的阴爻，居于下卦之中，与处本卦尊位的九五阳爻相应和，有柔顺者能安守心中中正，且居中得正之意。爻辞中写道："咸其腓，凶；居吉。"咸卦中的"咸"是感应之意，爻辞之意是说六二爻有感应的地方已经升至小腿，但是这是很危险的，不可再贸然有所举措，应当心中安守贞静，固守中正之道。有所守才能无失，才能避免突如其来的祸患，获得吉祥。

【可断结果】

六二爻乃是咸卦之大过卦，其咸的程度尚属低微，还无所作为，所以安守为正道；若妄行妄动，势必将眼前之稳步进展的局面破坏。

六二爻与初六爻相比，其感应的位置已经有所上升，犹如情感互通更增进了一步。但从六二爻爻辞中所说来看，其凶吉尚在两可之间。男女相识，六二爻的感应已经到想要触碰其腿部的程度，此举不合乎礼法，有亵侮之意，近乎淫邪，这便是爻辞中"凶"字的由来。六二爻此时若是警然而醒，安守心中中正，不急于有所举措，守位而止，自然是君子行径，毫无错咎。但若是意乱情迷，行非礼之举，则必定招致祸患，十分凶险。

【经文+传文】

九三　咸其股，执其随，往吝。

《象》曰："咸其股"，亦不处也，志在"随"人，所"执"下也。

【译文】

九三　感应到了大腿，如果他执意盲目随从别人，继续前往则会有令人悔恨之事。

《象传》说："咸其股"，这是说静不下来，无法独处了，志在追随别人——这种志向是浅薄的。

【爻意分析】

九三爻是咸卦中的阳爻，且居于阳位，重刚之身，阳气刚猛，躁然好动，与本卦的阴爻上六相应和，爻辞中道"咸其股，执其随，往吝"，意为九三爻的感应已经到了大腿之上，若是执意追随着自己的欲望行动，妄行妄动，必然灾祸临身。

感应到了大腿上，如果太过急躁就要有咎错了。

九三爻因情而动，阳气上升，重刚失和，亲近上六，犹如少年男女情窦初开，爱意萌动，原本无可厚非，但是九三爻其感在腿股，其情由清转浊，开始有非分之想，必须悬崖勒马，不可任由情欲迷失心性，引发意外的咎害。

【可断结果】

九三爻此时两情相近的程度，较之前两爻更近一步，举止更为亲昵，志意更为接近，同时较之前两爻越礼的危险也有所增加。人之所欲先从心起，而后被肢体的触碰所催发，此时九三爻与上六爻的感应程度已经到了臀股之部，其互相亲近的意愿已经如箭在弦，一触即发。

九三爻本就阳刚躁动，容易意乱情迷，若是看到初六爻与六二爻因有感而动，便难以自持，固执效法，转而行卑下之举，其行为必定导致咎责，不仅会招致灾祸，也枉为阳刚之才。

【经文+传文】

九四　贞吉，悔亡；憧憧往来，朋从尔思。

《象》曰："贞吉悔亡"，未感害也；"憧憧往来"，未光大也。

【译文】

九四　人道之事是正理，吉祥，悔恨会消失；心神不安地频繁往来，友朋最终会随了你的心思。

《象传》说："贞吉悔亡"，是说九四未曾因"交感"不正而遭害；"憧憧往来"，是说感应之道还未发挥出来。

【爻意分析】

九四爻是咸卦中的阳爻但居于阴位，居身不正，在咸卦以五体所作的比喻中，是心脏的位置。爻辞中道"贞吉，悔亡；憧憧往来，朋从尔思"，意为只要能持守心中的贞静中正，便会获得吉祥，最终也不会后悔自己的决定，朋友间的交往不断，但是都会由九四爻的意愿而决定。九四爻内贞而外悔，其悔必定不会久长，正如男女两情相悦，只要能安守心中贞正，便不会引发难以预料的灾祸，即便心有不甘，最终也不会后悔。

古代有很多爱情故事发生在地位并不高的男女身上，特别是有些女子，身份"不正"（她们有些身处青楼），可是也能发生真正的爱情。她们由于对于爱情的坚贞不渝到了"春蚕到死丝方尽，蜡炬成灰泪始干"的程度，无怨无悔，给我们留下了令人感动的千古佳话。

【可断结果】

九四爻身在多惧之地，居于君王九五爻身旁，其所感所动都与九五爻有通，是以更加应当谨慎言行。九四爻与初六爻两情相悦，同心同德，本无所害，但心乃一身之主，九四爻咸卦中的控制力非其他爻所能相比，若是因此而生骄躁之气，抛弃中道，乘刚妄行，凭心中私欲做出见不得光之举，那么原本无咎的男女之情就变成了为人所不齿的私奔，失贞而生悔，既自害又害人，九四爻便难辞其咎了。

【经文+传文】

九五　咸其脢：无悔。

《象》曰："咸其脢"，志末也。

【译文】

九五　交相感应到了背部，这样不会导致什么悔恨。

《象传》说：交相感应到了背部，是说九五感应迟钝志气小。

【爻意分析】

九五爻是咸卦中处于尊位的阳爻，居于项背的位置，在心脏的背反面。处尊位之爻如同一卦的君主，应当感应天下臣民，但九五爻只与六二爻相应和，眼界不够开阔，志向不够高远。爻辞中道"咸其脢：无悔"，意为九五爻之感应在脊背的位置，与六二爻应和当正，没有什么可后悔的。

此爻还有一象，即感应迟钝之象。因为脊背的位置是人体当中不很敏感的位置。九五阳爻对于六二阴爻的追求反应迟钝，表现淡漠，所以虽然说不上有什么凶险，但是也算不上吉祥，只是无悔而已。

交相感应到了背部，这样不会导致什么悔恨。

【可断结果】

九五爻居身得正，行事光明磊落，感于心而行于外，诚挚中正。有明辨善恶之智，拨乱反正之能，识而有达之才，故而行事无悔。

九五爻位置在脊背，较之前四爻有所不同，两情相悦的男女已经心意相通，之后却由内至外，由心达至后背，这并非疏远冷淡，而是两情毫无隔阂，更进了一层，没有了情欲之扰，而是期望匹配为终身眷属，心中更加诚挚，也便更加地以礼相待了。九五爻心中与六二爻相感无间，所以毫无悔意。

【经文+传文】

上六　咸其辅颊舌。

《象》曰："咸其辅颊舌"，滕口说也。

【译文】

上六　交相感应到了脸颊和口舌上。

《象传》说："咸其辅颊舌"，是说君子说话天花乱坠。

【爻意分析】

上六爻是咸卦中的阴爻，居于全卦的终极之位，其位置相当于人的头脑。爻辞中写道："咸其辅颊舌。"上六爻之感上升到面颊与口舌上，这两个部位在讲话时是能起到作用的。

　　如同男女之间两情相悦到了最终挑明之时，要诉诸父母，得到允许之后再借媒人之口说合，最终遵从父母之命媒妁之言，行娶亲合卺的大礼，但是爻辞中却并未有其付诸实际行动的表示，意为上六爻只停留在口头承诺之中，心与身体的情欲都已经失去，只剩下违心的敷衍了。

【可断结果】

　　上六爻处于咸卦之极，已经难以有所作为。咸卦之所用在于先发自于内心，随后用语言表达出来，最后付诸行动，然而上六爻处于咸卦之终结，其用已经穷尽，身体之间的感应已经没有，只剩下言语间的呼应了。

　　若是上六爻在内无诚挚之心，在外无实际之力，只能逞口舌之强，以言语动人，言而无信，华而不实，最终会导致失去信任，空有感而人无应和，必定会有错咎。

恒 卦

雷风恒
（下巽上震）

【恒卦导读】

　　卦象：下巽上震，为风雷交加之表象。卦德：下卦为巽为入，上卦为震为动。全卦揭示了"中"则能恒的道理。

卦辞

【经文+传文】

　　《恒》　亨，无咎，利贞，利有攸往。

　　《彖》曰：恒，久也。刚上而柔下，雷风相与。巽而动，刚柔皆应，《恒》。《恒》"亨，无咎，利贞"，久于其道也。天地之道恒久而不已也。"利有攸往"，终则有始也。日月得天而能久照，四时变化而能久成，圣人久于其道而天下化成。观其所恒，而天地万物之情可见矣。

　　《象》曰：雷风①，《恒》。君子以立不易方。

【注解】

①雷风：《恒》卦下巽上震，震是雷，巽是风，所以说"雷风"。雷象征刑罚，风象征德教，触犯刑罚和违反德教，是君子的耻辱，所以下文说"君子以立不易方"（易：改变；方：正道）。

【译文】

　　《恒》象征恒久，阴阳和谐：亨通，无害，持贞守正有利，前往有利。

《象传》说：恒，指长久。阳刚在上阴柔在下；雷风相生。谦逊行事，阳刚阴柔都相应，这就是《恒》卦的象征。《恒》卦说："亨，无咎，利贞"这是因为君主长存正道。天地的道恒行不止。"利有攸往"，这是说事情到头后又是新的开始。日月顺应天道，便能长久照耀；四季更替有序，便能长久养物；圣人长存正道，所以促成天下。探察天地万物长久的道理，这样就可以知道它们的情状了。

《象传》说：雷和风，这就是《恒》卦的象征。君子取法《恒》卦立身正道，绝不改变。

恒为恒常、恒久。《恒》卦由巽、震两卦组成。从人事上看，巽为长女，居内卦，震为长男，处外卦。长男为夫而动于外，长女为妇而顺于内，男主外而女主内，阴阳和谐，男女各安其分，夫妇之道恒久。

爻辞

【经文+传文】

初六　浚恒：贞凶，无攸利。

《象》曰："浚恒"之"凶"，始求深也。

【译文】

初六　好似挖河，开始就一味求深急切，不是恒久之道，凶险，无利可得。

《象传》说：深求恒久之道是凶险的，是因为开始时就冒险求深。

【爻意分析】

恒卦之初六爻是居于阳位的阴爻，处于一卦初始，虽然是阴柔之身，却有躁动之意。爻辞中道"浚恒，贞凶，无攸利"，意为：固执地一味追求事物的深度，追根究底急切地想找到阳刚的恒久之道，此种行为超越了自身能力范围，这种固执是错误的，除了会带来凶险，毫无利处。

【可断结果】

初六爻一爻初始便苛求深入，乃是反恒卦之道而行之，不但其目标必定不达，还有沉沦自陷、无力自拔之险。此举有悖中和，与自弃无异。

【经文+传文】

九二　悔亡。

《象》曰："九二悔亡"，能久中也。

【译文】

九二　悔恨消失。

《象传》说："九二悔亡"，是因为君子能长久守中道而不偏。

【爻意分析】

九二爻在恒卦之中，乃是阳爻居于阴位。其居身不正，行必有失，容易作出令自己后悔的事情。但所幸九二爻阳刚不为阴郁所遮蔽，因此能固守中正仁和之道，所以身端表正，言语无差，所以爻辞中写道："悔亡。"悔之消亡，意为九二爻全无后悔之事。

【可断结果】

恒卦之九二爻守中正而无所失，持贞静而不懈怠，故而其用能恒久，且其阳居阴位，刚柔相济，进退有度，动静有方，德行兼备，乃是恒卦之大用之爻，其诉求必定能成，其安守必定能恒久。一切皆宜，无不利处，自然不会生悔。

九二爻之"悔亡"皆因其能固守中正，若是心有所扰，不再持之以恒地行中和之道，必会引发祸患，其悔立生。

【经文+传文】

 九三　不恒其德，或承之羞：贞吝。

《象》曰："不恒其德"，无所容也。

【译文】

九三　不能长久保持德行，有时会蒙受羞辱：要守正以防留下憾事。

《象传》说：不恒久保存德行，就将无处容身。

【爻意分析】

恒卦之九三爻乃是居于阳位的阳爻，与上六阴爻相应和，其行性刚健而善动，无法如九三爻般守中持久。爻辞中道"不恒其德，或承之羞：贞吝"，意为九三爻因其躁动不安而难以保持恒久的德行，并且会因此而招致羞辱。其无法安守贞正的行为，最终会导致自己众叛亲离，无处容身。

【可断结果】

九三爻为重阳之身，刚猛有失中和，身在恒卦之中，却与众爻不同，背离恒卦之大道，没有持之以恒的德行。其刚猛令其与众爻难合，孤僻无友，高亢无亲，上下失助，阴阳无济，难以有所作为。

【经文+传文】

 九四　田无禽。

《象》曰：久非其位，安得"禽"也。

【译文】

九四　打猎无收获。

《象传》说：长久定位失当，怎么能成事呢？

【爻意分析】

恒卦之九四爻身为阳爻却居于阴位，有行事偏颇之象。爻辞中写道："田无禽。""田"是狩猎之意，"禽"为鸟兽的统称，此句话意为九四爻守候在没有猎物的地方，却毫无觉察，不去反省徒劳无功的原因。

九四爻身为阳爻，是能够坚定恒久的，而且外出狩猎意欲有所作为，为何却劳而无功？皆因九四爻阳气刚猛，躁动难静，其恒是指恒久地处于运动的状态，难以固守一方，在狩猎场所，漫无目的地游走，无法沉心静气。鸟兽受到惊吓四散而起，消失了踪迹，九四爻自然难有收获。

【可断结果】

九四爻的爻辞，讲述的是为夫之道，在古代，丈夫的职责是外出养家，而妻子的职责是料理家居，烹饪食物。九四爻居位不正，难以有所作为，如同在外一无所获的丈夫空手而回，无法为家中的妻子提供烹饪所需的食材，因自己的无为而导致妻子的无为，应当承担全部的错咎。

【经文+传文】

六五　恒其德，贞；妇人吉，夫子凶。

《象》曰："妇人贞"吉，从一而终也；"夫子"制义，从妇凶也。

【译文】

六五　能长存柔顺的德行；对女子来说吉祥，对男子来说则凶险。

《象传》说：妇人守节是吉祥的——这是因为妇人从一而终；男人是能因事制宜的，顺从妇人就会凶险。

【爻意分析】

六五爻是恒卦之尊爻，身为阴爻而居于中位，意为阴柔者奉行中正之道。六五爻与九二阳爻相应和，大有以阴从阳之势。爻辞中道"恒其德，贞；妇人吉，夫子凶"，意思是妇人将守一的德行持之以恒，是非常吉祥的事情，会带来好运，而换作男人如此行事，却截然相反了，会招致祸患凶险。

【可断结果】

六五阴爻身在尊位，阴加于阳，柔行于刚，如一国之君王，一家之执掌，应当刚强决断，开拓进取，但六五爻却以夫从于妇道，阳随阴而动，悖行天道，扰乱名分。悖行为逆，扰乱属昏，昏逆者自然多凶。男子若如同女子一般奉行静守不变，没有原则，那么无异于自毁前程，丧失了存身于世的根本，小隐患不治理便会演变成大祸端，所以此举危如临渊。

【经文+传文】

上六　振恒：凶。

《象》曰："振恒"在上，大无功也。

【译文】

上六　长久动荡，无恒入之道，凶险。

《象传》说：身居高位者长久折腾，做不出大的成绩来的。

【爻意分析】

上六阴爻是恒卦的终极之爻，行物极必反之循环，有阴柔者难以持之以恒，无法安守中正之象。爻辞中道"振恒：凶"，意为上六爻之恒心有所动摇，难以持久，是凶险的征兆。

【可断结果】

上六爻本应柔顺贞守，却妄行躁动，有违恒之正道，实为自困之举，其行必遭阻滞，其志向必难达成，若一意孤行不知自省，有凶无吉。

遁　卦

天山遁
（下艮上乾）

【遁卦导读】

卦象：下艮上乾，为天在上，山在下之象。卦德：下卦为艮为止，上卦为乾为健。

全卦阐明了贤人能屈能伸、以退为进的智慧。

卦辞

【经文+传文】

《遁》　亨，小利贞。

《彖》曰：《遁》"亨"，遁而亨也。刚当位而应，与时行也。"小利贞"，浸而长也。《遁》之时义大矣哉！

《象》曰：天下有山①，《遁》。君子以远小人，不恶而严。

【注解】

①天下有山：《遁》卦下艮上乾，乾是天，艮是山，所以说"天下有山"。天象征朝廷，山象征贤人，"天下有山"象征贤人退隐朝外，朝中小人猖獗，所以下文说"君子以远小人，不恶而严"。

遁卦二阴自下而上，是阴渐长而阳渐消的时候。阴喻小人，阳喻君子。小人渐盛，正当其用，君子当退而避之。这是卦名为遁的依据。

【译文】

　　《遁》卦象征退避：亨通，是阴长阳消之时，有小利，但不失正道。

　　《彖传》说：《遁》卦是亨通的，说明必先退避而后亨通。阳刚者中正地位得当，而能与下位阴柔者相应和，这是因为他识时务。"小利贞"，这是因为阴气浸润，在逐渐生长。《遁》卦这种识时务知适时退避的意义真是重大啊！

　　《象传》说：天下有山，这就是《遁》卦的象征。君子取法《遁》卦远离小人，虽不显露其憎恶之情，但始终矜严自守。

爻辞

【经文+传文】

初六　遁尾：厉；勿用有攸往。

《象》曰："遁尾"之"厉"，不往何灾也？

【译文】

　　初六　退避时落在后面，危险；不宜前往。

　　《象传》说：隐遁时落在后面是危险的，不隐遁又会有什么灾祸呢？

【爻意分析】

　　初六阴爻是遁卦的初始之爻，遁卦之道在于据时而退，初六爻位置低下，犹如事情之尾末，是以爻辞中道"遁尾：厉；勿用有攸往"，意为初六爻在退避的过程中处于最后的位置，因避之不及，致使途中出现变故，情况十分危急，此时应暂停脚步，静观局势变化，不可再继续行动。

【可断结果】

　　初六爻身为阴爻且位置低下，柔顺好静，行事迟缓犹疑，缺少预见，难以果断作出抉择。在遁卦中初六爻与阳爻九四相应和，初六爻眼见刚猛的九四爻隐遁，才跟随效仿，但此时退避的最好时机已经过去，局势开始发生变化，初六爻被困于原位，难以继续行动。

【经文+传文】

六二　执之用黄牛之革，莫之胜说。

《象》曰："执用黄牛"，固志也。

【译文】

六二　用黄牛皮绳捆住，谁也脱不掉。

《象传》说："执用黄牛"，是说君子志向坚决。

【爻意分析】

遁卦之六二爻身为阴爻而居于阴位，与处于尊位的九五阳爻相应和。爻辞中道"执之用黄牛之革，莫之胜说"，意为，六二爻如同被坚韧结实的黄牛皮革所捆绑，无法解开。六二爻虽然处于遁卦之中，但因其恭顺地与君主九五爻应和，如同一位忠心不二的臣子，恪守人臣之道，其辅佐九五爻的心意坚决，难以动摇，绝不会做背主遁逃的事情。全卦唯此一爻毫无遁避之意。

爻辞中所说的皮革，并非真的捆绑控制住了六二爻的身体，而是比喻其固守的坚决。

【可断结果】

六二爻之所以与众不同，除了中正柔顺，意诚志坚之外，也因为其正应九五爻阳刚之气，如同一位得到了君主信任的近臣，肩负重任，无以言退，必得沉稳固守，伺机以救天下。

【经文+传文】

九三　系遁，有疾：厉；畜臣妾：吉。

《象》曰："系遁"之"厉"，有疾惫也。"畜臣妾吉"，不可大事也。

【译文】

九三　心怀系恋，未能退避，身患疾病，有危险；蓄养男臣女妾，吉祥。

《象传》说：不隐遁是危险的——君子将病得疲乏。"畜臣妾吉"，这是说这时不宜干大事。

【爻意分析】

爻辞中道"系遁，有疾：厉；畜臣妾：吉"，意为九三爻遁避之念，但因牵挂六二爻，心中犹豫不决，导致自己的遁退之路产生阻滞，此时的九三爻心力交瘁，身染疾患，处境十分危险，同时受自身病情与所处的形势限制，不可有大的作为。

为求自保，九三爻就势而转，开始大肆蓄养仆从与侍妾，晦潜自身的志向与意图，作出安于享乐沉溺于情欲的样子，令得势的小人掉以轻心，借以躲避伤害，终于化险为夷，转凶成吉。

【可断结果】

九三势单力孤，身染疾患，又没有别的爻辅佐协和，且受阴爻六二的拖累，纵有八斗之才也只能施展两升之力，无疑是十分危险的。所不同的是其原本想遁隐踪迹，如今变成潜藏志向，两者在实际意义上都是遁退，但后者的意义似乎更为重大，静守并非妥协，乃是等待风云突变之时，趁势而起，有所作为，这是十分吉祥的应对之法。

【经文+传文】

　　　　　九四　好遁：君子吉，小人否。

《象》曰："君子好遁，小人否"也。

【译文】

九四　心有牵挂与喜好却毅然退避：君子吉祥，小人办不到。

《象传》说：君子心有牵挂与喜好却退避，小人办不到。

【爻意分析】

九四爻为遁卦之中居于阴位的阳爻，乃是一位能预见和把握退隐时机的明智君子。九四与本卦的阴爻初六相应和，大有亲近之象。爻辞中道"好遁：君子吉，小人否"，意为心中有所牵挂和喜好，但是依旧无法阻止退隐的步伐，君子能够做到，小人难以完成。

【可断结果】

九四爻身为阳爻而居于阴位，对于隐遁的时机有所预见。当眼看局势到了应当退隐的时候，君子因为安守中正之道，心中对物欲没有执念，所以能在必要时舍弃所拥有的一切，从容地行急流勇退之举。自古贤人隐居山林，便与此同理。而此种情势摆在小人面前，结果却截然相反。小人心中志向不坚，且容易为眼前的荣华富贵、女色情欲所困扰，功成不忍身退，留恋享乐，最终不是随波逐流放弃志向，便是在犹豫中贻误遁退的时机而为自己惹来灾祸。

【经文+传文】

　　　　　九五　嘉遁：贞吉。

《象》曰："嘉遁贞吉"，以正志也。

【译文】

九五　嘉美而及时的隐遁：坚守贞正获吉祥。

《象传》说："嘉遁贞吉"，是因为君子志向正当。

【爻意分析】

九五爻是阳居中位，与本卦的六二爻两相应和，阴阳互济，且六二爻也是居中之爻，行端表正，所以，不会以自己的阴柔去干扰九五爻的阳刚。爻辞中道"嘉遁，贞吉"，意为九五爻能居安思危，在貌似平静的现状中预想到了潜伏着的危机，九五爻对这种危机考虑得十分透彻，因而作出遁避的选择，这种遁避应当得到赞美，且能得到吉祥。

九五爻之嘉遁的确值得称道，其拥君主之尊却能固守贞正，低调处事，不标榜炫耀，在必要时功成身退，安守正道，言行举止皆合于义理。这说明九五不只是审时度势的明君，也是进退有度的智者。

【可断结果】

九五爻地位尊贵，局势与环境尚属平稳，小人虽然得势，但尚无僭越行径。九五遁避并非懦弱无为，乃是君子不与小人争锋的明智之举，所以能得到"贞吉"之果。

【经文+传文】

上九　肥遁：无不利。

《象》曰："肥遁无不利"，无所疑也。

【译文】

上九　远走高飞去隐遁：没有不利。

《象传》说："高飞远退无不利"，是因为君子退隐时毫不迟疑。

【爻意分析】

上九爻是遁卦的终极之爻，身为阳爻而居于高位，无所束缚，前行无阻，且其居全卦之上，其积蓄也必充盈，是以爻辞中道"肥遁：无不利"，意为上九爻对于隐遁一事准备充分，毫无置疑，此时隐遁之路亨通，上九爻从容带着自己丰富的积蓄，按着早已制订好的计划退隐，其随身携带的财物完全可以保障其周全生活，所以没有任何不利之处。

【可断结果】

上九爻上无阻挡，下与本卦之正向对应的九三爻同为阳爻，无法应和，无所牵挂，自由随性。其隐遁既没有顾虑，又没有留恋，是遁卦之中遁避之心最为坚定的一爻。上九不但在遁避时不疑惑不自疑，且其身居的位置也十分适宜遁避，前路畅通毫无阻挡，心宽意阔，超然远去。

大壮卦

雷天大壮
（下乾上震）

【大壮卦导读】

　　卦象：下乾上震，为雷声震天之象。卦德：下卦为乾为健，上卦为震为动。全卦讲述事物到大壮时期的盛况及保持盛壮的正道。

卦辞

【经文+传文】

　　《大壮》　利贞。

　　《彖》曰：大壮，大者壮也。刚以动，故壮。《大壮》"利贞"，大者正也。正大，而天地之情可见矣。

　　《象》曰：雷在天上①，《大壮》。君子以非礼弗履。

【注解】

①雷在天上：《大壮》卦下乾上震，震是雷，乾是天，所以说"雷在天上"。雷象征刑罚，天象征朝廷，"雷在天上"象征朝廷刑罚严峻，君子宜谨慎，所以下文说"君子以非礼弗履"（履：行）。

【译文】

　　《壮卦》象征壮大强盛：坚守贞固有利。

　　《彖传》说：大壮，指大者强壮。行事刚健，所以称"壮"。《大壮》中的"利贞"，是指大者正直。正直壮大，天地万物的情状就可以明白了。

　　《象传》说：雷在天上轰响，这就是《大壮》卦的象征。君子取法《大壮》卦，不合礼义的事不做。

在大壮之时，唯有固守正道才能有利。

爻辞

 　　　　初九　壮于趾：征凶，有孚。

《象》曰："壮于趾"，其"孚"穷也。

【译文】

　　初九　脚趾健壮（比喻有实力）：出征肯定有凶险。

　　《象传》说："壮于趾"，是说初九，应当以诚信自守。

【爻意分析】

　　初九爻在大壮卦中为初始之爻，身为阳爻而居于阳位，重刚躁动。爻辞中道"壮于趾：征凶，有孚"，意为初九爻之健壮只在于脚趾之间，却误认为全身都很强壮，且自视过高，认为自己的能力可以行征服之举，无疑会为自身带来凶险。

【可断结果】

　　初九爻位置低下，爻辞中所说的脚趾健壮，预示着初九爻已经做好了行进的准备，有躁动不安之势。但是初九阳爻在下，虽然具备行进的能力，但如同才能自立的孩童，懵懂莽撞，全无成大事之力，难以担当重任，因此不适宜出行征战，只可静守，若强行妄动，必定会带来凶险。

【经文+传文】

　　　　　　　　九二　贞吉。

《象》曰："九二贞吉"，以中也①。

【注解】

①以中也：九二爻处于下爻之中位。

【译文】

　　九二　贞静固守可获吉祥。

　　《象传》说："九二贞吉"，是因为君子能守中道。

【爻意分析】

　　九二爻是大壮卦下卦之中爻，身为阳爻而居于阴位。阳爻居于偶位原本为居位不正，但九二爻与本卦阴爻六五爻相应和，阴阳相济，互为辅助，是以能安守中正之道，以静守之姿态养护其壮，是以爻辞中道"贞吉"，意为九二爻之举措，毫无偏差，阴阳平衡，稳定和缓，贞静固守，安享吉祥。

【可断结果】

九二爻乘时得位，与六五爻刚柔相济，内外辅助，使其刚猛以阴柔为用，有以刚健之德行主持内政之象，其秉性自重沉稳，志向鲜明，内心充实无私，行为刚正光明，为人处世不偏不倚，如同四季中的春天般和煦明媚。

九二爻既有所固守又有所作为，居正位，行中道，其德行周全，又有六五爻协助，是以吉祥无凶。

【经文+传文】

九三　小人用壮，君子用罔：贞厉；羝羊触藩，羸其角。

《象》曰："小人用壮，君子用罔"也。

【译文】

九三　小人滥用强力，君子不会滥用强力：守持正固以防危险；公羊触篱，角卡住了。

《象传》说：九三说："小人滥用强盛，君子虽强不用。"

【爻意分析】

九三爻身为阳爻而居于阳位，重刚之身，躁动而难以自持。爻辞中写道：

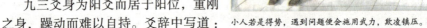
小人若是得势，遇到问题便会施用武力，欺凌镇压。

"小人用壮，君子用罔：贞厉；羝羊触藩，羸其角。"公羊用自己的角去顶触篱笆墙，导致其角为篱笆所卡，难以脱身，预示九三爻躁动不安，情绪失控，若不加以节制，便会如同以角顶篱笆的公羊一般，落入进退维谷难以自救的境地。小人若是得势，遇到问题便会施用武力，欺凌镇压，而君子不会有如此的行径。

【可断结果】

九三爻居于上下卦之中，也夹在两个阳爻之间，重刚难以协调，处境极为艰难，所以更要谨言慎行，才能避免言行有失。九三爻与上六爻相呼应，又与六五爻相辅助，而与自己临近的九二爻和九四爻却难以亲近，呈就近难以和睦，而远方有所守望之势。

九三爻身处的位置为下卦之终，若以其壮为用，肆意乘凌，则必有招致危害的忧虑，且九三处于重刚之地，上下皆刚爻，此为重刚容易招致折损之象；因此遇事不可轻举妄动，设想其后果，思己之退路，善于审时度势，才能避免因壮致祸，且能长保其壮，德行事业都会有所成就。

【经文+传文】

九四　贞吉，悔亡；藩决不羸，壮于大舆之輹。

《象》曰："藩决不羸"，尚往也。

【译文】

九四　守持正固，可获吉祥，悔恨消失；好似冲破篱笆也无损坏，比大车的轮輹还要强壮。

《象传》说："藩决不羸"，是说利于九四向前发展。

【爻意分析】

九四爻身为阳爻却居于阴位，本有居身不正之嫌，但其属外卦之初，大壮卦之壮至此到达顶点，因为本卦之壮是单对阳爻而论，而之后的六五爻与上六爻解释阴爻，无法为壮所用。九四爻之壮胜过之前三爻，有两个阴爻相辅助，又得到了初九爻的应和，刚柔相济，行动毫无阻滞，实为壮卦之大用。

爻辞中道"贞吉，悔亡；藩决不羸，壮于大舆之輹"，意为九四持守正道，可获吉祥，不会发生令自己后悔之事，公羊冲破了藩篱，并未被其卡住犄角，而大车车厢下面之连接车轴的木头极其结实。公羊破篱，前途无阻，车辇结实，有利行进，爻辞之意是说九四爻之壮利于前行，会有所发展。

【可断结果】

九四爻身为阳爻，谦逊持正，以中和护养其壮。本卦中，九二爻亦因身为阳爻而居于阴位而得到贞吉，但其获得的吉祥只能固守，不可有进，难以有大的作为，而九四爻阳气充沛，其壮强盛。就爻辞中来看，九四爻之势不可阻挡，大壮卦之用皆在此爻一身。

【经文+传文】

六五　丧羊于易：无悔。

《象》曰："丧羊于易"，位不当也。

【译文】

六五　在田地上丢了羊：无悔。

《象传》说："丧羊于易"，这是因为六五地位失当。

【爻意分析】

六五爻位于本卦的尊位，是居于阳位的阴爻，居身不当，因而内心常怀忐忑，所幸位于上卦之中位，有能安守中和之象。爻辞中道"丧羊于易：无悔"，意为在田地边丢失了羊，羊的走失是因为其好斗不驯服，且六五爻放羊之处也属于是非之地，这之后再不会有不好的事情发生了，所以不必自悔。

【可断结果】

六五爻以阴爻居阳位，呈以柔覆刚之势。大壮卦以阳为要用，六五爻身处尊位却身为阴爻，有失其用。阳在本卦中被喻为羊，是以爻辞中有丧羊之说。

九三爻与上六爻皆因其羊以角触藩受到阻挡，而无法向前，致使难有作为。而六五爻更为严重，不但停步不前，且丧失其羊了。六五爻承接上六爻，上六爻上无

六五爻本身阴柔缺阳，对外又毫无防范，虽在君主之位，却柔弱无能，不但完全没有作为，朝中的臣子也因此而轻视他，于是骄横不易服从其统领，有悖离之势。六五爻因能力不及，只得任其所为，如同将羊放逐于田野，贪图安逸，疏于管理，任羊丧失。

遮拦，好比六五爻将自己的羊放牧于空旷而没有围栏的牧场，自然有走失之虞。

之所以爻辞中称"无悔"，是因为六五爻心中很清楚此地不宜牧羊，却毫不以为意，明知容易失去却毫无防范措施，与弃无异，是以心中无悔。

【经文+传文】

上六　羝羊触藩，不能退，不能遂，无攸利，艰则吉。

《象》曰："不能退，不能遂"，不详也；"艰则吉"，咎不长也。

【译文】

上六　公羊触篱（角卡住了），进退不得，无利可得，历经艰难后可转吉祥。

《象传》说："不能退，不能遂"——这是不祥现象；"艰则吉"——这是说遭受灾殃的时间长不了。

【爻意分析】

上六爻是大壮卦的终极之爻，身为阴爻，处于高位，处境颇为艰难。爻辞中道"羝羊触藩，不能退，不能遂，无攸利。艰则吉"，意思是公羊以角抵触藩篱，结果其角被卡在篱笆上，进退不能，这样的结果毫无利益可言，但是目前处境虽然尴尬，只要经过艰苦与磨练，自然会脱离困境获得吉祥。

【可断结果】

大壮卦至上六爻这里，已经是全卦之终点，有柔爻居于上位，物极必反，反上为初之象。上六爻与九三爻相应和，呈内刚外柔之势。之前六五阴爻丧羊，乃因毫无防范，上六此时因极而转，形同初九爻。其境遇如莽撞公羊前行，藩篱在前，贸然以角触之，却挂角难出，此时，欲进无力，欲罢不能，两相为难，进退维谷。

但上六爻之用在于其艰贞之德行，其行受阻，必受艰辛才能脱困，眼前无利，不以为意，只要能持之以恒，坚守心中中正，假以时日便会等到局面翻转，获得吉祥。

火地晋
（下坤上离）

【晋卦导读】

卦象：下坤上离，为火的光明出于地面之象。卦德：下卦为坤为顺，上卦为离为明。

全卦揭示了事物如日出地上"柔进而上行"的规律。

卦辞

【经文+传文】

《晋》　康侯用锡马蕃庶，昼日三接。

《彖》曰：晋，进也。明出地上。顺而丽乎大明，柔进而上行，是以"康侯用锡马蕃庶，昼日三接"也。

《象》曰：明出地上①，《晋》。君子以自昭明德。

【注解】

①明出地上：《晋》卦下坤上离，离是明（日），坤是地，所以说"明出地上"。朝阳自呈光芒，君子自展美德，所以下文说"君子以自昭明德"。

【译文】

《晋卦》象征上进：康侯蒙受天子赏赐的车马众多，一天里多次受到接见。

《彖传》说：晋，指前进。太阳升出地面。顺从的臣子向上依附明君，以柔顺之道积极进取，功业不断增长，所以"康侯用锡马蕃庶，昼日三接"。

《象传》说：太阳升出地面，这就是《晋》卦的象征。君子取法《晋》卦，自我展现美德。

康侯用锡马蕃庶，昼日三接。

爻辞

【经文+传文】

初六　晋如，摧如：贞吉；罔孚，裕无咎。

《象》曰："晋如摧如"，独行正也；"裕无咎"，未受命也。

【译文】

初六　进取之初有阻碍，持守正道则吉祥；初时不能见信于人，宽以待人则无咎害。

《象传》说："晋如，摧如"，是因为军队能独行正道；"裕无咎"，是因为君子未领受王命。

【爻意分析】

初六爻身为阴爻而居于初始之阳位，居位不当，与阳爻九四相应和，刚柔相济，上下互应，相得益彰，成其功用。爻辞中写道："晋如，摧如，贞吉；罔孚，裕无咎。"初六爻在前进还是后退之间有所犹豫，其心正直，故能吉祥，但是行动并不确定，所以没有得到应有的信任，其行动还要等待时机，但是初六因为能坚守正道，所以无论前行还是后退，都会得到吉祥，没有错咎。

【可断结果】

初六爻一爻初始如同无知少年，涉世不深，还没有肩负任何责任与使命，是进是退都可按照自己的想法而决定，虽然行事反反复复，进退犹豫，但是毫无忌讳也不必承担错咎，但毕竟这种不坚定的举措，会令别人对初六信心大减。所幸初六爻贞静柔和，处事中正，在这种缺乏认可的局面之下，沉心静气，等待时机，顺势顺时而行，此种稳妥的做法自然不会带来灾祸。

【经文+传文】

六二　晋如，愁如：贞吉；受兹介福于其王母。

《象》曰："受兹介福"，以中正也。

【译文】

六二　进取途中充满忧虑：守持正固可获吉祥；做事能从王母那里获得大福气。

《象传》说："受兹介福"，是因为君子中正。

【爻意分析】

六二爻居中守正，进而有其道，退而有所守，虽受困于阴，无法腾跃而起，大展宏图，但其自身之力足够继续向前行进。六二因为柔弱阴郁，行进难以亨通，不兔曲折踉跄，不时有徘徊于歧路，难以定夺方向之虞，但所幸其居身得正，又与君主六五爻对应，所以终能获得吉祥与很大的福气。

【可断结果】

六二爻身为阴爻而显柔弱，行进前途受到阻挡，自身难以破除，此时应当静待时机，若是自不量力，贸然躁动，势必造成过犹不及之局面，给自身招致无端的祸患。

其中正的德行一旦失去，便会悖离晋之正道，得到福气与吉祥的根本便会失去，届时既无正应又无协助，孤家寡人，势单力薄，难免坠入浊流之中，无力自拔。

【经文+传文】

　六三　众允：悔亡。

《象》曰："众允"之，志上行也。

【译文】

六三　众人都信服他：悔恨消失。

《象传》说：众人都信服他——这是因为六三志向上进。

【爻意分析】

六三爻身为阴爻而居于阳位，居位不当。又未得中，爻辞中道"众允，悔亡"，意为六三爻因为志向积极而得到众人的一致信任与认同，六三爻借着众人之势上升，没有悔恨的事情。

为六三之德行与志向所感染者甚众，且六三爻与阳爻上九正向应和，阴阳互济，上下辅助，众人帮扶，是以六三爻大有上升之势。

【可断结果】

六三爻阴爻居于阳位，居身不中不正，原本应当有悔，但能与上九阳爻相应和，所以虽为阴爻却志在上升，又兼之与初六爻与六二爻心意相通，得到两爻的认可与协助，如同结交了很多能为其助力的益友，所以虽然阴柔，前进之势不减，奋力上升，意欲有所作为。六三爻志向高远，行动积极，前无阻滞，又得到众人的辅助，其行进之路亨通，没有可令其后悔之事。

【经文+传文】

　九四　晋如鼫鼠：贞厉。

《象》曰："鼫鼠贞厉[①]"，位不当也。

【注解】

①鼫鼠：传说中的一种技不专一的老鼠。据说它有五种技能，但能飞不能过屋，能缘不能穷木，能游不能渡谷，能穴不能掩身，能走不能先人。

【译文】

九四　进取之时，就像身无专技的鼫鼠一样：应守持正固以防危险。

《象传》说："鼫鼠贞厉"，是因为九四地位失当。

晋卦以上升为用，而上升代表光明，鼠的生活习性，为昼伏夜出，与晋之大道相悖逆，有违中和。九四爻身为阳爻，本有光明之象，皆因居位不当，反被喻为阴暗中的鼠辈，可见爻所居之位对自身影响之重大。

【爻意分析】

九四爻身为阳爻而居于阴位，其位不中不正，以阳乘阴，因此心中常怀惴惴，行动举止忐忑不安。爻辞中道"晋如鼫鼠，贞厉"，意为九四爻在上升的时候如鼫鼠一般，畏缩懦弱，占卜中得到的是凶险的征兆。

【可断结果】

鼫鼠本性贪得无厌，畏缩怕人。爻辞中以此鼠做喻，意为形容九四爻乃是一个毫无德行，嫉贤妒能的小人。九四爻胆小怕事，身无所长却居于如此要职，实在是朝廷中的一个极大隐患，只会误国误民，所以九四爻这种居心不良、失德失道的小人即便是想去固守晋之正道，也会遭遇凶险。

【经文+传文】

六五　悔亡，失得勿恤，往吉，无不利。

《象》曰："失得勿恤"，往有庆也。

【译文】

六五　悔恨消失，不用忧虑得失，前往吉祥，没有不利。

《象传》说：不用忧虑得失——六五大胆前往会有收获。

【爻意分析】

六五身居外卦之正位，与六二爻正应，但两爻同阴，内外共柔，难以应和。自己身为阴爻且居位不正，难免生出忐忑之心，但其实六五虽为阴柔之身，但因居于上卦之中位，如日中天，有阴柔的君主能奉行中正之道之象，所以极为吉祥，之前的顾

六五爻是明智的君主，虽然柔弱，但是得到了下卦群阴的齐心辅助，可见其德行昭然。

虑实属多余，所以六五爻只需放心大胆前行便可。

【可断结果】

六五爻是明智的君主，虽然柔弱，但是得到下卦初六、六二、六三这三爻的齐心辅助，可见其德行昭然。本来六五因为失正，会遭遇令其后悔之事，但因为其善用人才，与贤臣同德同志，不再有患得患失之心，不为成败之念所累，果断前行，毫无不利。六五以柔爻居于尊位，其位虽处尊而中，但其资质毕竟柔顺有余而刚强不足。爻辞鼓励六五"往吉，无不利"，《象传》中也指出，不要计较个人得失，说明六五只要大胆前行，必有福庆。六五爻若用此道，必能所往皆吉而无所不利。

【经文+传文】

　　　　　上九　晋其角，维用伐邑：厉吉，无咎，贞吝。

《象》曰："维用伐邑"，道未光也。

【译文】

　　上九　进取到了事物顶端，如野兽用它的角进攻，这意味着可以出兵攻邑：起初危险，终获吉祥，无害，坚守贞固以防发生遗憾。

《象传》说："维用伐邑"，是说上九进取之道尚未光大。

上九升进至极，仿佛到了兽角的尖端。

【爻意分析】

上九阳爻居于晋卦之巅峰，有头角峥嵘之象，因其身为阳爻，所以有升腾凌空之志。但晋卦以晋升为用，此时上九已经身在至高之位，进无可进，头角虽然生出，锋芒虽已显露，但其气势已经减弱，时数已经过去，若强行有功之事，恐将有悔。

爻辞中道"晋其角，维用伐邑：厉吉，无咎，贞吝"，意思是有动物凌空伸出头上的角，此为向外扩展领地之意，可以去征伐城邑，虽然会遇到危险，但是能够逢凶化吉，此行虽然不会带来错咎和灾祸，但是在占卜中得到的预示是带有悔恨的。

【可断结果】

上九爻之势已经如偏西之日，心志虽然高远，但其气已经渐弱，当提早居高自省，俯视下方，寻找可退之路。居安思危方能临高而不惧。上九爻处于极位，时运已经穷尽，却躁然好动，盲目求进，对己虽然无害，但对百姓有伤，于其德行有损，所以上九爻在行动之后，会心生悔意。

晋之要义在于上升，其上升之势是借着光明之力的。上九爻的征伐之举，虽然对自身有利，但是偏离了晋的正道，其举动并不光明，因此难免其吝。

明夷卦

地火明夷
（下离上坤）

【明夷卦导读】

卦象：下离上坤，为明入地中之象。卦德：下卦为离为明，上卦为坤为顺。全卦揭示"明"藏"晦"中的经验与智慧。

卦辞

【经文+传文】

《明夷》 利艰贞。

《彖》曰：明入地中，《明夷》。内文明而外柔顺，以蒙大难，文王以之。"利艰贞"，晦其明也，内难而能正其志，箕子以之。

《象》曰：明入地中①，《明夷》。君子以莅众用晦而明。

【注解】

①明入地中：《明夷》卦下离上坤，坤是地，离是明（日），所以说"明入地中"。明象征明察，地象征人的腹心，君子治理百姓，宜明察在心，所以以下文说"君子以莅众用晦而明"（莅：指治理；用晦：指不动声色）。

【译文】

《明夷卦》象征光明殒伤：利于牢记艰难，守贞正固。

《彖传》说：太阳落下地面，光明殒伤，这就是《明夷》卦的象征。君子内有文明美德，外有柔顺之象，却蒙受大难，周文王的情况就像这样。"利艰贞"，是说君子隐藏他的光明。君子身陷内难，仍能志向正直，箕子的情况就像这样。

《象传》说：太阳落下地面，象征光明受到殒伤，这就是《明夷》卦。君子取法《明夷》卦，治理众人时要深藏智慧而不显而明察在心。

此卦喻示太阳落入地中，光明受到损害，君子要内文明而外柔顺，以渡过危难。

爻辞

【经文+传文】

初九　明夷于飞，垂其翼；君子于行，三日不食；有攸往，主人有言。

《象》曰：君子于行"，义"不食"也。

【译文】

初九　在光明受到损害之时向外飞，低垂着羽翼；君子前往，几天没饭吃；前往办事，所到之处都受主人责备。

《象传》说：君子前往（三天不吃东西）——不吃是为了节操。

【爻意分析】

初九爻是明夷卦中居于阳位的阳爻。"明夷"意为光明受到遮蔽损伤，初九爻一阳初始，有君子之阳刚被周围阴郁所掩盖之象。爻辞中道"明夷于飞，垂其翼；君子之行，三日不食；有攸往，主人有言"，意为，鸟儿在夜色的掩映下低垂着翅膀，不再飞行，君子将要辞别原本的主人远行，其去意坚决，临行之前三日，因为心怀别离的感伤，不进饮食；君子的主人因不明就里，见其反常之举不禁疑惑与责怪。

【可断结果】

初九爻处于明夷之初，离祸害尚远，短时间之内阴霾对其还造不成危害。但初九乃是明智贤达的君子，对明夷之害有所预见，不等其害加身，提前遁避。初九爻志在脱离幽暗，达于光明，所以能忍人责骂，受困苦饥寒，不止其意志之坚决可见一斑，而且行事也有君子之风。

【经文+传文】

六二　明夷，夷于左股，用拯马壮：吉。

《象》曰："六二"之"吉"，顺以则也。

【译文】

六二　光明不见了，伤了左腿，得到壮马搭救：吉祥。

《象传》说：六二说"吉"——这是因为行事时柔顺而能坚守中天规则。

【爻意分析】

六二爻是居于下卦中位之阴爻，处于阴位，居身得正，是明夷卦中的主爻，有柔顺之德，能安守中正。爻辞中道："明夷，夷于左股，用拯马壮：吉"，意为在阴暗的天色中行走，左腿受伤，所幸前来救援的马十分强壮，这是吉祥的征兆。

【可断结果】

六二爻身受股伤，自身难以行进，此时壮马来救，恰可弥补六二爻之伤；且壮马善于驰骋，六二爻较之前行进得更为迅速便利，因祸得福，自然大为吉祥。

但若是六二对局势不能审视清晰，在受伤之时不及时安排援助，那么其害便会日渐深入，身边的祸患也会越来越重，最终成为难以解救的凶难。

六二爻是阴柔守正的君子，低调内敛，但尽管如此，在暗无天日的环境中，也难免为小人的暗箭所伤，其遭遇在所难免，但所幸受的伤害不算严重，尚有补救的方法。六二爻应对迅速，以壮马自救，马乃是聪慧忠诚的动物，意为六二爻得到了好友有力的协助，得以脱离险境，得到吉祥

【经文+传文】

九三　明夷于南狩，得其大首；不可疾，贞。

《象》曰："南狩"之志，乃大得也。

【译文】

九三　光明殒伤时去南边行猎，君子捕得大元凶祸首；不宜操之过急，还要守持贞正。

《象传》说：君子向南狩猎的目的，是获取大收获。

【爻意分析】

九三爻阳居阳位，居于下卦之终，与上六阴爻两相呼应。上六爻居于明夷卦之最高位，正是本卦中遮蔽光明的昏暗君主，九三爻拥有重阳之身，阳气刚猛，躁然好动，有上升之志，又有凌云之势头，此时趁势乘时，九三之阳气上行，大有将昏君推翻，为天下拨乱反正之象。

此时上六爻亲小人而远君子，致使天下是非颠倒，黑白不清。九三爻阳德旺盛，见此情景已经忍无可忍，欲上升驱散阴霾，挺身救世，其情可嘉，其志坚定，但九三上下皆为阴爻，如同身边小人环绕，有行动艰难受阻之象。

九三爻处于晦暗之中，行于险困之境，应审时度势，顺势而进应时而止，进退有度，不疾不徐。守贞正中和之道，行而有守，进而有舍；若在时机尚未成熟之时便贪功冒进，势必功亏一篑，所举动若与其志向背道而驰，结局自然也会适得其反。

【可断结果】

九三爻身处下位，行事不可莽撞。此时君王昏庸，而天下亦因其统治而处于蒙昧不清的状态中，而九三爻志向贞正，以济世救国之心行征伐之举，其德行无失，与正道不悖，只需等待时机，承天道而动，届时一呼百应，人人拥护，必定会获得成功。

【经文+传文】

 　　六四　入于左腹，获明夷之心，于出门庭。

《象》曰："入于左腹"，获心意也。

【译文】

　　六四　退处于左方腹地，洞悉了光明殒伤的中心情况，终于毅然跨出门庭向远方走去。

　　《象传》说："入于左腹"，是为了获知真实的情况。

【爻意分析】

　　明夷卦中，六四爻身为阴爻而居于阴位，乃是重阴之身，柔顺贞静，大有顺承之德行，

　　爻辞中道"入于左腹，获明夷之心，于出门庭"，意为进入心腹要害之地，获知了阴晦的真实情况，并因此做出了离开家门的选择。

　　六四爻身在阴霾之地，与上六爻亲近，能够明白上六的心意与真实想法，因而清楚自己所侍奉的昏君已经到了蒙昧不开心窍，不知悔改的地步。六四爻柔守贞正，与昏君志不同道不和，在极度失望之下，深恐为昏君的暴政所连累，做出悖离昏君的选择，远走避祸。由六四爻的远离也可看出上六爻已经到了众叛亲离的境地。

【可断结果】

　　六四爻秉性柔顺，喜静不喜动，为安于现状之爻，但其心中持守中正，与上六爻之暴虐昏庸大相径庭，且难以忍受朝中阴暗晦涩之风；但其心毕竟忠顺，所以有流连不去，直言劝谏之忧。六四爻在做出正确抉择之后，应当机立断，远离是非之地，切不可对上六爻心怀期待，保持愚忠，妄想以逆耳之忠言打动昏君。须知昏君之耳，善言难进，若贻误了遁避的良机，劝谏不成，恐反为朝中小人所陷害，为自己招致杀身之祸。

【经文+传文】

　　六五　箕子之明夷：利贞。

《象》曰："箕子"之"贞"，"明"不可息也。

【译文】

　　六五　像箕子一样处于光明殒伤之时，守贞则有利。

　　《象传》说：箕子是正直的，他的光明是不可熄灭的。

【爻意分析】

　　六五爻身为阴爻，居于上卦之中位，临近昏君上六爻，身在险地，危如临渊。

爻辞中道"箕子之明夷，利贞"，意为
六五爻应当如箕子一般隐藏自身的智慧与
真实心意，这样才能保证自身的安全。

六五爻在昏君身边，如同陷入隐蔽晦
暗之中难以自拔，但其居身得正，又能持
守中道，不会受黑暗的浊流所污染，被逼
无奈，只得效法当年纣王身边的智者箕子，
佯装疯癫掩饰自己真实的志向，既未丢失
德行，又在危险之地保全了自己的性命，
此举虽然是为情势所迫而作出的，却也是
机智之举，是有利于自身的选择。

此爻表现了箕子在国政昏暗之时坚贞守正的风骨。

【可断结果】

六五阴爻身居外卦之正位，与六二阴爻正应却因同为阴爻而不相合，其位端
正，但本身不当阴爻居尊位而行柔顺之道，犹如乱世之中昏君身侧的忠臣良将，处
境艰难，岌岌可危，因此爻辞中以箕子做喻。

六五爻身处尴尬之境地，上下有失辅助，内外无人见谅，忠君招致自辱，远离
义所不容，因临近上六，所以期望自己有感于上六，宁可在江山将倾之际留在君主
身边行劝导之责，在明白凭借自身劝醒君主之昏庸，是力不能及之事后，以柔为
用，佯装疯癫，安守心中贞正，不避凶险不辞艰苦，持节不二。六五因恪守臣子之
道，不离上六，为自保而甘心自辱，至诚至信，自然不会有不利的事情发生。

【经文+传文】

上六　不明，晦，初登于天，后入于地。

《象》曰："初登于天"，照四国也；"后入于地"，失则也。

【译文】

上六　天色不明，昏暗一片，（太阳）先是升空，后来落地。

《象传》说："初登于天"，是说君子德耀四方；"后入于地"，这是说君子失掉
了准则了。

【爻意分析】

上六爻是明夷卦中的终极之爻，身为阴爻，又处于阴霾之顶点，犹如一位至高
无上，却昏庸不明的君主。爻辞中道"不明晦，初登于天，后入于地"，意为上六
爻不明而晦，最初升上了天空，但其毫无德行，难以光照天下，最终坠入地下。

六五爻辞以箕子为喻，而上六爻则与纣王无别，其位于明夷卦之君主之位，自
身的明亮却完全为阴郁所遮盖。上六与本卦九三阳爻相对应，得到九三之阳明的照
耀，本有初明之象，但是无奈上六已经位于终极之位，运尽而时退，反射的九三之

明亮转眼即灭，变得昏暗不清。上六爻承受祖先基业之初原本想做个明智君主，最终却贪恋享乐，变得愚昧昏庸。其行为自伤其明，是最终导致其从天上落入地下的原因。

【可断结果】

上六爻辞中的登天，为登基称帝君临天下之意，入地为亡国失位之意，上六爻身为阴爻，处于极位，不但以阴自伤，且以阴伤人。用自身阴郁遮蔽天下，致使其下的五爻皆受到了伤害。

上六昏庸无能，贪恋享乐物欲，宠信满口甜言媚语的小人，残害忠诚的贤臣志士，最终自毁长城，尽失民心，背离中正仁和正道，也失却了为人君主之道，所施行的暴虐之政，最终导致自己遭遇亡国丧身的厄运。

家人卦

风火家人
（下离上巽）

【家人卦导读】

卦象：下离上巽，为风自火出之象。卦德：下卦为离为明，上卦为巽为入。
全卦讲了治家之道及家与社会风化之关系。

卦辞

【经文+传文】

《家人》 利女贞。

《彖》曰：《家人》，女正位乎内，男正位乎外，男女正，天地之大义也。家人有严君焉，父母之谓也。父父，子子，兄兄，弟弟，夫夫，妇妇，而家道正。正家而天下定矣。

《象》曰：风自火出①，《家人》。君子以言有物而行有恒。

【注解】

①风自火出：《家人》卦下离上巽，巽是风，离是火，所以说"风自火出"。风象征德教，火象征明察，德教的普及、明察的成长，都对君子的言行提出了要求，所以以下文说"君子以言有物而行有恒"。

【译文】

《家人卦》象征一家人：女子守持贞固有利。

《象传》说：《家人》卦的象征是，女子在家居正位守正道，男子在外居正位守正道，男女各守其位，这就是天地阴阳的大义。家中有严明的君长，这就是父和母。如果父有父样，子有子样，兄有兄样，弟有弟样，夫有夫样，妇有妇样，家道就端正了。家道端正了，天下也就定了。

《象传》说：风从火中出来，这就是《家人》卦的象征。君子取法《家人》卦言之有物，恒心办事。

古人认为，家内之事中，女子是主要因素，女子能守妇道，守持正固，家庭自然能和乐，万事俱兴。

爻辞

【经文+传文】

初九　闲有家①：悔亡。

《象》曰："闲有家"，志未变也。

【注解】

①闲：防范。

【译文】

初九　在家之初即防范邪恶，保有其家：悔恨消失。

《象传》说：在家多加防范——这是说在家人思想尚未产生变化的时候预先防范。

【爻意分析】

家人卦以家人相处及治家之道为要义。初九爻身为阳爻，居于阳位，又处于家人卦最初，象征治家之道伊始。爻辞中写道："闲有家，悔亡。""闲"的意思是防范与阻止。"闲"字外有门而内有木，意为门户严谨，经过了加固与防护，说明主家之人的防范意识很强，事事考虑周全，预先准备，所以没有后悔的事情发生。

【可断结果】

初九爻中坚自守，阳气旺盛，象征着家人卦最初时已经家规森然，家中上下各有所守，安定和睦。初九爻阳刚在内，能恪守贞正，心中澄明。家道贵在善于防范，规矩严明，内不起纷争，外不惹祸患。父母兄弟尊卑有序，各司其职，夫妇间互相敬爱，兄弟间互相恭让，便是家道的中正。

但是，初九爻阳气刚猛，乃是易变易动之爻，虽然目前坚固贞守，但是需提防其志有变，受六二爻与六四爻两阴爻的诱惑，因而情动性迷，导致家中有外力冲击，做出败坏家风之事，令自己悔之不及。

【经文+传文】

六二　无攸遂，在中馈：贞吉。

《象》曰："六二"之"吉"，顺以巽也。

【译文】

六二　女子不用外出，不自作主张，在家打理家务：守持贞固，吉祥。

《象传》说：六二说"吉"——这是因为君子柔顺谦逊。

【爻意分析】

六二身为阴爻而居阴位，乃是重阴之爻，处于下卦之中，其性阴柔恭顺，居中守正，在家人卦中如同一位尽职尽责，治家有方的主妇。爻辞中道"无攸遂，在中馈：贞吉"，意为六二爻言行谨慎，不随意外出，其心全放在如何主持料理家中饮食起居等事宜上面，在占卜中，六二爻的行为预示吉祥。

【可断结果】

六二爻处于内卦之中，贞正自守，且能顺应一家之主九五爻，阴柔顺从阳刚，妻子顺从丈夫，家中和睦，为家人卦之大用，自然兴旺吉祥。主妇职责极为琐碎，家中一应用度都由主妇协调管理，若想家中供给适度，支出不虚，主妇就必须事无巨细，亲自操持，善于分配。这样才能上下愉悦，人人饱足。若是安于享乐，将家中事务转委他人，只顾自身舒适，自弃主妇之权，而听任别人浪费，那么其家道必定中落，所以主妇恪尽职守才能使家中安乐和谐。

【经文+传文】

九三　家人嗃嗃：悔，厉，吉；妇子嘻嘻：终吝。

《象》曰："家人嗃嗃"，未失也；"妇子嘻嘻"，失家节也。

【译文】

九三　家人因治家严格而嗷嗷叫苦：有悔恨，有危险，终获吉祥；家人嘻哈作乐：（起初亨通）终变艰难。

《象传》说："家人嗃嗃"，是说家人没有过失；"妇子嘻嘻"，这是说家中失去了家规。

【爻意分析】

九三爻身为阳爻而居于阳位，居于下卦之极位，阳气刚猛，身虽得正却并未居中，有身为一家之长，治家过为严格之象。爻辞中道"家人嗃嗃：悔厉，吉；妇子嘻嘻：终吝"，意为九三爻对家人态度严格，经常大声训斥，致使家人整日惴惴不安，暗中发出哀怨之声，这样的苛责会导致家中成员产生逆反情绪，九三爻若不及时调整，是很危险的，会发生令自己后悔的事情，只要掌握好分寸与尺度，还是会得到吉祥的。

【可断结果】

治家之道如同治国，过为严格与过为宽松都不适宜。家道过于严厉，致使家人整日谨小慎微，情感渐渐疏离，有威严而无亲近，于天伦之乐有损，于夫妻之情有伤。家中失去和乐，怨愤滋生，有骨肉分离的危险，那么此种治家之道是有悖人伦天性的，并不值得推崇。

转回头说，若是治家太过宽松，一任家中上下随心所欲，为所欲为，自然也是极为不适宜的，那样九三爻便有失职无能之过，枉为一家的持掌者。所以合格的家长应当先自修其身，自省己德，掌握治家的尺度，以阳刚谨肃来制定家规，以亲切中和来料理事务，这样才能父慈子孝，夫妻敬爱，家道昌盛。

【经文+传文】

六四　富家：大吉。

《象》曰："富家大吉"，顺在位也。

【译文】

　　九四　能使家里富裕起来，大吉。

　　《象传》说："富家大吉"，是因为君子能行柔顺之道，又地位得当。

【爻意分析】

六四爻指出女子的另外一个责任是殷富其家。

　　六四爻阴居阴位，且居身得正，谦顺恭和，上承九五阳爻，下应初九阳爻，既得辅助又有协同。爻辞中道"富家，大吉"，意为六四爻居位当正，处事得体，能够使家庭富裕，十分吉祥。

【可断结果】

　　古人认为，在一个家庭中，父亲要在各个方面起到表率和教化作用，母亲则应负责一家日常的饮食供养。勤俭持家，善于打理家务，一个家庭就能够日渐富裕，且六四以阴居柔，得正，家人能够理解她的苦心，从而没有怨恨。

　　周易之中向来以阳为富庶，阴为贫困，但家人卦之六四爻却一反常规，以重阴为富裕，皆因六四爻身在家人卦之中。此卦以妻子在内持家为重，六二爻与六四爻皆为中正贞守的阴爻，在家人卦中代表贤惠的女子。六二爻能操持家中饮食，而六四爻善于管理财产，家中一切内务都被打理得有条不紊，既有增进又有固守，上下和睦其乐融融，因此能够得到吉祥富裕。

【经文+传文】

九五　王假有家，勿恤，吉。

《象》曰："王假有家"，交相爱也。

【译文】

九五　君王用大道美德感格众人，不用忧虑，吉祥。

《象传》说："王假有家"，是说一家人交相爱睦。

【爻意分析】

九五爻身为阳爻，居于上卦之中，为家人卦的尊爻，如同家中的家长。九五爻刚正中和，宽严并济，治家有方，是最善于治家的人。自古以来，君王欲治国平天下，必自齐家做起。

【可断结果】

九五爻自身安守贞正，行事中和，言行不虚，志向高洁，以自身的美德和模范行为来教化家人，因而家人亲爱而和睦。

【经文+传文】

上九　有孚，威如：终吉。

《象》曰："威如"之"吉"，反身之谓也。

【译文】

上九　有诚信，威严治家，终获吉祥。

《象传》说：办事威严是吉祥的——这是因为君子能反省自己。

【爻意分析】

上九爻位于家人卦的终极。阳爻居于阴位，如同家中有威信的长者，说明上九爻德性厚重，受后辈儿孙的尊重与敬慕。爻辞中道"有孚，威如：终吉"，意为上九爻注重诚信与德行，平时的言谈举止和对晚辈的教导中都充满了威严。这并不是严厉，而是自身行端表正，自我要求很高。这种作法是令众人敬佩服从的原因，所以最终会获得吉祥。

【可断结果】

上九爻居于一家人之上，受到众爻的尊重爱戴。这种威严绝非以强硬的管制得来的，而是因为经常自修其身，以自身作为一家的表率与规则而得的。晚辈信服，因而争相效仿。上九处于本卦之终，意为家人卦之大道已成，家中上下老幼，各司其职，同心协力保持家道丰盈使其不败落。

睽 卦

火泽睽
（下兑上离）

【睽卦导读】

　　卦象：下兑上离，为泽与火互相分离之象。卦德：下卦为兑为悦，上卦为离为明。全卦揭示了相互睽背的事物的分合规律。

卦辞

【经文+传文】

　　《睽》　小事吉。

　　《彖》曰：《睽》，火动而上，泽动而下；二女同居，其志不同行。说而丽乎明，柔进而上行，得中而应乎刚，是以"小事吉"。天地睽而其事同也，男女睽而其志通也，万物睽而其事类也。睽之时用大矣哉！

　　《象》曰：上火下泽①，《睽》。君子以同而异。

【注解】

①上火下泽：《睽》卦下兑上离，离是火，兑是泽，所以说"上火下泽"。火和泽同中有异，异中有同，分析异同才能掌握事物，所以下文说"君子以同而异"。

【译文】

　　《睽》象征睽违背离：小心处事吉祥。

　　《彖传》说：《睽》卦的背离违逆的象征是，火苗朝上，泽流朝下；二女同居，心思不同。和悦地附丽于光明，柔顺地上进，居位中正而得阳

兑卦上爻为阴，称为少女；离卦中爻为阴，称为中女，二爻共处睽卦而志在各自成家。

刚相应，所以说"小事吉"。天地上下背离但却在同做生成万物之事，男女阴阳有别却能心意相通，万物各异却能道理暗合。《睽》卦这种异同共存道理的作用真是大啊！

　　《象传》说：上火下泽，这就是《睽》卦的象征。君子取法《睽》卦，掌握同中有异、异中有同的道理。

爻辞

【经文+传文】

　　初九　悔亡；丧马，勿逐，自复；见恶人，无咎。

　　《象》曰："见恶人"，以辟咎也。

【译文】

　　初九　没有发生令自己后悔的事情。马匹丢失了就不要追赶，少顷它自己会找回家来；遇到了恶人，以礼相待，自身没有错咎。

　　《象传》说："见恶人"——这是为了避免矛盾激化的祸害。

【爻意分析】

　　初九爻身为阳爻居于阳位，阳气刚猛，躁然好动，容易做出令自己后悔的冒失行为。爻辞中道"悔亡；丧马，勿逐，自复；见恶人，无咎"，意思是，初九爻重阳在下，志在上升，其心跃跃欲试，难以按捺，此时能令其生悔的根源便已经出现，所幸初九一爻初始，与人之间的冲突尚浅，造不成大的错咎，所以即便心中有悔，也很快就能消失。初九处于睽卦之初，其睽还不深，其马走失了，若刻意追赶，只会令马越跑越远。初九不失其位，原地等待，走失的马迟早能够走回，因为初九爻阳气刚猛，不染阴郁，刚爻在位，不会有失，即便失去，也能很快再得。

　　而初九爻遇到自己并不想看见的恶人，也不可刻意回避躲闪，以免激起恶人的愤恨，令其恼羞成怒，对初九生出伤害之心，只要从容应对，以礼待之，令其毫无怨尤，便可保证自身的安全，是无咎之举。

【可断结果】

　　此处的恶人所指为与初九爻意见不合，举止对立的九四爻。初九地位卑下，却生性好动，而九四与初九因同为阳爻而无法相应，所以初九爻去路被阻了。初九意气风发，积极进取，所以身处逆境而不需忧虑，犹如一个初入社会的少年，阳光开朗，心中满是喜悦而没有怨恨，遇人无论善恶都会以礼相待，自然能够趋吉避凶，逢凶化吉。

【经文+传文】

　　九二　遇主于巷：无咎。

　　《象》曰："遇主于巷"，未失道也。

【译文】

　　九二　小巷里撞见主人：无咎害。

《象传》说："遇主于巷"，是说没有迷失正道。

【爻意分析】

睽卦之九二爻为居于阴位的阳爻，居于中位，象征其能安守中正之道。爻辞中道"遇主于巷，无咎"，意为在巷子里偶遇主人，没有错咎。九二爻与尊爻六五正向应和，如同阳刚的贤臣与阴柔的明君志同道合，但迫于形势，无法登堂入殿觐见君主，只得相见于陋巷之中。但九二爻并未因环境的改变而对六五爻有任何失礼之处，所以其行为毫无错咎。

【可断结果】

六五与九二都是居中之爻，贞正中和之道未失，刚柔得以相应。陋巷原非遇主之地，而九二与六五在此间遇到而没有错咎，乃是因为彼此安守中正，德行无失，虽乘睽之变，却并未悖离正道，所以刚柔可以相互应和，内外能够协助。

九二爻之与主人相遇在陋巷，并非寻常偶遇，此主人指的是六五阴爻。九二为居阴的阳爻，而六五在尊位却是居阳位的阴爻，两者都居身不正，刚柔不济，处境不甚安稳。相见在殿宇之外的小巷，可见当时事发突然，情非得已。仓促之中，九二与六五之间君臣之礼难以周全，情感心意无法表达清楚，难免造成彼此的诸多误会与猜忌，所以此次的见面，恐怕难当大用。

【经文+传文】

 六三　见舆曳，其牛掣，其人天且劓：无初有终。

《象》曰："见舆曳"，位不当也；"无初有终"，遇刚。

【译文】

六三　路上见到一辆大车被拖拽难行，牛受牵制也无法前进，车夫是受过刺额和割鼻的刑罚的人：事情开局不妙，但会有好的结果。

《象传》说："见舆曳"，是说六三地位失当；"无初有终"，是因为六三遇上了阳刚。

【爻意分析】

六三爻乃是居于阳位的阴爻，虽然与上九阳爻正应，但是因为其居身不正，为阴柔者，才能低微却居于要位，行动遭受阻滞，难以与上九应和，且六三身为阴爻，不宜妄动，却因处于刚位强要行动，所以必定遭受艰险。

爻辞中写道："见舆曳，其牛掣，其人天且劓：无初有终。""舆"与"牛"都是前行的辅助工具，六三爻在行动的路上看见有牛艰难地拉着大车行走，牛并不顺从赶车人的驾驭，而车的上的人因为遭受刑罚而没有了鼻子；六三爻在行进的路上最初艰阻重重，但是后来得到了好的结局。

【可断结果】

六三爻初行所见的异状，预示其行动的艰难。六三处于阳位，志在上升，执意上行，欲与上九爻应和，但行进途中遭受九四阳爻阻挡，且自身位于九二阳爻之

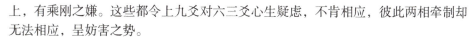

上，有乘刚之嫌。这些都令上九爻对六三爻心生疑虑，不肯相应，彼此两相牵制却无法相应，呈妨害之势。

六三单凭一己之力难以达到目的，原本应当遇到危险且有错咎，但爻辞中却道："无初有终。"在周易中，往往没有善始则难有善终，甚至有了善始都无法保证能得善终，何况如六三这样在行进之初就一片混乱，蒙昧不清。

六三爻之所以能得到好的结果，原因中至关重要的一点是与其正应的是本卦的上九爻。上九爻位于睽卦终结之位，恰应了分久必合之说，逆反分离到了极点，转而变成迎合。上九爻眼见六三爻明知不可为而为之，被其诚挚与坚定所打动，心中疑虑消除，俯身相应，因此而解了六三爻被困之难，六二本身意志坚决，再加上上九爻的的帮助，故得以顺利到达终点。

【经文+传文】

九四　睽孤，遇元夫，交孚，厉，无咎。

《象》曰："交孚无咎"，志行也。

【译文】

九四　在背离、孤独之时与阳刚大丈夫遇合，两人彼此互信：有风险，终获无害。《象传》说："交孚无咎"，是说君子求志同道合者的愿望是可以实现的了。

【爻意分析】

九四爻阳居阴位，上下皆为阴爻，有被阴郁遮蔽，孤立无援之象。爻辞中道"睽孤，遇元夫，交孚，厉无咎"，意为九四爻原本处于与众人分离，独自一人的境遇，但遇到了一位志同道合的朋友，与其交往虽然会有危险，但是不会有错咎。

【可断结果】

九四爻虽是阳刚之爻，但是身居阴位，而沾染阴郁之气，所以自身桀骜不驯，孤僻无友，上下失援，处于危厉不安之中，容易招致错咎。但九四毕竟是阳刚之爻，其心中贞正的德行未失，所以能即时醒悟。此时应当审时度势，身处逆境更应结交朋友，所以与初九求和，两人心思一致，志趣相投，结伴而行，相互扶助，自然能够躲避灾厄，远离错咎。

【经文+传文】

六五　悔亡。厥宗噬肤，往何咎？

《象》曰："厥宗噬肤"，往有庆也。

【译文】

　　六五　悔恨消失。与它相应的宗亲像咬噬柔嫩皮肤一样和顺应合，哪会有什么祸害呢？

　　《象传》说：其宗亲如咬噬柔嫩的皮肤一样和顺地应合——前去将得福庆。

【爻意分析】

　　六五爻是居于阳位的阴爻，居身不当却处于尊位，是阴柔孱弱的君主。爻辞中道"悔亡。厥宗噬肤，往何咎？"意为没有后悔之事，六五爻自身柔弱，但是与九二阳爻正相应和，阴阳互济，大有辅助。六五虽是弱君，但是身边有九二这样的强臣辅佐保护，困扰也就迎刃而解了，没有错咎与灾祸。

【可断结果】

　　六五爻身为阴爻而得尊位，以柔乘刚，本来应当有悔，但是因为居上卦中位，又得九二爻相应，能协助自身，使自己德行不失，得免错咎。

【经文+传文】

　　上九　睽孤，见豕负涂，载鬼一车，先张之弧，后说之弧，匪寇，婚媾，往遇雨则吉。

　　《象》曰："遇雨"之"吉"，群疑亡也。

【译文】

　　上九　背离孤独之时，看见猪背着污泥在跑，一辆车上载着一堆鬼怪一样奇形怪状的人，他张弓想射，后来放下弓了，原来他们不是抢劫的，是求婚的，前去求婚时遇雨吉祥。

　　《象传》说：求婚遇雨是吉祥的——这时众人的猜疑都消失了。

先张之弧，后说之弧，匪寇，婚媾。

【爻意分析】

　　上九爻是睽卦的终极之爻，阳爻居于极位，预示上九阳刚到了极点，暴躁乖张，目空一切，且疑心深重。上九爻与六三爻本为正应，但因上九爻对六三心存疑虑，两爻难以应和，以至于六三爻奋力上行与上九接应。爻辞中道"睽孤，见豕负涂，载鬼一车，先张之弧，后脱之弧，匪寇婚媾，往遇雨则吉"，意思是在孤独偏执的上九爻眼里，迎面而来的六三爻，形容猥琐，如同一头浑身沾满泥浆的猪，赶着载满鬼怪一般奇形怪状的大车前行，上九见后心中惊惧，于是拉弓搭箭准备射向六三，此时上九爻的虚妄疑心已经到了最高点，物极必反，心中忽然由暴躁转为平和，于是定睛再看，才看清楚赶车前来的并非负泥之猪，而车上也没有鬼怪，来人满脸诚挚，不像是匪寇歹人，而是为了婚约而来的六三，上九放下戒备，心中顿感轻松，如同一场积郁已久的雨终于下了，上九与六三尽释嫌隙，阴阳得以互济，得到吉祥。

【可断结果】

上九处于穷极的境遇之中，又是重刚之身，难免思想偏激，暴虐多疑，孑然一身时间长了，难以对人再有信任。但是睽卦之要义在于，分离之中有聚合，违逆之中有顺从，悖离之中有中正，于是上九极中生反，其所有的疑虑担心在见到六三的一刻已全部消除，戒备之心瓦解，成了毫无阴晦的纯阳，最终得到吉祥。

蹇 卦

水山蹇
（下艮上坎）

【蹇卦导读】

卦象：下艮上坎，为水流山上之象。卦德：下卦为艮为止，上卦为坎为险。全卦揭示处于险阻逆境时既要见险知所止，而又能知进的道理。

卦辞

【经文+传文】

《蹇》 利西南，不利东北；利见大人，贞吉。

《彖》曰：蹇，难也，险在前也。见险而能止。知矣哉。蹇"利西南"，往得中也。"不利东北"，其道穷也。"利见大人"，往有功也。当位"贞吉"，以正邦也。蹇之时，用大矣哉。

《象》曰：山上有水①，《蹇》。君子以反身修德。

【注解】

①山上有水：《蹇》卦下艮上坎，坎是水，艮是山，所以说"山上有水"。山象征贤人，水象征美德，美德源自修养，所以下文说"君子以反身修德"。

【译文】

《蹇卦》象征行走艰难：往西南去有利，往东北去不利；见大人有利，守持正固吉祥。

《彖传》说：《蹇》，指艰难，危险在前，遇见危险就止步，明智啊！《蹇》卦说，"利西南"——往西南去是合乎正道的；"不利东北"——东北是死路一条；"利见大人"，这是说前往有收获。君子地位得当，中正吉祥，足以安邦定国。《蹇》卦这种灵活应对艰险的道理的作用真大啊！

《象传》说：山上有水，这就是《蹇》卦的象征。君子取法《蹇》卦反省自我，修养道德。

《蹇卦》象征行走艰难。

爻辞

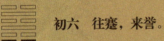

初六　往蹇，来誉。

《象》曰："往蹇来誉"，宜待也。

【译文】

初六　去时艰难，回时得到荣誉。

《象传》说：如果往前行走，就会很艰难，如果回来就会获得赞誉——这时君子宜等待时机。

【爻意分析】

初六是蹇卦的初始之爻，阴居低位，不宜擅动，动则有险。爻辞中写道："往蹇，来誉。""往"为向上前进，"来"为后退不前，意为前进的途中会遇到险难，若退回来就会得到荣誉。初六爻身为初爻，地位卑微，又是阴柔之身，能力微薄，所以宜静不宜动，宜守不宜进，若贸然躁进，就会使自己更加深入"蹇"中。爻辞中让初六爻静守并非任其久居"蹇"中，而是让其静待时机，顺应天时，再有所举措。

【可断结果】

周易之中，所有卦都遵循由下而上的原则，而所有的爻都以阳爻升起阴爻下降为顺境，阴爻上升阳爻下降为逆途。蹇卦之初六爻，身为阴爻，柔顺在下，其时数应当上行，但进则为逆途，其艰难可想而知，所以应当顺势应时，弃上行而甘心在下，改进取为固守。这样就会反逆为顺，避开厉害。这是君子自知德行不够原地自守修身养德之举，自然会得到赞誉。

【经文+传文】

六二　王臣蹇蹇，匪躬之故。

《象》曰："王臣蹇蹇"，终无尤也。

【译文】

六二　君主的臣子处困境十分艰难，不是他谋于自身所致。

《象传》说：六二说大臣忠心耿耿地奔走于艰难之中——结果终无过错。

【爻意分析】

六二爻是居于阴位的阴爻，居身得正，又与本卦之尊爻九五正向应和，如同一位正直恭顺的臣子，对待君主一片忠心。爻辞中道"王臣蹇蹇，匪躬之故"，意为君王的臣子六二爻处境十分艰难，但是其身处险境并不是为了自身的利益，而是为了解救君主之难，其情可嘉，所以爻辞中没有吉凶之论，因为六二爻之举乃是出于贞正忠诚，无论成败都没有错咎。

【可断结果】

六二爻谨守为人臣子之道，安守其职，途中因公遇险，虽然遭受祸难，却能免于其罪，毫无咎责，皆因六二爻在救护君主的过程之中忠心耿耿，节操高洁；而且这些蹇难并非因六二爻而起，所以无论结果怎样，六二都不必承担罪责。

【经文+传文】

九三　往蹇，来反。

《象》曰："往蹇来反"，内喜之也。

【译文】

九三　去时艰难，回时返归原所。

《象传》说：去时艰难，回时返归原所——九三心里满意这次出行。

【爻意分析】

九三爻是下卦之终爻，身为阳爻而居于阳位，乃是重刚纯阳，居身得正，与上六爻正向应和，但是上六阴柔无力，又身处终极之位，毫无作为，所以难以对九三爻施以援手，九三爻呈孤立之势。爻辞中道"往蹇，来反"，意为九三在前行途中遇到很多艰难险阻，于是原路退返回来。

九三爻前行途中遇险，审时度势，知难而返，不做毫无意义的冒险。这是君子的明智之举，会得到属下与同伴的认可与赞扬。

【可断结果】

九三爻之"往蹇来反"是以刚就柔。九三爻身为重刚之爻，本来志在上升，却因蹇难在前，生出畏惧之心，原路而返。在内卦之中，六二与初六皆与九三亲近，九三爻亦大有俯就之势，九三爻上行之志因此而削弱了。喜欢安乐，厌恶危险，眷恋亲情，怯惧远行，乃是人之常情，况且九三爻眼见前方艰险重重，危及自身安全，自然会选择退而自守。此举既使九三免于犯险，更能使之与初六和六二亲近，九三爻心中对这个决定是充满喜悦的。

【经文+传文】

 　　六四　往蹇，来连。

　　《象》曰："往蹇来连"，当位实也。

【译文】

　　六四　去时艰难，回时又与九三等爻相联合。

　　《象传》说：往前行走艰难，归来与九三各爻联合，是说君子地位得当，从而具有实力。

【爻意分析】

　　六四爻身为阴爻而居于阴位，重阴之身，居身得正。六四位于上卦之始，已经有出蹇之势，只是自身是阴爻，与之正应的初六同为阴爻，两爻无法阴阳济和，没有协助。六四自身柔弱又没有阳爻的帮助，前行路上危险众多，以其自身之力，难以排除。爻辞中道"往蹇，来连"，意思是，前面路途面临难以处置的危险，折返回来与下面的九三爻接洽联合。

【可断结果】

　　六四爻居于君主九五身侧，所居乃是近险之地，难免心怀惴惴，其拥重阴之身，喜欢亲近阳刚，所以有返身与九三相联合之举。两爻阴阳相协，成既济之势。

【经文+传文】

　　　　九五　大蹇，朋来。

　　《象》曰："大蹇朋来"，以中节也。

【译文】

　　九五　碰上大难，朋友们纷纷来归相助。

　　《象传》说："大蹇朋来"，是因为君子节操中正。

【爻意分析】

　　九五爻是本卦的尊爻，如同一国的君主，身为阳爻而居于阳位，居身得正，刚猛中正。爻辞中道"大蹇，朋来"，意为君主九五身处蹇卦的大难之中，十分危险，但因其自身德行昭然，能安守中正，所以必定会有忠心的臣子前来解救其难。

【可断结果】

　　爻辞中所指的"朋"为与其正向应和的阴爻六二，两爻相辅相成，一如明君，一如贤臣，同心同德，共当国难，九五之难自当化解。

【经文+传文】

上六 往蹇，来硕：吉；利见大人。

《象》曰："往蹇来硕"，志在内也；"利见大人"，以从贵也。

【译文】

上六 去时艰难，回时有大成绩：吉祥；见大人有利。

《象传》说："往蹇来硕"，是因为君子壮志在心；"利见大人"，是因为君子能追随贵人。

上六返身救主，建立功勋，成就功名，所以十分吉祥。

【爻意分析】

上六爻居于极位，面临无路可走之险，所以应当及时回头。上六返回之后依附九五爻，如同臣子辅助君王，而九五爻正是上六爻辞中的大人，上六会因追随九五而得到功名利益。

【可断结果】

上六爻位于蹇卦之极位，继续前行会遇到艰难险阻，退回来收获甚大，十分吉祥。跟从在地位尊贵能力强大的人身边，对自身大有裨益。

解 卦

雷水解
（下坎上震）

【解卦导读】

卦象：下坎上震，为雷霆震动于天，坎水落地为雨之象。卦德：下卦为坎为险，上卦为震为动。

全卦说明君子如何舒解险艰及解决小人问题。

卦辞

【经文+传文】

《解》 利西南；无所往，其来复吉；有攸往，夙吉。

《象》曰：《解》，险以动，动而免乎险，《解》。《解》"利西南"，往得众也；"其来复吉"，乃得中也；"有攸往夙吉"，往有功也。天地解而雷雨作，雷雨作而百果草木皆甲坼。《解》之时大矣哉！

《象》曰：雷雨作^①，《解》。君子以赦过宥罪。

【注解】

①雷雨作：《解》卦下坎上震，震是雷，坎是水，所以说"雷雨作"。雷象征刑罚，雨象征恩泽，治民宜少用刑罚，多施恩泽，所以下文说"君子以赦过宥罪"（宥：宽恕）。

【译文】

《解卦》象征艰难得到缓解：往西南去有利；没有外出无须缓解，从外返回，吉祥；前往时，早上出去吉祥。

《象传》说：《解》卦的象征是，君子在危险中行动，通过行动脱险了，所以卦名叫"解"。《解》卦说，"利西南"，是因

《解》卦象征艰难得到缓解：往西南去有利；从外返回，吉祥；前往时，早上出去吉祥。

为前往会得众人帮助；"其来复吉"，是因为君子中正；"有攸往夙吉"，是说前往有收获。天地解冻而雷雨大作，雷雨大作而草木抽芽。《解》卦这种适时解放的道理真是大啊！

《象传》说：雷雨大作，这就是《解》卦的象征。君子取法《解》卦，赦免和宽容人们的过失罪恶。

爻辞

 初六　无咎。

《象》曰：刚柔之际，义"无咎"也。

【译文】

初六　（险难初解）无咎害。

《象传》说：刚柔相济之时，该是无害的。

【爻意分析】

初六爻是阴爻，是解卦的初始之爻，居于阳位，又与九四阳爻正相应和，柔顺谦恭，安于卑下，静守贞和。爻辞中道"无咎"，意为，初六爻与九四阴阳互济，

刚柔协和，毫无错咎。

【可断结果】

初六爻自身柔弱，且位置低下。下卦为坎，坎为险难，初六爻身在艰险边缘处，且居于奇位，处境困难，稍有不慎便会陷入艰险之中，难以自拔。所幸其上有九二与九四两个阳爻可以仰仗，初六爻恭顺柔弱，与九二爻相合，又与九四爻相应，因此得到了阳刚的扶助保护，得以远离灾祸，趋吉避凶。

【经文+传文】

九二　田获三狐，得黄矢：贞吉。

《象》曰：九二"贞吉"，得中道也。

【译文】

九二　猎得几匹狐狸，捡到铜箭头：坚守正固可得吉祥。

《象传》说：九二说，正直是吉祥的——这是因为合乎中道。

【爻意分析】

九二爻身为阳爻而居阴位，处于下卦之中，居身得正。下卦为坎，九二爻正处于坎中，有陷落之象。所幸九二与本卦尊爻六五正向应和，又与九四阳爻交好，与六五阴阳相济，与九四两刚互助，得以脱离坎险，反陷为升。爻辞中道"田获三狐，得黄矢：贞吉"，意为九二爻在打猎中猎获几只狐狸，并且从狐狸的身上得到了黄色的箭头，这是吉祥的预兆。

【可断结果】

九二爻是中正之才，国家栋梁，又与君王六五亲近，其阳明足可照耀六五。朝廷中有九二之刚猛震慑，小人纷纷忌惮退避。但天下之危难皆由小人而起，身为君子的九二深知此理，所以不容其遁避，势必将小人除之才能安心，于是狩猎射狐，其所射之狐狸所喻指小人。九二爻清君侧，消祸患，功绩卓著，皆因其是持守中道的君子，中能致和，和能生解，能将灾祸迎刃而解。

【经文+传文】

六三　负且乘，致寇至：贞吝。

《象》曰："负且乘"，亦可丑也，自我致戎①，又谁咎也？

【注解】

①戎：指强盗。

【译文】

　　六三　背着东西去坐车，招致强盗来抢；坚贞守正以防事情艰难。

　　《象传》说：背着东西坐车，这是可笑的，自己招来了寇盗，又能怪谁呢？

【爻意分析】

　　六三为居于阳位的阴爻，居位不当，有阴柔小人窃居君子之位的嫌疑。爻辞中道"负且乘，致寇至：贞吝"，意思是六三爻身份卑微，原本不应当坐在贵人才能乘坐的车辇中，却因为自身负着重物，不愿耗费力气，而混入车中，以至于招来了匪盗，有所损失，带来悔恨。六三此举令人不齿，其咎自招，无可怨尤。

【可断结果】

　　六三爻因贞固得吝者，皆因其所守的并非正道，乃是物欲之贪。六三爻因身上背负重物，不胜其累，越权乘车，招致祸端与非议。

　　六三乃是坎上之爻，阴柔失正，以致于行为偏颇，做出负物乘车这样的不伦不类之举。负物是不辞辛苦，乘车是想以逸待劳，两种思想悖逆。六三所负之物是钱财，所以亲身背负，却又不甘心奔波劳累，所以乘车而行，此举难免令强盗心中猜测，追求享乐的六三爻手中的钱财乃是不劳而获的不义之财，进而生出抢夺之心。失正者难守，不义之财难保，六三爻之咎在于其德行浅薄，举止不当，贪利忘义，徇私忘志，因而招致损失与羞辱。

【经文+传文】

　　　　九四　解而拇，朋至斯孚。

　　《象》曰："解而拇"，未当位也。

【译文】

　　九四　像解开你的脚一样解脱小人的纠缠，真正的朋友会以诚心与你相应。

　　《象传》说：像解开脚一样解脱小人的纠缠——这说明九四地位尚未妥当。

【爻意分析】

　　九四爻阳居阴位，居身不正。解卦要义在于解除、解脱，驱逐小人。九四爻身为阳爻，便是解卦中的君子，应当祛除小人，亲近君子，因为小人不离开，君子难招致，君子难与小人共处。爻辞中道"解而拇，朋至斯孚"，意为九四爻脚上的拇指被捆绑在一起，应当解开，先解除捆绑，才能正常地与朋友交往。"解而拇"即斥退小人，解脱与阴柔小人的纠葛，那么君子的朋类将接踵而来，诚心相应以共济天下。

【可断结果】

　　九四爻位于上卦的初始，虽然居身在外，却是解卦中的大用之爻；但因为其阳爻之身居阴位，所处的位置不适宜，以阳而行阴，虽然力所能及，但是并不协调，所以当其上升之时，下面有所牵制，所以爻辞中有脚拇指被捆绑一说。

此种束缚所指的是献媚于九四爻的六三爻。六三有失德行，举止不端，顺承九四爻，欲借其阳刚之力向上攀升。九四爻因此难以同与自己正应的初六爻相合。长此以往，其阳明为阴郁所遮蔽，上升之路受到阻滞，且长期与小人为伍，君子不愿来合，对自身有害无益。

【经文+传文】

六五　君子维有解：吉；有孚于小人。

《象》曰："君子有解"，"小人"退也。

【译文】

六五　君子受绑了，又解开了：吉祥；并使小人也相信只有改恶从善才有前途。

《象传》说：君子解脱了，小人退缩了。

【爻意分析】

六五身为阴爻，居于解卦之尊位，柔顺谦恭，能持守中正之道。爻辞中道"君子维有解：吉；有孚于小人"，意思是君子唯有解脱了束缚，才能远离小人得到吉祥。而以诚信感化小人，才能令其不生事端。

六五当毫不犹豫的驱除小人，使小人相信，唯有改邪归正才是唯一出路，如此小人也必定诚心接受教化。

六五爻身为阴爻，与九二阳爻正向应和，但以柔覆刚，其行动难免有所阻滞。六五爻虽有君位却无君威，所以必须借助阳刚臣子的力量统治国家，解除危厄。

【可断结果】

六五爻是阴柔的君主，难免有蒙昧之时，身边往往聚集着善于献媚的小人，如今六五想整治朝纲，清除身边的小人。但因其缺少阳刚之气，没有果断的决策能力，所以转而运用自身的阴柔，以诚信去感化身边的小人。以身作则，言传身教，感化身边的小人，使之弃恶从善，自行退避，此种解法更胜于以强力解除牵制。

此种做法唯有君子才能做到，所以六五爻应当固守心中贞正，修养身心，将朝廷风气整肃得刚正无私，那些小人身在清明之地，卑劣的伎俩自然难以施展，只得自行遁避。

【经文+传文】

上六　公用射隼于高墉之上，获之：无不利。

《象》曰："公用射隼"，以解悖也。

【译文】

上六　王公在高大的城台上用箭射隼，射中了它：没有不利。

《象传》说：王公在高大的城台上用箭射隼——这是说王公的目的是除去悖逆者。

【爻意分析】

上六爻身为阴爻，处于解卦终极之位，有大成之象，爻辞中道"公用射隼于高墉之上，获之：无不利"，意为，王公站在高大的城台上面，以弓箭去射隼，射中之后将其捕获，这种做法毫无不利之处。

上六位高势盛，在君主六五爻之上，位同公卿。上六位于解卦之终极，其解已经到达顶点，必定要有所作为。爻辞中所说的"隼"喻指小人六三爻，上六此时对于这个贪图物欲，一心要居高位的小人，已经厌恶至极。六三爻之恶难以感化，其贪难以消除。这种人留在朝中只能是祸乱的隐患，所以上六爻当机立断，在六三爻趋利上行，飞到自己面前时，出手将其清除。上六的做法乃是消除小人之势，增长君子之势，顺势顺时，所以毫无不利之处。乱臣贼子当道，中正之士自当不惜付出一切代价消灭他们。比如东汉末年，董卓专权，跋扈至极，百姓叫苦不迭，满朝文武大臣敢怒不敢言。司徒王允是个有城府的人，深藏不露。他表面上曲意应承董卓，其实内心里时时都在思索怎样才能除掉这个奸臣。后来，他利用了董卓好色这一弱点，巧施连环计，弄得董卓和吕布这对父子反目成仇，借吕布之手"射"死了这个"隼"。

【可断结果】

上六居于至高之地，地位仅次于六五。爻辞中的"隼"指的是危害国家的小人。高墉尚且无法防范其害，说明小人善于攀升，且诡计多端，已经来到了君主的身边。上六此时位于解卦之终，大器已成，且位高权重，当有所作为，铲除悖逆，以警示天下。

若此时犹豫不决，错过时机，小人羽翼丰满，振翅高飞，其害不再只是内忧，继而演变成外患，局面将更加难以控制，祸患将愈演愈烈。

损 卦

山泽损
（下兑上艮）

【损卦导读】

卦象：下兑上艮，为山下有湖泽之象。卦德：下卦为兑为悦，上卦为艮为止。全卦揭示事物有损有益的规律。

卦辞

【经文+传文】

《损》　有孚，元吉，无咎，可贞，利有攸往；曷之用？二簋可用享。

《彖》曰：《损》，损下益上。其道上行。损而"有孚，元吉，无咎，可贞，利有攸往；曷之用？二簋可用享"，二簋应有时。损刚益柔有时，损益盈虚，与时偕行。

《象》曰：山下有泽①，《损》。君子以惩忿窒欲。

【注解】

①山下有泽：《损》卦下兑上艮，艮是山，兑是泽，所以说"山下有泽"。泽水会侵蚀山根，愤怒和欲望会败坏人心，所以下文说"君子以惩忿窒欲"（惩：克制；窒：阻塞）。

【译文】

《损卦》象征减损：心存诚信，大吉，无害，可以坚守正固，前往有利；减损之道怎样体现？两簋食物就可以用来献祭。

减损虚饰更可以表示出诚敬，只要内心诚敬，那么即使两簋至薄的祭品，也可以用于享祀。

《彖传》说：《损》卦的象征是，减损下面的以增益上面的。这种道理是处于下位者自愿奉献于上位。《损》卦说："有孚，元吉，无咎，可贞，利有攸往；曷之用？二簋可用享。"这是说君子祭祀时只用两簋食物的方法，要因时而用。减损刚强来补充柔弱要因时而用，减损盈满来补充亏空，这些都是与时机相配合而自然进行的。

《象传》说：山下有泽，这就是《损》卦的象征。君子取法《损》卦克制愤怒，节制欲望。

爻辞

【经文+传文】

初九　巳事遄往，无咎，酌损之。

《象》曰："巳事遄往"，尚合志也。

【译文】

初九　祭祀的事要赶快举行，无害，可以酌情减损自身的用度。

《象传》说："巳事遄往"，这是说君子的意志要和上级合拍。

【爻意分析】

损卦之损为减损自身，是指放弃自己部分利益而使双方获利。初九爻位于损卦之初始，阳爻居于阳位，阳气刚猛，居身得正，与本卦六四爻正向应和，呈上升之志，有自损益上之象。

爻辞道"已事遄往，无咎，酌损之"，意为祭祀的事情应提前准备，快速前去，没有错咎，祭祀中的物品可以酌情减少些。

【可断结果】

初九爻上升自损以益六四爻，刚柔相济，上下相得。爻辞中的祭祀一说，便是比喻初九自损做献，甘心约束节俭自身的用度而补充六四爻，其情诚挚，毫无错咎。

但是六四爻生性柔顺，能力低微，对初九爻有依赖之心，初九爻不可施给无度，应当视自己的能力，适当济与；否则过犹不及，不但会对自身造成损伤，对六四爻也没有益处。

【经文+传文】

九二　利贞；征凶；弗损，益之。

《象》曰："九二利贞"，中以为志也。

【译文】

九二　坚守正固有利；出征凶险；不用减损自己就可以施益于上方。

《象传》说："九二利贞"，这是说君子以坚守中道作为自己的心志。

【爻意分析】

九二爻是下卦的中爻，身为阳爻而居于阴位，与尊爻六五正向应和。九二爻自身阴阳平衡，为持守中正的阳刚者；六五爻身为阴爻而居阳位，与九二异曲同工，也有自给自足之象。是以，九二爻不必自损益上。爻辞中写道："利贞；征凶；弗损，益之。"坚守正固有利，出去征战会遇到危险，在征战中不减损自身，就算是有所收益。

【可断结果】

九二出征便是失位，其以柔克刚，失其平衡，不利于贞固，难以得利。九二爻应当以维护刚柔相济、阴阳协和为自身职责，行无为之治。此时九二爻所处已经是最佳的位置与状态，不可轻举妄动。妄动便会导致阳气上亢，违背中道，凶祸自然会降临。

【经文+传文】

六三　三人行则损一人，一人行则得其友。

《象》曰："一人行"，"三"则疑也。

【译文】

六三 三人同行，其中一人会受损；一人独行，就会得到友人。

《象传》说：一人独行能交到朋友，三人同行就产生疑惑。

【爻意分析】

六三爻以柔加刚，有失中之象，与邻居六四爻难以相协互助，反为厉害，如同同行之友各持己见，导致情志不合而分开，所以爻辞中说六三爻的朋友中会有减损。六三虽是阴爻，但是因为居于阳位而导致有前行的愿望，与之应和的是终爻上九。六三爻减损自己之阴去增益上九之阳，得到了上九的信任，顺利与之结为盟友。

【可断结果】

六三爻身在下位，是当损之爻，其与上九虽然不能同德相比，但是阴阳协和。两人为友，三人生疑，其疑心乃是因为无法正向应对而生。阴阳相感相求，两两相对，乃是天地间的平衡，不可有偏，偏则难以有所作为。

三人行，必有所失；单人行，其道寡助；两人行，互惠互济。所以行进时人数众多很容易便会出现阴阳失衡的状况，这种众人契合的关系，并不稳固，会多生猜忌，早晚会因为意见相左而分崩离析。

【经文+传文】

六四 损其疾，使遄有喜：无咎。

《象》曰："损其疾"，亦可"喜"也。

【译文】

六四 病势得到减损，疾病很快就要痊愈，有喜悦，无害。

《象传》说：病情减缓——这是可喜的事。

【爻意分析】

六四爻身为阴爻而居于阴位，是重柔之身，但居身得正，与初九阳爻正向应和，有助于守其中正。爻辞道"损其疾，使遄有喜：无咎"，意思为，六四爻的病势得到减损，疾病很快就要痊愈，有喜悦而无错咎。

六四爻阴柔有过，阳刚不足，这便是爻辞中所说之疾，所幸其得到正应的初九阳爻救护，与初九阴阳济和，其疾得到损减，将要痊愈，所以可喜。

【可断结果】

六四爻位于外卦之初，柔居阴位，重阴有失中正。六四之疾缘于六三阴阳不协，刚柔不济，导致六四爻气血两虚，但好在时过境迁，六四爻之阴有所保养，且得初九阳爻自损阳刚给补。六四有阳刚守护，精力渐旺，心情愉悦，疾患有痊愈之象。

六四之疾乃是受到六三连累所致，六四自身并无错咎且六四身处上卦，损卦之要义在于损下以益上，所以六四爻合当受益，局势必然翻转，不必惶恐以药自医。但凡物有所损，必定有利于心，令人心生警醒，不会骄横无度，此乃是损外而益内之象。

【经文+传文】

六五　或益之十朋之龟，弗克违：元吉。

《象》曰："六五""元吉"，自上祐也。

【译文】

六五　有人赏他价值十朋的大龟，无法推辞：大吉。

《象传》说：六五说"元吉"，是因为有上天保祐。

【爻意分析】

六五爻身为阴爻，居于尊位，乃是损卦中阴柔的君主，与九二阳爻正向应和，以柔覆刚，以阴济阳，象征柔顺谦恭的君主有自损之德。爻辞中写道："或益之十朋之龟，弗克违：元吉。""朋"为古代钱币的计量单位，十贝为一朋。这句话的意思为，有人赠送给六五爻价值十个朋的龟，且其诚意令人无法拒绝，这件事十分地吉祥。

【可断结果】

六五爻虽然身为君主，但是柔中而不正，才德低微，不得不依靠臣民们的颐养来弥补自身的不足，但六五爻谦逊恭顺，以身作则，为万民表率，以虚亏之身不忘自损施益，足见其对贤者志士的恭敬与重视，因而得到臣民献上的昂贵的龟贝，此乃臣民顺服之象。对于六五爻这样虚弱的君主来说，得到臣民的认可与拥护非常重要，所以爻辞中道"大吉"。

【经文+传文】

上九　弗损，益之：无咎，贞吉；利有攸往，得臣无家。

《象》曰："弗损，益之"，大得志也。

【译文】

上九　不减损他人，反而去增益他人：无害，守持贞固吉祥；前往有利，将得到大家的拥护。

《象传》说："弗损，益之"，是说君子大大得到了施益天下之志了。

【爻意分析】

上九身为阳爻，居于损卦终极之位。全卦损下而益上，上九居于至高之位，本为得大益者，但终极之地穷则生变，于是上九爻之用与众爻相反，行损上补下之举。

爻辞中道"弗损,益之:无咎,贞吉;利有攸往,得臣无家",意思是上九爻不必减损他人,反而去增益他人,这样没有错咎,其守持正固,可获吉祥,此行有利可往,且使其得到了大家的拥护。

此爻之意可以大禹治水为例,大禹为了治水三过家门而不入,这正是自损到了极点,结果是增益了众人。

【可断结果】

上九爻原本因处于极位而无可作为,但其对君王六五怀着一片赤诚之心,因而感动了其他的臣子使其追随效仿。其内心贞和,又能持守中正之道,乃是贤德无私的君子,令君主六五大为倚重,所以其凌云之志得以实现,栋梁之才得以施展。天下因上九爻的济助而得到安定,所以一切吉祥。

益 卦

风雷益
(下震上巽)

【益卦导读】

卦象:下震上巽,为风行迅疾则雷鸣快速之象。卦德:下卦为震为动,上卦为巽为入。全卦论述了社会生活中损上益下和损己益人的原则。

卦辞

【经文+传文】

《益》 利有攸往,利涉大川。

《彖》曰:《益》,损上益下,民说无疆。自上下下,其道大光。"利有攸往",中正有庆;"利涉大川",木道乃行。《益》动而巽,日进无疆。天施地生,其益无方。凡益之道,与时偕行。

《象》曰:风雷①,《益》。君子以见善则迁,有过则改。

【注解】

①风雷:《益》卦下震上巽,巽是风,震是雷,所以说"风雷"。风象征德教,雷象征刑罚,触犯刑罚和违反德教,是君子的耻辱,所以下文说"君子以见善则迁,有过则改"。

【译文】

《益》前往有利,有利于渡大河。

《象传》说:《益》卦的象征是,减损于上以补充于下,人民受益则欣喜无限。

居于上位的人能自愿处于民众之下，其增益之道就能光大。"利有攸往"，是因为六二与九五能各得其位，居中得正，就能赢得福庆；"利涉大川"，是说木舟的作用得到了发挥。《益》卦增益时上震动，下巽顺，象征顺理而动，天天向前，没有止境。天布德泽，地生万物，天地补益万物不分种类。凡是补益的规则，都要因时而用。

《象传》说：风和雷，这就是《益》卦的象征。君子取法《益》卦，见了善行就学习，有了过失就改正。

在上位者如能减损自己以增加人民的利益，不贪图享乐，使人民安居乐业，生活富裕，那么人民必然乐于效忠，国家也必然因此而稳固。上下团结一心，就有足够力量救险济难，共图大业，因此说"利涉大川"。

爻辞

【经文+传文】

初九　利用为大作，元吉，无咎。

《象》曰："元吉无咎"，下不厚事也。

【译文】

初九　做大事有利，大吉，没有咎害。

《象传》说："元吉，无咎"，是因为初九本也不能胜任大事。

【爻意分析】

初九爻阳居阳位，重刚之身，处于一卦初始，欲动不欲静，有升腾之志，进取之心，且其阳毫无遮蔽，有敢作敢为之象。爻辞中道"利用为大作，元吉，无咎"，意为初九爻乃是能成就大事之爻，当有大作为，非常吉祥，没有任何错咎与灾祸。

【可断结果】

初九爻所居之位，原是潜龙勿用之位，宜固守而不可攀升，但因与六四相应，六四爻位高而才低，与初九爻情势相反，两爻互济之下竟呈翻转之势。初九爻因受推举反客为主，六四爻因自知力薄甘居其后，初九得了六四的辅助，其凌云之志得以舒展。

【经文+传文】

六二　或益之十朋之龟，弗克违；永贞吉；王用享于帝：吉。

《象》曰："或益之"，自外来也。

【译文】

六二 有人赏他价值十朋的大龟，无法辞谢；坚守正固可获吉祥；君主以此宝龟祭祀天帝：吉祥。

《象传》说：有人赐予（价值十朋的大龟），这是从外部不招自来的增益。

【爻意分析】

六二爻身为阴爻而居于阴位，且处于下卦之中，居身当位且能持守中正，且与本卦尊爻九五正相应和。爻辞中道"或益之十朋之龟，弗克违；永贞吉；王用享于帝：吉"，意思为有人赠送给六二爻价值百贝的龟宝，其意诚挚，令人难以拒绝，在问卜中的得到永远长久的贞正之吉；君王用此宝龟向天帝行祭祀之礼，这是吉祥的仪式。

【可断结果】

六二爻柔正恭顺，其位端正，又得到阳刚君主的赏识与恩赐，君主为刚正的明君，臣子为柔中的贤臣，两相契合，阴阳互济，十分安稳和睦。六二爻此时的境遇可说是称心如意的。所以六二爻更要坚守心中贞静，不可躁动不安，生出非分之心。六二爻之吉祥皆出自于恭顺贞守。若非如此，何来十朋之龟的厚赠？

且祭祀大典是君主才能经办的事情，但君王授意六二爻督办，可见对六二爻的信任与看重。六二爻此时处境占尽地利人和，乃是天降之福，所以不可有所违逆，否则不只会失去眼前的安乐，还会招致灾祸。

【经文+传文】

六三 益之用凶事：无咎；有孚中行，告公用圭。

《象》曰："益用凶事"，固有之也。

【译文】

六三 增益很多则施用于救凶平祸的事务，必无咎害：心存诚信，谨慎持中而行，上告公侯要手持玉珪。

《象传》说：受益很多则应施用于救凶平祸之事——本就应该这么做了。

【爻意分析】

上九爻重刚易折，有损伤之象，六三爻重柔失中，与上九之损祸患相对，但此祸并非因六三而起，乃是受上九爻连累所致，所以六三虽然灾祸临身，却可保自身没有错咎。

六三此时当遵循益卦之要义，损上而益下，减损自身以济天下，爻辞中的"告公用圭"正是此意，六三爻以自身之益施诸天下，灾祸也随之而灭，六三爻因此得保平安。

【可断结果】

六三正当灾年来临之时，急速向六四讨要玉圭，前去粮库开仓放粮赈济灾民。此举诚然有损君主的利益，但却是情急之下的权宜之计，毫无私欲；且六三之举正合益卦之损上益下之要义，所以必定会得到君主的认可，不会承担错咎。

【经文+传文】

六四　中行告公，从，利用为依迁国。

《象》曰："告公从"，以益志也。

【译文】

六四　持中慎行，上告公侯（迁移国都之事），公侯必能同意，依此建议迁移国都是有利的。

《象传》说：六四说，中行劝告国君迁都，国君答应了。——这是说六四有益民的志向。

【爻意分析】

六四阴爻居于阴位，重柔之身处在外卦初始，与初九爻正相应和，居身得正，是本卦君爻九五的亲近之臣。爻辞中道"中行告公，从，利用为依迁国"，意思是六四爻柔顺谦恭奉行中正之道，向君主进谏良言，得到君主的认同，在有依靠的情况下将会迁走国都。

六四爻遵循益卦主旨，以上益下，以己益民，顺承其上九五与上九两个阳爻之志，与其下初九爻正向应和，刚柔互济，减损自身以益初九，克己从众，志在全体得利。

【可断结果】

六四爻忠义正直，身在自损之地，秉性谦卑和顺，恪尽职守，奉守正道，上能利君，下可益民，上下皆从，无往不利，乃是益卦之要用之爻。

利君益民最大的事情莫过于，将所居不当的国都迁往适宜的地方，六四爻虽然心系家国天下，但是因为不在君位，不可妄为君主之事，所以必须先奏请君主九五同意，得到君主的信任与支持之后，才能有所举措。

六四迁都之举顺应民意，有利国家，且在过程中任用德才兼备的初九爻，借助其阳刚之才治世。六四爻为国为民，舍己无私，正如爻辞中所说一般，是个行中正仁和之道的贤臣。

【经文+传文】

九五　有孚惠心，勿问，元吉；有孚惠我德。

《象》曰："有孚惠心"，"勿问"之矣。"惠我德"，大得志也。

【译文】

九五　以诚信之心施惠百姓，不必占问，定然大吉；有诚信，百姓就会顺从我的德行。

《象传》说：有真诚的施惠天下之心，不必多问，肯定吉祥；民众会感念我的德行——这是说九五损上益下的心志实现了。

【爻意分析】

九五阳爻是益卦的君爻，处于上卦之中，居中守正，与下卦六二阴爻正向应合，刚柔相济，阴阳相协。九五爻遵循益卦之要义，自损而济下，六二爻顺承其益以为自用。爻辞中道"有孚惠心，勿问，元吉；有孚惠我德"，意思是九五爻有施惠于人之心，毋庸置疑是象征着吉祥的，能得到受惠者真诚的感谢与回报，九五爻的志向因此而得到认可与实现。九五爻怀济世之心，百姓感恩戴德，因而诚心拥戴九五。九五虽然施惠于人却得利于己，自损反为受益，正合益卦之用，十分吉祥。

【可断结果】

一国之君惠利天下，乃是百姓之福，这种和睦的君臣关系，理所当然是毫无弊端的，不必说是大为吉祥的。爻辞中两度提到"有孚"，孚为信用、信服之意，可见九五爻志在于此。

【译文】

上九　没人增益于他，有人攻击他，因为他用心不恒：凶险。

《象传》说：没人帮他，人们普遍拒绝对他施以帮助；有人攻击他，这种攻击来自外部。

【爻意分析】

上九阳爻居于益卦终极之位，居身不正，行事难免失中，且身处极地，前无进路，但躁然好动，不甘心无所作为，恐有妄动之嫌。爻辞中道："莫益之，或击之，立心勿恒：凶"，意思是上九爻得不到其他爻的增益，性情暴躁，有攻击他人的可能，且心境浮躁没有持久之心，处境十分凶险。

此爻在历史上多有前例，不少君主在即位之初也都曾经信誓旦旦要为国为民，惠泽天下，但是终于用心不恒，很快就损别人来益自己，结果败身亡国。

益卦和损卦的立意是相通互补的。孔子说"益、损者，其王者之事与！或欲以利之，适足以害之；或欲害之，乃反以利之。利在之反，祸福之门户，不可不察也。"

【可断结果】

上九爻阳刚亢盛，毫无益处，难持恒志，难有作为，处于益卦之终极，穷极翻转，将益卦之损上益下的要义，转变为损卦之损下益上，且向下索求无度，完全不

　　顾及下面众爻的承受力。尤其，君王九五爻也在其下，上九不但对一卦之尊毫无恭敬之意，反倒侵袭天子之利，其举动无疑有失臣子之道。

　　上九爻横征暴敛，所求无度，令众爻难以忍受，终于成为众矢之的，为众爻所攻击。再没有人愿意增益上九，反而因为上九的无理，众爻开始反击抵抗，这种局势对于上九来说十分被动不利，其处境十分凶险。

夬 卦

泽天夬
（下乾上兑）

【夬卦导读】

　　卦象：下乾上兑，为水气上天降为雨之象。卦德：下卦为乾为健，上卦为兑为悦。全卦揭示了要果断地泽润于下，果断地决去小人的道理。

卦辞

【经文+传文】

　　《夬》　扬于王庭，孚号有厉，告自邑，不利即戎；利有攸往。

　　《彖》曰：夬，决也。刚决柔也，健而说，决而和。"扬于王庭"，柔乘五刚也；"孚号有厉"，其危乃光也；"告自邑不利即戎"，所尚乃穷也；"利有攸往"，刚长乃终也。

　　《象》曰：泽上于天①，《夬》。君子以施禄及下，居德则忌。

【注解】

①泽上于天：《夬》卦下乾上兑，兑是泽，乾是天，所以说"泽上于天"。泽象征恩泽，天象征朝廷，"泽上于天"象征朝廷的恩泽就要下施了，所以下文说"君子以施禄及下，居德则忌"（忌：避免）。

【译文】

　　夬卦象征果决：在王庭上宣布奸人的罪恶，诚恳地号令众人戒备，颁政令于城邑，不利于用武；准备好了前往有利。

　　《彖传》说：夬，指决断。阳刚君子果决绝裁阴柔小人，君子刚健和悦，行事果断，

夬卦一阴爻居于五阳爻之上，象征盘踞在君侧的奸佞。五阳爻蓬勃进长，全卦象征决除去奸佞之象。

坚定而又温和有度。"扬于王庭"，是

说小人凌驾君子；"心怀诚恳地号召众人戒备危险"，是因为只有长存戒备之心方能转危为安；"颁告政令于城邑，不利于武力制裁"，这是说好战是行不通的；"利有攸往"，这是因为阳刚君子势力增长，小人阴柔势力到头了。

《象传》说：泽在天上，这就是《夬》卦的象征。君子取法《夬》卦，把福禄施给百姓，避免以功德自傲。

爻辞

【经文+传文】

初九　壮于前趾，往不胜，为咎。

《象》曰："不胜"而"往"，"咎"也。

【译文】

初九　仗着前脚趾强壮前往，无法取胜，会惹祸。

《象传》说：不能取胜却硬要出征，是有害的。

【爻意分析】

初九爻身为阳爻，居于阳位，重阳之身，且身居下位，急于上升。爻辞中道"壮于前趾，往不胜，为咎"，意思为脚趾虽然健壮，但是前行时并不能够因此而取胜，不能有得却依旧前往，必定会有错咎之事发生。

【可断结果】

初九爻性情暴躁，阳刚过盛，有折损之象，且初爻位低，无用武之地，应当下潜蛰伏，不可贸然向前，向前便难免错咎。

【经文+传文】

九二　惕号，莫夜有戎，勿恤。

《象》曰："有戎勿恤"，得中道也。

【译文】

九二　恐惧地号叫，原来是夜里敌兵来袭，但不用忧虑。

《象传》说："有戎勿恤"，是因为君子能守居中慎行之道。

【爻意分析】

九二爻是身居阴位的阳爻，处于内卦之中，其刚猛有阴柔调和，不至于失中，因此性情沉稳谨慎了很多。爻辞中道"惕号，莫夜有戎，勿恤"，意思是有敌人趁夜来袭，九二爻发出恐惧的呼声，但是不必担心，此此的被进犯有惊无险，不必担心。

【可断结果】

九二爻身为刚爻，处于阴位，其阳刚有所调和，且居中守正，为人谦恭谨慎，乃是能当重任之才，善于处置、化解突发事件，因其防范之心很重，所以，祸患稍露端倪便会有所察知，因此深夜有敌人来袭时，能率先发出警告，令自己人有所抵御。九二爻对危险察觉得早，占有主动性，有备无患，所以完全可以控制局面，不必有所忧虑。

【经文+传文】

　　　　九三　壮于頄①：有凶；君子夬夬独行②，遇雨若濡③，有愠：无咎④。

《象》曰："君子夬夬"，终"无咎"也。

【注释】

①頄：面颊。②夬夬：果决。③若：而。濡：沾湿。④愠：不快。

【译文】

　　九三　面颊强壮（比喻炫耀勇猛）：有凶险；君子果决独行，撞上下雨，淋湿了，心中不快：无害。

　　《象传》说：君子办事果断（有果决除奸之心）——结果是无害的。

九三爻与上六爻应和，阴阳调济，刚柔协和，能持守中正之道，乃是夬中君子。君子孑然一身，独行不惧，不与小人同流，虽然难与众合，但是终可无咎。

【爻意分析】

九三爻阳居阳位，身在下卦终极，阳气刚猛，性格坚毅，有决断之力。爻辞中道："壮于頄，有凶；君子夬夬独行，遇雨若濡，有愠：无咎"，意为九三爻其壮在面颊上，有阳刚在表面之象，有凶险之事。在历史上也常有这种情况，有的君子疾恶如仇，对奸邪之人深恶痛绝，义形于色，结果过早地刺激了对方的警觉和反抗，招来了杀身之祸。"君子夬夬独行，遇雨若濡，有愠：无咎"是说君子果断地决定独自前行，在途中遇雨，身上都被淋湿了，不由得面带怒气，但是九三爻没有错咎，所以没有灾祸。九三爻与初九爻爻辞中都带有壮字，所不同的是九三爻位置居中，所以壮在面颊，初九爻位低微，所以其壮在脚趾。

【可断结果】

　　在行进途中遇雨，既无可遮蔽又难以休息，衣服皆被淋湿，心中懊恼愤怒，乃是人之常情，但九三爻中正仁和，有君子之德，虽然有怒气，但并不怨天尤人，将怒气蔓延到行事为人上面，乃有君子的真性情，所以毫无错咎。

【经文+传文】

九四　臀无肤，其行次且，牵羊悔亡，闻言不信。

《象》曰："其行次且"，位不当也；"闻言不信"，聪不明也。

【译文】

九四　臀无完肤，走路困难，据说牵着羊一样的阳刚尊者，就可以消除悔恨，他听了这话不信。

《象传》说："行动犹豫不决"，是因为君子地位不妥当；"闻言不信"，是说君子的判断力有问题。

【爻意分析】

爻辞中道："臀无肤，其行次且，牵羊悔亡，闻言不信"，意为九四爻臀部受伤未愈，难以坐卧，其行进也因伤而受到耽搁，在路上踯躅迟疑，若能牵着羊行走，心中将毫无悔恨，可惜听见了别人的忠言劝告，却没有听从。

【可断结果】

九四爻身处于夬卦的未济之位，其志向坚决，虽身带伤痛也难抑其行进之心。但前方危机四伏，九四又不听劝告，此行可说是吉凶未卜，福祸相伴，最终结局如何全在九四爻如何应变。若能及时醒悟，行变通之法，尚可趋吉避凶，否则大有错咎。

【经文+传文】

九五　苋陆夬夬，中行：无咎。

《象》曰："中行无咎"，中未光行。

【译文】

九五　要像铲除苋陆草那样果决地清除小人持守正道，无害。

《象传》说："合乎中道而没有咎害"，这是说中道尚未光大。

【爻意分析】

九五爻是本卦的尊爻，身为阳爻而居于中位，是位中正仁和，阳刚无失的君主。在夬卦中，只有上六是阴爻，与众位阳刚君子无论为人还是处事都格格不入，九五爻紧邻上六，大有以君主之

九五爻德行中正，阳刚有力，近小人上六，果断清除，如农人铲除苋陆般果断，丝毫不为其阴柔所扰，因此毫无错咎。

尊去处置小人之势。爻辞中写道："苋陆夬夬。中行无咎。""苋陆"是一种多年生草本植物，柔伏地生长在路旁，在此比喻阴柔的上六；九五爻果断地清除了路上的苋陆，持中正而行，没有错咎，说明九五爻想要清除上六这个小人的决心十分坚决。

【可断结果】

九五爻为一卦之君主，阳刚威猛，具有杀伐决断之力。上六阴爻阻其行路，遮其阳明，导致九五中正之德无法光大。九五自知因接近上六而受到阴柔影响，行为举止有所偏颇，且其下的四位阳明君子都与小人上六对立，故而不得不断绝与上六的情谊，于是以"夬夬"之心清除上六。这两个夬表达了九五的决心，说明九五心中十分明白君主的责任和有所舍弃的必要。

九五爻因此而得保中正。一国之君只要中正便无忧患与错咎。

【经文+传文】

上六　无号，终有凶。

《象》曰："无号之凶"，终不可长也。

【译文】

上六　不要痛哭，凶险终究是难逃的。

《象传》说：上六哭也没用，必定凶险——上六阴柔小人不可能长久了。

上六比喻小人被君子所除已为定局，上六无须哭号，终必得凶。

【爻意分析】

上六爻是全卦唯一的阴爻，居于终极之位，其下有五位阳爻，对其行逼迫之势。爻辞中写道："无号，终有凶。"上六居于全卦最高位，却无法对其下五爻发号施令，象征着其面临的局势已经十分不利，最终会有凶险。

上六所居是穷极之地，因其下有五个意在上升的阳爻，此时阳气即将升到极致，而其阴难以抵御如此强大的阳刚之气，必定会随着阳气的升腾而消散。

上六因畏惧和自感危机深重，只得号啕大哭，但却无人理会。上六此时对自己的处境和可能的结果，已经心知肚明，知道自己无力做出任何改变，只能静静等待凶险的来临。

此爻一般象征着阴柔的小人，呈现了立见消亡之象，如汉代的王莽、董卓，明代的严嵩、刘瑾，清代的和珅都曾经有炙手可热的权势，但终究要灭亡。

【可断结果】

上六爻是全卦的终结，其用与其他五爻截然相反，行到穷极之处反失其位，如同一个毫无才学的小人，靠媚惑君主而当上高官，以其阴柔遮蔽众贤臣的阳明，祸乱朝纲，如今为重臣群起而攻，阳盛阴衰之下，势单力薄，且君主因为不愿与众臣的意愿相背离，对其的恩宠已经收回，且决意惩处他。

上六失了仰仗，进退维谷，身陷险中，无力自救，呼号因毫无意义所以难以开口，凌驾于众阳之上的境况马上就要结束了。

姤 卦

天风姤
（下巽上乾）

【姤卦导读】

卦象：下巽上乾，为风行天下之象。卦德：下卦为巽为入，上卦为乾为健。全卦讲人世之间遇合的道理。

卦辞

【经文+传文】

《姤》 女壮，勿用取女。

《彖》曰：《姤》，遇也，柔遇刚也。"勿用取女"，不可与长也。天地相遇，品物咸章也。刚遇中正，天下大行也。《姤》之时义大矣哉！

《象》曰：天下有风①，《姤》。后以施命诰四方。

【注解】

①天下有风：《姤》卦下巽上乾，乾是天，巽是风，所以说"天下有风"。天象征君主，风象征政令，风是空气的流动，而空气是无处不在的，可以与万物相接，这喻示君主要效法风的"品格"，让政令能与天下万民相接。君主是通过发布政令治国的，所以下文说"后以施命诰四方"（后：君主；诰：同"告"，布告）。

【译文】

《姤》 女子过于强壮，不宜娶她。

《彖传》说：姤，指际遇、遇合，阴柔遇合了阳刚。"勿用取女"，这是因为和她相处难以久长。天和地相遇合，然后万物章显美好；刚健和中正

女子过分强壮，不宜娶作妻室。

相遇，然后天下大顺。《姤》卦这种顺时相遇的意义真是重大啊！

《象传》说：天下有风，这就是《姤》卦的象征。君主取法《姤》卦，把政令布告四方。

爻辞

【经文+传文】

初六　系于金柅：贞吉；有攸往，见凶；羸豕孚蹢躅。

《象》曰："系于金柅"，柔道牵也。

【译文】

初六　像系在金属刹车器上一样静处（象征初遇合时），守持贞正可获吉祥，若急于前往，将遇凶险；像系住的瘦弱的母猪一样躁动着，这不行。

《象传》说："系于金柅"，是说阴柔之道总要受到牵制。

【爻意分析】

"姤"为不期而遇之意，初六爻是姤卦的初始之爻，也是唯一的阴爻，居于阳位，处于全卦最下之位，有阴柔者躁然好动不安于现状之象。爻辞中道"系于金柅：贞吉；有攸往，见凶；羸豕孚蹢躅"，意为人们像将其系在金属刹车器上一样，令初六守持贞正以获吉祥，初六若是继续前行会遇到凶险，像瘦弱的母猪一样躁动是不行的。

初六爻地位卑微，且身为阴爻，宜静守而不可乱动。爻辞中的将其系于刹车上，便是要上六停止躁动的意思。初六与九四爻正向应和，此行若是前去与九四相聚，其阴柔得到阳刚的牵引，便会趋吉避凶，若是盲目前行，毫无目的，便会遭遇凶险，得不偿失。

【可断结果】

初六身为阴爻在众阳之下，一阴应和五阳，其位置如同树之根系，人之足趾，极为重要。阳宜动而阴宜静，刚宜行而柔宜止，初六一阴初始，所以爻辞中提到将其系在刹车器上，实因知其行进艰难，适合贞守，有停留阻滞之意。初六虽为阴，但是不可小窥其力。此时其尚在微弱之时，其上五爻还可压制，若是任由其如漫无目的的猪一般四处搜寻觅食，瘦弱的身躯日渐强壮，届时便难以抑制其上升之势了。所以应当对初六有所牵引控制，不可令其任意而行，失去管理，为之后埋下隐患。

【经文+传文】

九二　包有鱼：无咎；不利宾。

《象》曰："包有鱼"，义不及"宾"也。

【译文】

　　九二　厨房里有一条鱼：没有祸害，但不宜用其待客。

　　《象传》说："包有鱼"——从道义上讲拿鱼待客是不适宜的。

【爻意分析】

　　九二阳爻居于阴位，持中守正，刚直不阿。九二爻厨中之鱼正是其下的初六爻。九二制约初六并无错咎，但是应当注意分寸尺度，起到控制的作用就可以了，不可行为过激，过于苛责，致使初六生出逆反之心，脱离其控制。而爻辞中的宾，指的是与初六爻正向应和的九四爻。九二制约初六，必先与之亲和，这样势必引起九四爻的反感，所以说不利于宾。

【可断结果】

　　九二爻居于下卦之中位，以己之刚加初六之柔，大有亲和之意，并非歧视阴柔的初六。初六爻因此心怀感激，行为上反倒能进行自我约束。九二爻礼敬小人，使其自抑，毫无不妥。

　　九二爻身在中位，行事中正仁和，大得人心，受众爻所拥戴，但并无贪功骄躁之心，居于内卦，安于内政，并未僭越臣子之礼。其与君王九五，因难以相应，如同情志有异的君臣，虽然相遇却无法互助相得。

【经文+传文】

九三　臀无肤，其行次且：厉，无大咎。

　　《象》曰："其行次且"，行未牵也。

【译文】

　　九三　（受刑后）臀无完肤，走路困难：有危险，但终无大害。

　　《象传》说："其行次且"，是说行动尚未受阴柔的初六牵制。

【爻意分析】

　　九三爻身为阳爻却并未居中，上下皆阳，虽然与上九爻正应，但是无法与其调和辅助，身在在姤卦下卦终极，预示其难以期而遇到相合之爻。爻辞中道"臀无肤，其行次且：厉，无大咎"，意思为九三爻臀部连皮肤都没有了，这样的伤痛使得九三爻行走缓慢艰难，路途上会遇到危险，但是不会有重大的错咎。

九三以刚爻居于阳位，过刚失中，心神不宁，处境如臀部皮肤受伤未愈。

【可断结果】

　　九三爻重刚失中，虽然行进困难，但是还具备走动的能力，说明身上的伤痛并未完全制约九三爻的行动。在夬卦中的九四爻爻辞中也有"臀无肤"之句，两爻颇为类似，都是因重刚无协而造成的臀伤。但本卦之九三爻比夬卦之九四爻更增添了危厉，所幸九三爻毕竟是阳刚之身，阳明不缺，因而能够察觉到自身所面临的危险，并因此而心生惊惧，由惊惧而心生戒备，由戒备增加了勤奋，所以虽然难以完全免除错咎，但毕竟不会让局势演变得更为恶劣，大错是可以避免的。

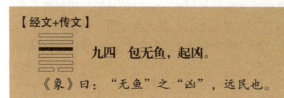

【经文+传文】

　　　　　　九四　包无鱼，起凶。

《象》曰："无鱼"之"凶"，远民也。

【译文】

　九四　厨房无鱼，会引起凶险。

《象传》说：九四说，厨房无鱼是凶险的——这是因为君子远离了群众。

【爻意分析】

　九四爻位于外卦的初始，阳爻居于阴位，且与本卦唯一的阴爻初六正向应和，但因其居身不正，导致此应和难以成功。爻辞中道"包无鱼，起凶"，意思是，九四的厨房中没有鱼，因为离群无偶，没有援助所以有凶险。

【可断结果】

　姤卦五阳在上，一阴在下，上过于强硬阳盛，而下过于单薄无力，唯有九二爻得阴阳相协，所以成了民心所向。九二爻之所以不为阴邪所害，是因为心中中正仁和，德行品质足以劝道安抚患得患失的初六爻，初六却无法撼动其思想，左右其言行。但是九四爻有所不同，居身不当，心中妄念丛生，一旦与初六爻相亲，必定会为初六爻所蛊惑，忘记自己的阳明，陷入困境而难以自拔。届时，九四爻身在上卦，心怀升腾之志，躁然好动，意欲有所作为，但因失去民心，既没有辅助协和之爻，也没有后盾与保障，所以只能孤身应付凶害，其艰辛困苦可想而知。

【经文+传文】

　　　　　　九五　以杞包瓜，含章，有陨自天。

《象》曰："九五""含章"，中正也；"有陨自天"，志不舍命也。

【译文】

　九五　用杞树枝叶蔽护着树下的甜瓜，内含着文彩，这意味着将有佳遇从天而降。

《象传》说：九五中的"含章"，是说君子内含章美之德；"有陨自天"，是说君子意在不违弃天命。

【爻意分析】

九五爻是本卦的尊爻，身为阳爻而居于中位，在姤卦中乘时趁势，有谦和中正的明君之象。爻辞中道"以杞包瓜，含章，有陨自天"，意思是用杞柳的叶子覆盖着瓜，极为和谐，至善至美，有佳偶从天而降，说明九五爻乃是天命所归的君主，顺承天德，接应乾坤之志。

九五爻居于全卦的正位，阳气旺盛，虚心下降，有崇尚贤德、谦虚恭谨之象，兼之时运处于姤卦之顶点，是个能聚拢贤臣，安定民心的明君。

九五爻有含章之质，深藏不露，能够等待时机，如同能遮蔽包裹瓜的杞树一般，用自己的枝叶完全将初六爻控制在势力范围之内。

【可断结果】

自爻辞上看，九五爻有被阴爻初六驱退的危险。初六一阴在初，众阳爻正向亲近应和，无疑令身为君主的九五爻有失威严与控制力。但是一阴生于初下，其生长强壮乃是难以抑制的趋势。九五大有容忍之德，只要初六爻被制之后能够服从，便可与之和平共存。九五爻承天命而用，是姤卦里十分重要的一爻。

【译文】

上九　碰到兽角上：有危险（但没碰伤），终获无害。

《象传》说："姤其角"，是说君子途穷了。

【爻意分析】

上九爻是姤卦的终极之爻，身为阳爻居于姤卦最高之位，其用已经穷尽，虽然身为阳爻但是无可作为。爻辞中道"姤其角：吝，无咎"，意思是上九爻在姤卦中如同头上的犄角，虽然尚有锋芒，但是已经失去了痛痒之感，虽然处境危险，面临麻烦，但是没有错咎。因为上九爻穷极翻转，紧接着，其姤就要成演变成为夬了。

【可断结果】

上九爻是全卦的终结，居高而无位，与初六爻互不相协，其姤在角，是完全不可能达成的愿望。可见上九爻所处的位置十分不当，局势十分艰险。在本卦之中，九三之伤在臀，有疼痛之感，可以警醒自身，随时调整言行，但到了上九爻这里，其用在于毫无感知的角上，可见其已经无力应变，对隐患麻木无知。但上九爻阳气刚猛，锋芒难掩，斗志昂扬，大有与人角逐之意，但以上九的境遇，时穷运尽，自身又无仁和之德，未能持守中正，进无可进，难以施展，所以不应再起争斗之心，否则必定会为自身招致危险。

萃 卦

泽地萃
（下坤上兑）

【萃卦导读】

卦象：下坤上兑，为水聚合于地上之象。卦德：下卦为坤为顺，上卦为兑为悦。全卦揭示了居上位和在下位者如何能相聚相合的道理。

卦辞

【经文+传文】

《萃》 亨，王假有庙①；利见大人，亨，利贞；用大牲：吉；利有攸往。

《彖》曰：《萃》，聚也。顺以说②，刚中而应③，故聚也。"王假有庙"，致孝享也；"利见大人，亨"，聚以正也；"用大牲吉，利有攸往"，顺天命也。观其所聚，而天地万物之情可见矣。

《象》曰：泽上于地④，《萃》。君子以除戎器，戒不虞。

【注解】

①假：至。②顺以说：《萃》卦下坤上兑，兑是悦（说），坤是顺，所以说"顺以说"。③刚中而应：九五是阳爻居上卦中位，和居下卦中位的六二阴爻相应。④泽上于地：《萃》卦下坤上兑，坤是地，兑是泽，所以说"泽上于地"。泽象征百姓，"泽上于地"象征地上百姓暴动，所以下文说"君子以除戎器，戒不虞"（除：修治；戎器：兵器；不虞：不料）。

【译文】

《萃卦》象征聚集：亨通，君主来到宗庙祭祀；见大人有利，亨通，利于守持正固；用大牲口祭祀：吉祥；利于有所前往。

君主怀着诚敬之心来到宗庙祭祀，所以能够感动人，形成凝聚力。

《彖传》说：萃，指会聚。其性柔顺和悦，在上者刚健中正，而又得众人响应，所以能够会聚众人。"王假有庙"——这是王在表达他的孝顺和祭祀之诚心；"利见大人，亨"，是因为大家以正道相聚；"用大牲吉，利有攸往"，是因为君子能顺应天命。

探察天地万物会聚的道理，这样就可以知道它们的情状了。

《象传》说：泽在地上，这就是《萃》卦的象征。君子取法《萃》卦修治兵器，以防不备。

爻辞

初六　有孚不终，乃乱乃萃；若号，一握为笑；勿恤，往无咎。

《象》曰："乃乱乃萃"，其志乱也。

【译文】

初六　有诚信，但不能贯彻始终，导致了行动混乱、不正当聚合。此时若能向正当者呼号，必能握手言欢，不用忧虑，前往无害。

《象传》说："乃乱乃萃"，是说君子的心志乱了。

【爻意分析】

萃卦的要义是会聚，是讲如何能汇集众人凝聚人心，壮大自身的能力。初六爻为萃卦的初始之爻，身为阴爻，居于阳位，居身不正，处位不当，且一阴在下，受到压制，容易有意乱情迷之举。爻辞中道"有孚不终，乃乱乃萃；若号，一握为笑；勿恤，往无咎"，意思是初六爻虽然有信用，为人诚挚，但是这种品质难以持久，有始无终，因此结交聚拢的朋友鱼龙混杂，局面十分混乱，初六因此而明白了自己不能始终维持诚信的弊端，之后有所改变，与向九四呼号恳求，两者握手言欢，这样的举动没有可担心之处，对于初六的前行更是大有裨益，毫无错咎。

【可断结果】

初六爻辞中的"乃乱"是其心志不坚，神思混乱造成的。这种状态与当初聚集众人时的诚信坚定截然相反。初六爻行事颠倒，反复无常的原因是，初六原本应当与九四阳爻正相应和，借助九四的阳明与刚猛，调和自身的阴蔽与柔弱，但是在与九四爻相应和的途中，受到了六二与六三两个阴爻的阻挡，心中产生了迷惑，大有亲近同类阴爻，远离九四阳爻之意。

初六此举令其追随者大失所望，从而引发了内部的混乱。初六本身是阴爻，才德低微，若是再与同类人相聚，没有德行高远的阳刚君子指点牵引，绝难有所作为，且阴柔者在一起追逐的无非是利益，长此以往，会悖离中正之道，失去贞静仁和，最终难免错咎。

初六如能坚守正道号啕恳求九四相与聚合，九四定会欣然与之相应，二者即可破涕言欢。初六与九四在握手的刹那间破涕为笑，初六前途就也因此而变得无须忧虑了。只要能与九四相聚合，初六必能免除过咎。

【经文+传文】

六二 引吉，无咎，孚乃利用禴。

《象》曰："引吉无咎"，中未变也。

【译文】

六二 受人招引而相聚可得吉祥，无害，只要有诚信，用禴祭都可有利。

《象传》说："引吉无咎"，是因为君子恪守中道的心志不改。

【爻意分析】

六二爻身为阴爻而居于内卦中位，与本卦的君主之爻九五正相应和，如同一位阴柔恭顺的臣子被阳刚圣明的君主所指导与牵引，心中得以持守中正，不会偏离正道。且六二与九五正向应和，预示着君臣秉性契合，德行一致。此种亲近并非奸佞之臣靠谄媚得宠。

爻辞中道"六二：引吉，无咎，孚乃利用禴"，意思是六二跟从了别人的引领，此举十分吉祥，毫无错咎，只要心中怀有诚挚的信仰，那么即便祭祀时的祭品与仪式很简单，也能与神明心神相通，所以毫无不利之处。

【可断结果】

六二爻身处下卦中位，其上其下皆为阴爻。六二与君主九五应和，却无力牵引串联初六与六三与自己一同归顺君主九五，所以虽然得吉却没有功绩，只能免除错咎而已。

【经文+传文】

六三 萃如嗟如：无攸利；往无咎，小吝。

《象》曰："往无咎"，上巽也。

【译文】

六三 相聚无人，只好叹气：事情无利可得；前往无害，但有小遗憾。

《象传》说："往无咎"，这是因为君子能谦逊从于阳刚之正。

【爻意分析】

六三爻是内卦的终极之爻，身为阴爻，居于阳位，居身不当，在本卦中没有与其正向应和之爻。六三本想上行与上六爻求和，但是上六同样身为阴爻，与六三为敌应，无法与其互相协助聚合，所以六三爻行进之时孑然一身，孤独无依。爻辞中道"萃如嗟如：无攸利；往无咎，小吝"，意思是六三想与上六应和的心愿落空，无奈之下发出感慨的怨叹，这种情形对六三爻毫无利处，所以应当继续前行，六三的行进不会给自己带来灾祸，但是途中会发生令其感到略有悔恨的事情。

【可断结果】

六三的悔恨是自羞惭而来。六三因没有应和而得不到利益，所以主动向上而求，亲和依附于九四，虽然九四没有拒绝，但是六三爻却为自身因求利而与九四聚合的举动，耿耿于怀，芥蒂此行不正，此合有瑕，所以心中生出悔恨。

但是六三爻也明白，唯有如此，自己的抱负与能力才能得到施展，所以心中的悔恨就变得很轻微了。六三爻与九四爻的聚合虽是强求，但是互相协助，阴阳调济，并未违反萃卦的要义，所以没有错咎。

【经文+传文】

　　　　九四　大吉，无咎。

《象》曰："大吉无咎"，位不当也。

【译文】

九四　大吉，无害。

《象传》说："大吉无咎"，是因为君子居位失当。

【爻意分析】

九四爻处于外卦初始，身为阳爻而居于阴位，居位不当，处在尊爻九五之下，是君主的亲近之臣。九四爻与初六爻正向应和，又有位于其下，孤立无应的六三攀附，有大得民心之象。爻辞道"大吉，无咎"，意思是大为吉祥，没有错咎。前面所说的九四爻大吉，指的是其身为阳爻，与君王能聚合相得，亲厚和睦，与下属能互相济会，扶持协助，而无咎指的是九四爻身为臣子，却成为民心所向，威望大过九五，有功高盖主之嫌。这皆是九四爻居位不当造成的。但是九四爻安守本分，带领两个阴爻归顺君王九五，忠心可嘉，所以能得到全吉无咎的结果。

【可断结果】

九四爻居身不当，难免行事有偏颇之处，身为人臣，却专权越限，夺君王之威仪，尽收天下民心，此举无疑有欺君罔上，乘凌君主之嫌。以九四爻的所作所为，原本难逃错咎与责罚，但是其因终归是阳明的君子，心中没有阴鄙的想法，最终行出了率领众阴爻归顺君主九五之举，还君威于君王，保全了臣子之节，所以得到了吉祥，而其曾经的行为，非大吉而不能免咎。

【经文+传文】

　　　　九五　萃有位，无咎，匪孚；元永贞：悔亡。

《象》曰："萃有位"，志未光也。

【译文】

九五　会聚之时得有正位，是无害的，但其尚未获得众人广泛的信任，只要大气地坚持于中正之道，悔恨自会消失。

《象传》说："萃有位"，是说君子的会聚天下的志向尚未光大。

【爻意分析】

九五爻处于萃卦君位，身为阳爻，能居中守正，象征其是阳气刚猛毫无隐蔽的阳明之主。爻辞中道"萃有位，无咎，匪孚；元永贞，悔亡"，意思是九五爻在萃卦之中居于主位，没有错咎与灾祸，但是其为人处事无法令臣子与百姓信服，九五应大气地坚持中正之道，自能免除悔恨。

【可断结果】

九五爻身为萃卦的君主，当成为大用之爻，做聚拢天下之事，却因为君道失守，君德难以持久，而损害了君威。九五爻身在高位，不至于受到咎害，但若是自恃位高权重而刚愎自用，那么无疑会使其信用受到更大的损伤。

九五德行浅薄，又不能持守贞正，导致有聚而无合，有言而无信。君王的德行是臣民归顺的原因，九五爻若是不警醒自身，自守刚正，修身养性，增长君德，继续我行我素，只知从他人身上查找原因，长此以往，其君位也必定遭到撼动，自身也难以免除错咎，届时即便有悔，也是悔之不及了。

【经文+传文】

上六　赍咨涕洟：无咎。

《象》曰："赍咨涕洟"，未安上也。

【译文】

上六　叹气掉泪：无害。

《象传》说："赍咨涕洟，"是因为上六未能安居此穷极的上位。

【爻意分析】

上六阴爻居于萃卦的终极之位，前行无路，又毫无应和，自身阴柔无力，时穷运尽，才能低微，德行浅薄。上六深知自己处境尴尬，所以常怀惴惴之心。爻辞中道"赍咨涕洟，无咎"，意为上六爻为自己畏惧的处境而深感不安，叹息哭泣，不知所措。上六的这种行为与反应，最终令君主消除了对其的戒备，因而使自身免除了错咎与灾殃。

【可断结果】

上六爻求告无门，恐慌之际，痛哭落泪，但此时的处境，应算作上六的咎由自取。上六眼见萃聚已经到了结束之时，自己却还没有与人聚合，又不愿孑然一身独处高寒之地，所以向君主痛哭着求亲近，最终得到了君主的谅解。君主虽然未与其聚合，但是免除了上六的错咎。

升 卦

地风升
（下巽上坤）

【升卦导读】

卦象：下巽上坤，为地中生木（巽引申为木）之象。卦德：下卦为巽为入，上卦为坤为顺。

全卦揭示了优秀人才升迁的规律。

卦辞

【经文+传文】

《升》 元亨，用见大人，勿恤；南征吉。

《彖》曰：柔以时升①，巽而顺②，刚中而应，是以大"亨"。"用见大人勿恤"，有庆也；"南征吉"，志行也。

《象》曰：地中生木③，升。君子以顺德，积小以高大。

【注解】

①柔以时升：《升》卦初六、六四、六五、上六都是阴爻，爻位上升，所以说"柔以时升"。《萃》卦旋转180度以后就成为《升》卦，《升》卦是顺应着温柔之道，适应其时而上升的，也就是说要根据具体的天、地、人条件来决定升与不升，所以叫做"以时升"。②巽而顺：《升》卦下巽上坤，坤是顺，巽是谦逊，所以说"巽而顺"。③地中生木：《升》卦下巽上坤，坤是地，巽是

顺势上升之时，应勇敢前进，必能获得成功。

木，所以说"地中生木"。树苗从地里钻出来成长为枝繁叶茂的大树，是一个不断地成长的过程。道德的成长就像树木，由小到大，所以下文说"君子以顺德，积小以高大"。

【译文】

《升卦》象征上升：非常亨通、顺利。见大人有利，不用忧虑；南进征战吉祥。

《彖传》说：以柔顺之道与时俱升，谦逊而和顺，刚健中正，而又与上者相应，所以大亨通。"用见大人勿恤"，是说如此上升将有福庆；"南征吉"，是说上升的心志可以畅行了。

《象传》说：地中生木，这就是《升》卦的象征。君子取法《升》卦顺应道德，积累微小以逐渐成就伟大的事业。

爻辞

初六　允升：大吉。

《象》曰："允升大吉"，上合志也。

【译文】

初六　诚信地得到上升：大为吉祥。

《象传》说："允升大吉"，是因为初六上承二阳的意志能及时上升。

【爻意分析】

升卦的要义是上升，进步，初六爻为升卦的初始之爻，恭顺阴柔，虽然在卦中没有可以应合之爻，但因上承两个阳爻——九二与九三，所以大有升腾之志。升之初爻遵循本卦要义，大为吉祥。爻辞中道"允升大吉"，意思是初六爻因为与阳爻亲和所以其诚信增加上升，这是十分吉祥的事情。

【可断结果】

初六爻既有顺从之德，又有升腾之志，处事中正有度，毫不偏激，虽然身在卑位，但是在升卦中是大用之爻。树木的生长过程中，其根是决定其能否生长旺盛的关键。初六爻在升卦中所处的，便是六爻中根基的位置，所以初六的上升，不只受到了九二爻的支持也得到了其他爻的配合与赞许。所以初六虽处低位，但是上升之路毫无阻滞完全亨通，吉祥顺利，是顺势乘时的升迁，其前途不可限量。

【经文+传文】

九二　孚乃利用禴，无咎。

《象》曰："九二"之"孚"，有喜也。

【译文】

九二　心存诚信，用祭品简单的禴祭有利，无害。

《象传》说：九二心怀诚信，是说喜庆必然到来。

【爻意分析】

九二身为阳爻，居于下卦的中位，与本卦的尊爻六五正相应和，互相协助，象征着谦恭柔顺的君主得到了阳刚中正的贤臣辅佐，君臣意气相投，同心同德。爻辞道"孚，乃利用禴，无咎"，意为九二爻是诚挚有信用的君子，祭祀神明时即便供奉的祭品与仪式都从简，也不会有任何的错咎。

【可断结果】

九二爻因诚信而与君王六五相感而应，其"孚"是为求升，以刚侍柔，以阳济阴。

其毫无修饰的诚挚是君王最喜爱的为臣之道。

九二爻刚正无缺，持中守正，不搜刮百姓之财，既无力向君主进献厚礼，在祭祀中也将用度从简，且并未主动上行，对九五作出谄媚求宠之举，只是心怀至诚，静候君主的征召，因此受到了君主的赞赏。

六五宅心仁厚，谦和清明，知道九二爻乃是爱民忠君的贤臣，所以对九二委以重任，接引其上升。九二阳刚守正，居中无偏，其升毫无错咎。

九二爻与君王六五应合，得到君王的赏识，成为君王信任的臣子，这对于九二爻的上升大有裨益。九二宅心仁厚，诚挚中正，爱民忠君，对人才能伸帮扶之手，所以上得君主的爱重，下得初六的敬仰，这样德行兼备的君子自然没有错咎。

【经文+传文】

 九三① 升虚邑。

《象》曰："升虚邑"，无所疑也。

【译文】

九三 上升顺畅如入无人之邑。

《象传》说：九三说，上升顺畅如入无人之邑——说明九三果敢而没有疑惑。

【爻意分析】

九三爻处于下卦终极之地，身为阳爻，居于刚位，居身得当，阳气刚猛，所以大有上升之志，且与上六爻正向应合，阴阳互济，又处于当升之时，所以上进心极强，面对前路毫无犹豫。爻辞中道"升虚邑"，意思是九三爻在前行的途中来到了一座空虚的城池中，但是心中毫无疑虑，前行之心极为坚定。

【可断结果】

九三爻刚居刚位，其位得正，与上六阴爻正向应和，免去了重刚失中之咎，处当升之时，利于进取。虽然上升途中吉凶难定，但最终的结果是由九三爻自身决定的。九三德行端正，对国家与君主的诚挚始终如一，其升势不可挡，如日中天。九三爻既有君主的赏识又能得到上六的援应，且自身品性坚定，勇于进取，不惧担当，所以其升尽善尽美，毫无祸患。

【经文+传文】

 六四 王用亨于岐山：吉，无咎。

《象》曰：王用亨于岐山①，顺事也。

【注解】

①亨：即"享"，祭祀。

【译文】

六四 （获释后的）周文王在岐山举行祭祀大礼：吉祥，无害。

《象传》说："王用亨于岐山"，是顺应事物之情势做事。

【爻意分析】

六四阴爻居于外卦初始，身为阴爻而居于阴位，居身得当，且处于君主六五爻身边，是位恭敬柔顺的近臣，对于侍奉君主心甘情愿，毫无不敬之心。爻辞道"王用亨于岐山：吉，无咎"，意思是六四爻随王伴驾前去岐山举行祭祀大典，此行十分吉祥，毫无错咎与不当之处。

【可断结果】

六四阴爻乃是恭敬之臣，柔顺之才，德行中正，既能承上之尊，又能启下之升，不悖其道，不出其位，安守本分，虽阴柔力弱，但是毫无错咎。

但六四爻毕竟身在君王之侧，处临危多惧之地，其言行举动应格外谨慎。六四本身已经是重臣，若再上升，恐有犯君王之威，但处于臣位，又不能毫无作为，所以对于尚有上升余地的贤臣，六四毫无阻挡，多有举荐。其为臣之道甚善，大得君主之心，所以去岐山祭祀神明祖先这样的大事，君主也要他随同，对其的宠信可见一斑。六四行事谦恭，顺势顺时，大为吉祥，没有咎责。

【经文+传文】

六五 贞吉，升阶。

《象》曰："贞吉升阶"，大得志也。

【译文】

六五 柔中守正是吉祥的，必能如登上台阶，步步高升。

《象传》说："贞吉升阶"，是说君子大遂上升的心志了。

【爻意分析】

六五爻是升卦中的君主之爻，身为阴爻，能居中守正，是一位谦和贤明的君王。六五与九二阳爻正向应合，如同得到了阳明臣子的辅助，大得其志。爻辞道"贞吉，升阶"，意思是六五爻柔中守正，其前路是吉祥的，面前的台阶是一条毫无阻滞，通达的上升之路。

六五爻辞中出现升阶，但六五已经是君王之尊，处于天下最高之处，无法继续上升，所以此处的升阶并非指向六五，而是说在六五面前有一条高升之路。

【可断结果】

升卦的要义在于柔升而不可冒进，大用在于将升之道行于天下。此升不止是升迁，德行与心志的提升也在其列。六五爻身为阴柔的君主，持守贞正无私的德行，引领有才能的臣子向上升迁，其国运与国力也能借助臣子的才能有所提升。

作为阴柔孱弱的君王，本身有所欠缺，全仗臣子之力，协助治理天下，所以六五的贞正是其安居尊位至关重要的原因，若是对臣子常怀猜忌之心，互有隔阂，那么君臣之情必不能长久，六五的基业也不会稳固。

【经文+传文】

上六　冥升①：利于不息之贞。

《象》曰："冥升"在上②，消不富也。

【注解】

①冥：夜晚。②在上：本爻上六居上卦上位。

【译文】

上六　夜里登上台阶，利于不停地坚守正固，奋斗不息。

《象传》说：上级夜里登上台阶——这是说要改变不富盛的命运。

【爻意分析】

上六爻是升卦的终极之爻，身为阴爻居于穷极之地，前行无路，难有作为。爻辞中道"冥升：利于不息之贞"，意思为上六爻难以抑制心中的上升之心，虽然前行无路，却还一味前行，这种做法是蒙昧和盲目的，就像夜里登上台阶一样，此时的上六爻应当审时度势，回头向着君王六五行进，其坚定不肯停

上六以阴柔之身上升于穷极之地，不懂得升极必降的道理，是昏昧不明者，所以被称为"冥升"。

息的意志是良好的，也是能为其带来利益的，但最重要的是上六应选择正确的方向行进。

上六居于升卦的最终，时穷运尽已成定局，但是上六心有不甘，还想盲目上升，不知停止，如同唯利是图的小人，贪求无度，不知止息，大为不利。

【可断结果】

上六爻辞中的冥升意为，升到顶点，利令智昏，这样的结果不但不再是积蓄盈满之势，反而会将之前所积累的都消耗殆尽。升之大用在于柔升而非刚进，当从容不迫，顺势而行，不贸然躁动，不勉强上行。这样才能向着光明行进，明盛而不昏昧，尽善尽责，自然会毫无阻挡，没有凶祸与错责。

上六虽然昏昧，但是尚有自省之力，所以不至于刚愎自用，对自身所面临的险峻处境毫无觉察，所以最终虽然冥升，却因贞正自治而毫无错咎。

困 卦

泽水困
（下坎上兑）

卦辞

【经文+传文】

　　《困》　亨，贞大人吉，无咎；有言不信。

　　《彖》曰：《困》，刚掩也。险以说①，困而不失其所，"亨"，其唯君
子乎。"贞大人吉"，以刚中也②。"有言不信"，尚口乃穷也。

　　《象》曰：泽无水《困》③。君子以致命遂志。

【注解】

①险以说：《困》卦下坎上兑，兑是悦（说），坎是
险，所以说"险以说"。深处艰险之中而能够心中愉
悦，只有胸怀浩然正气的君子才能做到。就像孔子在
周游列国的途中遇险、绝粮，而能做到弦歌不绝。

②刚中：九五、九二都是阳爻，分居上下卦中位。

③泽无水：《困》卦下坎上兑，兑是泽，坎是水，泽
在水上，是泽面干旱的迹象，所以说"泽无水"。
"泽无水"象征理想受困，只有不惜生命硬干，所以
下文说"君子以致命遂志"。

困卦象征穷困，努力拯济必能亨通。只有坚守正道的
大人君子可以获得吉祥。

【译文】

　　《困卦》象征困穷：努力脱困可获亨通，坚守正道的大人可获吉祥，无祸害；
此时说什么话也不会有人信从。

　　《彖传》说：《困》卦的象征是，阳刚被掩盖而难以伸展。遇险却能和悦应对，
困顿却能不失其本色，这种亨通，大概只有君子能得到吧。"贞大人吉"，是因为君
子刚健中正；"有言不信"，是说信奉空谈是行不通的。

　　《象传》说：泽中无水，这就是《困》卦的象征。君子取法《困》卦，不惜舍
命达成理想。

爻辞

 初六 臀困于株木，入于幽谷，三岁不觌。

《象》曰："入于幽谷"，幽不明也。

【译文】

初六 臀部被困在树干之上，隐入幽深的山谷，几年不露面。

《象传》说："入于幽谷"，是说君子处境黑暗。

【爻意分析】

初六阴爻在下，身为柔爻而居于刚位，居身不正，且低微低下，才能轻薄，有柔弱者陷入困顿中无力自拔之象。爻辞中道"臀困于株木，入于幽谷，三岁不觌"，意思为初六爻只身来到丛林中，行进中臀部被树枝夹住难以挣脱，身边无人，初六难以自救又无法求助，如同幽闭在深谷之中，三年都处于幽暗不明，蒙昧难清之地。

【可断结果】

初六爻受困在幽谷丛林之中，其臀被树枝夹住难以解脱，那么这树枝不会是普通的灌木纸条，当是带刺的荆棘，这也预示着初六爻所遭受的困顿十分艰险，无法轻易解脱。初六地位卑微，孤身一人被困，视线蒙昧导致其无法做出正确的判断，自身才能无法施展，于是感觉心中毫无指望，情绪低落。

九二 困于酒食，朱绂方来，利用享祀；征凶，无咎。

《象》曰："困于酒食"，中有庆也。

【译文】

九二 为酒食所困，但荣禄正在到来，这对祭祀有利；急于出征有凶险，但终获无害。

《象传》说："困于酒食"，这是说秉守中道就会赢得福庆。

【爻意分析】

九二爻是居于下卦中位的阳爻，居中守正，刚猛阳明，本是利于前行上升之爻，但因为身在困卦之中，所行行阻碍重重，途中多有凶险。爻辞中道"困于酒食，朱绂方来，利用享祀；征凶，无咎"，意思是九二爻因上行之路受阻，志向难以舒展，心中愤懑不平，于是呼朋唤友借酒浇愁，整日沉浸在酒食之中，正感觉无力自拔，恰在此时，君主对九二爻委以重任，有朝廷官员亲送官服与封赏前来，令其上任。

九二爻的才能与志向得到认可，此时应当祭祀神明。九二接受封赏之后的行进之路，会遇到危险，但是最终可保无咎。

九二虽然地位低微，但是作为阳爻，居身得正，自身毫无瑕疵，乃是才德兼备的贤臣，且心怀凌云之志，又有安邦定国之才，所以不甘心身在下位，大有上升之意。但其上其下皆为阴爻，九二夹在其中，阳明受阴郁所遮蔽，下有初六牵绊，上有六三阻滞，导致其前行之路不畅。九二因此抑郁难舒，每日沉浸在酒肉享乐里，日复一日，心神也受困其中，所以说九二爻之困的症结在于内心。

九二爻上行无力，其困单凭自身难以化解，但九二无需忧虑，有中德的君子，必定无虞有庆。目前既然上行不可为，便应安心静守，以待时机，切不可贸然行进，自往君王九五处求救，届时不召而征，失了中正的德行，其错咎便会随之而来。

【可断结果】

九二爻身在下位，受上下两个阴爻夹持，如同绑缚，怀才不遇，借酒食应酬聊以解忧。九二虽然整日享乐，但从未忘记心中志向，失去中正的持守，虽受困于危厄，但与君王九五同为刚正阳明的君子，志同道合，所以九五必来为九二解困。

【经文+传文】

六三　困于石，据于蒺藜，入于其宫，不见其妻：凶。

《象》曰："据于蒺藜"，乘刚也；"入于其宫，不见其妻"，不祥也。

【译文】

六三　为乱石所困，手按在蒺藜上（受伤），走进自己的屋里，也见不到妻子：有凶险。

《象传》说："据于蒺藜"，是说小人凌驾君子；"入于其宫，不见其妻"——这是不祥的兆头。

【爻意分析】

六三爻处于下卦的终极之位，既没得位，又不居中，身为阴爻却处于刚位，如居危惧之地，其才德单薄却易妄行躁动，且乘凌欺压其下位的九二阳爻，以柔凌刚大为不祥。爻辞中道"困于石，据于蒺藜，入于其宫，不见其妻：凶"，意思是六三爻在行路途中被大石困住，行动艰难，且石头周围长满刺人的荆棘，难以下手清除，回到家中后，又发现妻子失踪，外有艰险阻难，内又失去辅助的亲人，其之困可说是内忧外患，极其凶险。

【可断结果】

小人六三爻目光短浅，见利忘义。身为阴爻，本应安分守己，贞静仁和，但是六三却因为身居阳位，生出非分之想，以阴柔之身压制位于其下位的阳刚君子九二爻，阻滞其上行之路，导致其因才能无法施展而心志消沉低迷。九二爻幸得君主九五爻所赏识，解脱了酒食之困，受命前行。九二之困一解，六三爻之前的恶行便无法再遮掩，即将遭受惩处。六三爻辞中的"疾藜"所指便是受命上任的九二，正如爻辞中所说，六三爻现在狼狈至极，前行被大石绊倒受困，又被石旁的荆棘刺扎，屡受挫折，毫无反手之力，回家之后妻子又不知所终。六三爻心中感到风雨欲来，忐忑不安，惶恐之至，此种境遇实在苦不堪言。且按着事情的演变，此时六三爻已经做什么都于事无补，结局凶多吉少。

【经文+传文】

九四　来徐徐，困于金车：吝，有终。

《象》曰："来徐徐"，志在下也；虽不当位，有与也。

【译文】

九四　缓缓而来，却为金车所困(比喻受到贵人的为难)：有憾惜，但会有好结果。

《象传》说："来徐徐"，是说君子甘居下位，虽然地位失当，仍能得人帮助。

【爻意分析】

九四爻处于上卦之初始，身为阳爻而居于柔位，居位不当，失中不正，妄行妄言，必有悔恨之事。爻辞中道"来徐徐，困于金车，吝；有终"，意思是九四向上前行，行动缓慢在途中被一辆装饰着金属的车子所阻困，因而出现了令九四爻感觉悔恨的事情，但事情的最终结局是好的。

【可断结果】

九四本想前去与初六应合，但其行程不仅为车中人所阻挡，且自身还受困其中。在困卦中有能力做到阻滞九四的就只有新近得到君王宠信的九二爻了，不过九四与初六之间虽有金车九二阻困，但只要坚持住，自然能渡过这个难关。

【经文+传文】

九五　劓刖，困于赤绂，乃徐有说，利用祭祀。

《象》曰："劓刖"，志未得也；"乃徐有说"，以中直也；"利用祭祀"，受福也。

【译文】

九五　施用削鼻截足之刑治理众人，以致困穷于尊位，但逐渐摆脱了困境。

《象传》说："劓刖"，是说君子尚未得志；"乃徐有说"，是因为君子中正；"利用祭祀"，是说祭祀使人蒙福。

【爻意分析】

九五爻是困卦中的君爻，身为刚爻而居中正之位，象征九五爻乃是贤德通达、中正仁和的明君，但九五爻阳居阳位，有重刚之嫌，爻辞中道"劓刖，困于赤绂，乃徐有说，利用祭祀"，意思是九五爻治理天下时施行割鼻砍足的苛刑，此举大失民心，甚至威胁到了九五的皇权，但其最终得到了九二的辅佐逐渐摆脱了困境，应该祭祀谢神。

【可断结果】

君王之困便是天下之困，此爻的困顿自然大于其他五爻，但九五虽然受困，毕竟未失刚正，且下有贤德的臣子九二爻正应召赶来，君臣同心同德，协和互助，共济天下，求感于神，自然能使臣民归心，消除隔阂，九五最终也能免于悔恨。

【经文+传文】

上六　困于葛藟，于臲卼，曰动悔有悔；征吉。

《象》曰："困于葛藟"，未当也；"动悔有悔"，吉行也。

【译文】

上六　为葛藟所困，心神不安，此时若能汲取动辄生悔的教训而有所悔恨，前行必可脱离困境以获吉祥。

《象传》说："困于葛藟"，是因为君子行为不当；"动悔有悔"——这样吉祥就来了。

【爻意分析】

上六阴爻是困卦的终极之爻，处于穷极翻转之时，虽然前行无路，但是有脱离困境步入安泰之境之象。爻辞中道"困于葛藟，于臲卼，曰动悔有悔。征吉。"意思是上六爻受困于葛藤的缠绕之中，处境艰难，局势不稳，此时心中很清晰地感觉到，自己不可轻举妄动，动则有悔，上六因心中生出悔恨而有所顿悟，对自己的言行做出了反省与调整，对于其继续的行程十分有利，大为吉祥。

上六爻身处困顿之极，本应遭受最大的艰险，但是因为在行进的途中受到葛藤的缠困，而有所悔悟，明白自己行为有不当之处，因身处是非之中，动荡之地，所以难逃困扰，但上六已经意识到困住自己的葛藤柔软脆弱，脱离其困并非难事，所以当机立断，决定以自身的行动解除困缚。

【可断结果】

上六身为阴爻，才能薄弱，德行低微，且居位不正，行事犹豫不定，没有计划，妄行妄动，自然一动便会有悔。

上六所处的局面一片混乱，全无头绪，对其困顿不知如何开解，仿若被无数葛藤所缠绕，眼前蒙昧，焦躁之下胡乱扯动，导致身上葛藤越缠越紧，越缠越多，深陷困中，无法自拔。上六此时心中惶恐不安，生出悔恨之意。有悔之后，又对自己草率的行动有所醒悟，找到了被困的根源，明白了解脱之法，此时便不可再观望不动或是胡乱挣扎了，应顺时而动，应势而行，果断开解，脱离困境。

上六为葛藟所困，此时若能汲取动辄生悔的教训而有所悔恨，其前行将会是吉祥的。

井 卦

水风井
（下巽上坎）

【井卦导读】

卦象：下巽上坎，为水在木（巽又引申为木）上之象。卦德：下卦为巽为入，上卦为坎为险。

全卦揭示了人要正己修身，养人惠物，持之以恒的道理。

卦辞

> **【经文+传文】**
>
> 《井》 改邑不改井，无丧无得；往来井井，汔至，亦未繘井，羸其瓶：凶。
>
> 《彖》曰：巽乎水而上水，《井》。井养而不穷也。"改邑不改井"，乃以刚中也；"汔至，亦未繘井"，未有功也；"羸其瓶"，是以凶也。
>
> 《象》曰：木上有水①，《井》。君子以劳民劝相。

【注解】

①木上有水：《井》卦下巽上坎，巽是木，坎是水，所以说"木上有水"。挖井要靠百姓，所以下文说"君子以劳民劝相"（劝：教导；相：助）。

【译文】

《井卦》象征水井，城邑变了而水井不变，这意味着无失无得；来来往往的人从井中汲水，井要干了，也没有重新挖井，汲水时，汲水瓶磕破了：凶险。

《象传》说：顺着水的特性蓄水并打上水，这就是《井》卦的象征。井水养人，水源不断。"改邑不改井"，是因为君子有刚毅持中的美德；"汔至，亦未繘井"，是说明尚未完成进水养人的功用；"羸其瓶"，是说事情有凶险。

《象传》说：木上有水，这就是《井》卦的象征。君子取法《井》卦，教导百姓劳作互助。

爻辞

【经文+传文】

　　　　初六　井泥，不食；旧井无禽。

《象》曰："井泥不食"，下也；"旧井无禽"，时舍也。

【译文】

初六　井积淤泥，无法饮用；破旧的井边没有鸟禽飞来。

《象传》说："井泥不食"，这是说井口太低；"旧井无禽"，这是说那时井就废弃了。

【爻意分析】

初六阴爻是井卦的初始之爻，居于最下之位，地位卑微，有下潜之势。爻辞中道"井泥，不食；旧井无禽"，意思是初六爻在井卦中处于最低之处，如同一眼因为干涸而遭人废弃的井，此时井底只剩下混浊的泥水，这样的水质无法供人畜饮用，所以人迹罕至，鸟兽无踪。

【可断结果】

初六爻身在井卦之下，上无可应合援助之爻，呈水泽干涸之象。井水来自地下，水源充足，且初六爻位置低下，较之高处的水井，更容易盈满，所以原本不会出现眼前这种水源枯竭恶劣的境况，但初六身为阴爻，能力微薄，遇事毫无解救之法，兼之没有人辅助，所以当井中产生淤泥之时，没有及时治理清除。爻辞预示着初六爻软弱无能，对于自己身边的隐患既没有防范之心，也没有救治之力，只能眼看着局势日渐恶化，如同井中的淤泥，越积越多，最终堵塞了上水的穴窍，导致井水污浊不堪。这种水无法食用，没有人来汲取，井内的淤泥因得不到搅动便更加沉积，最终导致井水干涸。初六因此成了一眼被废弃的枯井，犹如一个毫无用处的废材，没人需要，也没人理会，只能孤苦无依，自生自灭。

【经文+传文】

　　　　九二　井谷射鲋；瓮敝漏。

《象》曰："井谷射鲋"，无与也。

【译文】

九二　向井底射小鱼（难射中）；水瓮破了，漏水了。

《象传》说："井谷射鲋"——这样是得不到帮助的。

【爻意分析】

九二爻身为阳爻，居于阴位，虽然也处于井卦之低位，但是境况比初六爻好了很多。初六之井为淤泥塞堵，濒于干涸，但九二身为阳爻，所以井中尚能有水。爻辞中道"井谷射鲋；瓮敝漏"，意思是九二之井有水有鱼，有人在井边用箭射鱼，当用瓮汲水时，发现储水的瓮有裂缝，正在漏水。

向井底射小鱼，此爻喻示了胸怀大志的人也应该实事求是地争取发展实力。

九二爻井内有能游鱼之水，说明其水尚清，且水位不算太低，暂时没有干涸之忧。但井中虽有水，却少取水人，导致井中的小鱼长成了可以用箭射的大鱼。好不容易有人前来取水，所用的器具还是裂漏的，最终导致九二的井水还是未能被汲取出来。

井卦之要以在于以自己的井水滋养众人，九二身为阳爻，才能卓著，然而井内有水，却无机缘养人济物，十分令人惋惜。

【可断结果】

九二爻处于下卦的中位，阳刚无位，与本卦的君爻九五正应，但是因为与九五同为阳爻，所以难以应合，如同一位才德兼备的君子，因无人赏识，志向难以舒展，才华无法发挥。君子怀才不遇，如同美玉遭隐，宝珠蒙尘，实在令人扼腕叹惜。九二爻因为没有应合援引，所以无法令君王知道自己的才能，虽然身怀安邦之志、定国之才，却只能隐居山野，做个闲散的无用之人。

井中之水如同九二的才华，虽然可以养人济物，但无人汲取也是枉然。

【经文+传文】

九三　井渫，不食，为我心恻；可用汲，王明，并受其福。

《象》曰："井渫不食"，行"恻"也；求"王明"，"受福"也。

【译文】

九三　井水清洁，却无人饮用，为此人心伤悲；可以汲水，如果是王道圣明，臣民都会受到他的恩泽。

《象传》说："井渫不食"——这是可叹的；祈求君主圣明——这是企盼受福泽。

【爻意分析】

九三爻身为阳爻而居于刚位，居身得正，与本卦之上六阴爻正向应和，阴阳互济，刚柔互助，因而没有重刚失中之嫌。爻辞中道："井渫，不食，为我心恻；可用汲，王明，并受其福"，意思是九三井中之水非常洁净，但却没有人饮用，九三心中感情伤怀，很是难过，所以祈求君王圣明至察，能够汲取井水，使天下的百姓能够享用到井水所带来的利益。

九三有济世之才，却未被君王所用，心中自怜自艾，希望君王能体察其苦心，任用其能——这样贤臣得位，君王得助，天下百姓也能因此得到福泽。

【可断结果】

九三爻此时如同千里之驹未曾遇到慧眼识才的伯乐，心中凄苦自不必说，所以言辞哀切，充满期盼，希望君王能以求贤若渴之心任命自己。其投报之意十分诚挚，追随之心十分迫切。九三与君主相聚不远，所以必定会与君主之感相通，君臣际会不远。届时贤臣才以见用，君主得享其功，明君贤臣治理国家，天下百姓必定会得到恩惠，所以九三爻的前途是十分吉祥的。

【经文+传文】

六四　井甃①：无咎。

《象》曰："井甃无咎"，修井也。

【注解】

①甃：修砌。

【译文】

六四　井砌好了：无有咎害。

《象传》说："井甃无咎"，是说应当及时修井。

【爻意分析】

六四爻处于君主九五身侧，是受到君王宠信的近臣，身为阴爻，居于阴位，居身得当，与本卦的初六爻为正应，但是因为同为阴爻而无法相合。六四自身柔弱，又没有阳刚之爻济合，兼之阴居阴位，有重阴之象，所以宜静守不宜妄动。此爻提醒世人在此时要注重修养自身的品德，提高自身的素质，减少自己言行的过失，改正自己思想的错误，不要急于去施惠于人，养人育人，因为自身存有很多弊端而去养人常常不能带给人以益处，反而会带给人以害处。爻辞中道"井甃，无咎"，意思是六四爻动手修缮水井的墙壁，此举十分恰当，毫无错咎。

六四才弱，虽身居正位，但是难当大用，有贞静自守之能却无安邦济世之功，所以其井有瑕疵，需要修理完善，但因六四能持守中和，所以行事不会有偏颇，能遵循井之要义与大道，所以其井虽然有损坏，但是修理之后即可使用，不至于成为废弃之井，所以六四虽然无功但也可保过，没有错咎。

宋代程颐说："四、阴柔处正，上承九五之君，能修治则得无咎。居高位而得刚阳中正之君，但能处正承上不废其事，亦可以不负咎也。"

【可断结果】

六四虽然才弱，但毕竟是君王九五的近臣，能得到君主的阳明指引，不会行偏颇之事，谦逊谨慎，见到井壁有损坏，连忙去修理，虽无大才，但是忠心可鉴。君主因此对六四十分满意，所以六四虽然得位而无可应合，只能自守而不能济上，却因能修德补过而免除了错咎。

从爻象来看，情况是不乐观的，虽然六四以柔爻居柔位而得正，但只是可以免咎而已，此时还不能够成就什么事业。

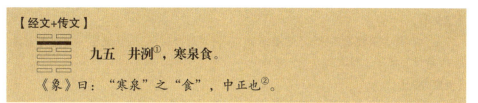

【经文+传文】

九五　井洌①，寒泉食。

《象》曰："寒泉"之"食"，中正也②。

【注解】

①洌：水清。②中正：本爻九五是阳爻居上卦中位。

【译文】

九五　井水清澈，深壤冒出的井水为人们所喜欢饮用。

《象传》说："寒泉"是可以饮用的，因为九五有中正之德。

【爻意分析】

九五爻处于井卦的君位，身为阳爻，居中得正，尽善尽美，毫无瑕疵。爻辞中道"井洌，寒泉食"，意思是九五之井水，清洌冰冷，洁净得如同寒冷的泉水一般，可以直接饮用解渴。

水以寒洌甘洁为上，九五之井水能达到这样的程度，说明其德才兼备，完美无缺，阳刚中正，谦逊仁和，是少有的贤明君主。其治国治民所施行的是仁德之政，如同清洌甘甜的泉水，能滋养天下，救济万民，且为臣民拥戴敬仰。

九五功德恩泽天下，大为吉祥毫，无可忧虑之处。

在历史上能够治平天下，开创盛世的人就会被称为明君，如尧、舜、禹、汤、文、武、成、康，乃至汉文帝、唐太宗，都是这样的明君。

【可断结果】

九五爻身为阳爻而居于阳位，得位又得中，纯净阳明，未受阴郁遮蔽，所以其井水甘美清洌，不染微尘。九五爻与九三爻在井卦中都代表了清洁的井水，不同的是九五爻辞中提到了可食而九三爻辞中却说："不食"，说明九三井之大道未成，而九五之道已成。九五爻是一卦之主，君临天下，德行昭然，且中正贤明，谦和通达，其井水之所以寒洌，是因为是流动之水。流水不腐，所以洁净无污。

这也预示着九五爻心性澄明，能秉持中和的德行，不受诡媚之惑，不沉溺于享乐，是勤政爱民，能福泽天下的明君。

【经文+传文】

上六　井收①，勿幕②，有孚：元吉。

《象》曰："元吉"在上③，大成也。

【注解】

①收：汲水完成。②幕：盖上井口。③在上：本爻上六居上卦上位。

【译文】

上六　从井里汲完了水，不要盖上井口，供人继续饮用，心怀诚信：当得大吉祥。

《象传》说：上级大吉祥——这是说水井养人获得了大成功。

【爻意分析】

上六阴爻处于井卦之终极，有井中之水离井之象，实为井卦大用之爻。爻辞中道"井收，勿幕，有孚：元吉"，意思是上六井中之水已经汲取出来，此时不必将井口封上，因为上六有诚信，所以获得了很大的吉祥。

爻辞中的"收"是指将汲水用的井绳与水桶收起，"幕"是遮蔽掩盖之意。上六爻辞的要义是不可将井水独占，应当使之方便滋养更多的人，这样此井便会得到众多人的爱护与修缮，其中的水才会源源不绝，来汲水的人才能满载而归，长此以往，井水便可免于枯竭，众人也得到了日常的需求。所以井卦至上六这里，其道已经大成，如同一位将自身德行修持得很高的智者，用自己的所学造福天下。

【可断结果】

上六爻是井卦之极爻，无可行进，已经处于功成名就，德行圆满之时，充盈到了顶点，所以井中之水将被汲出。上六之井经过长年的积蓄，极为丰盈，此时应当将井中之水用于民，不可怀有私念。若徇私为专有井水而将其掩盖遮挡，不为民众所用，那么之前的德行功绩便会荒废掉，有善始而无善终。

革 卦

泽火革
（下离上兑）

【革卦导读】

卦象：下离上兑，为水火相克不相得之象。卦德：下卦为离为明，上卦为兑为悦。
全卦揭示顺天应人的变革之道。

卦辞

【经文+传文】

《革》　巳日乃孚：元亨，利贞，悔亡。

《彖》曰：《革》，水火相息，二女同居，其志不相得，曰革。"巳日乃孚"，革而信之。文明以说，大亨以正。革而当，其"悔"乃"亡"。天地革而四时成，汤武革命，顺乎天而应乎人。《革》之时大矣哉！

《象》曰：泽中有火①，《革》。君子以治历明时。

【注解】

①泽中有火：《革》卦下离上兑，兑是泽，离是火，所以说"泽中有火"。泽中有火，就会水干木焚，是泽的大变革；把握变革，就要把握变革的时令，所以下文说"君子以治历明时"。

明君选择好时机变革将获得天下信从。

【译文】

《革卦》象征变革，选择最佳时日进行变革：祭祀之日，改革其丑行恶政，以忠信服事鬼神，才能取信于民，它具有元始、通达、和谐、贞正的德行。悔恨消失。

《彖传》说：《革》卦的象征是，像水与火相互冲突；又像二女同居一室，心思常常各异，这就是《革》卦。"巳日乃孚"，这是说选择好时机变革将获得天下信从。具有文明美德而又使天下和悦，正直大顺，变革恰当，所以悔恨消失。天地变革而四季形成，汤武革命，顺乎天道又合乎人心。《革》卦这种因时变革的意义真是大啊！

《象传》说：泽中有火，这就是《革》卦的象征。君子取法《革》卦修治历法，明确时令。

爻辞

【经文+传文】

初九　巩用黄牛之革。

《象》曰："巩用黄牛"，不可以有为也。

【译文】

初九　被坚固的黄牛皮革绑缚住了。

《象传》说："巩固黄牛"，是说这时君子不宜行动。

【爻意分析】

革卦的要义是变革更改，初九爻处于革卦初始，虽身为阳爻而居于阳位，但是毕竟地位卑下，才能浅薄，变革之力不足。爻辞中道"巩用黄牛之革"，意思是说初九爻虽然一阳在下，有上升之意，但是因为地处卑位，所以如同被黄牛的皮革所绑缚一般，行动受到制约，所以此时难以有所作为。

初九爻重刚失中，躁然好动，处于革卦之始，本与九四爻正应，却因同为阳爻而无法应合，时运不当，处位不宜，所以如同被结实的牛皮所捆绑，难以挣脱。初九当位失中，难当大任，不为大用，虽得牛皮捆绑巩固，但徒劳无益，革卦要义在于变而非固守，所以初九爻虽身为阳刚，但也是废弃之爻，但其最根本的错咎还在于地位卑下，时运未至。

初九当革之初始，只应以持中驯顺之道巩固自守，不应急于有所作为。

【可断结果】

初九阳爻在下，地位卑微，初爻勿用，难以有所作为，爻辞中的牛皮坚韧有力，初九爻所受的阻滞可想而知。在这样强大的绑缚之下，初九爻虽然有上升之心，却无行进之力，没有援助，无法应变，只能困守原地。

变革虽然是人为地令事物产生变更，但是也要遵循一定的规律与章法，时机尚未成熟，若妄行妄动，必然导致局面发生逆转，届时满盘皆输，所以应时顺势是变革的关键所在。待时机到来再行革故鼎新之举，必定顺畅无阻，事半功倍。

【经文+传文】

　六二　巳日乃革之；征吉，无咎。

《象》曰："巳日乃革之"，行有嘉也。

【译文】

六二　选最佳时日可以推行变革；勇于前往、必获吉祥，必无咎害。

《象传》说："巳日乃革之"，这是说这时君子办事有利。

【爻意分析】

六二爻处于革之下卦中位，阴居阴位，与本卦君爻九五正向应合，六二爻身居得正，处位得当，虽是阴爻，但有君王的提携与庇护，有施行变革的能力。爻辞中道："巳日乃革之；征吉，无咎"，意思是六二爻在特定的祭祀之日施行变革，行动起来而获得吉祥，毫无错咎。六二爻居中守正，柔顺谦和，与君王九五阴阳相济，刚柔互应，是革卦大用之爻，且对九五顺承恭敬，甘心效忠，因而深得君王的信任与爱重。

【可断结果】

巳日之时乃是施行变革的最佳时机，六二爻有恭顺之德，时运适宜，处位得当，应天而顺势，所以虽然身为阴爻，却可当大用。

【经文+传文】

九三　征凶，贞厉；革言三就，有孚。

《象》曰："革言三就"，又何之矣！

【译文】

　　九三　过急行动有凶险，须守持贞正以防危险；变革的主张要多次研究，广泛听取意见，变革将有曲折，要长久保有诚心。

　　《象传》说："革言三就"，这是说不走变革之路，又能往哪里去呢？

【爻意分析】

　　九三爻身为阳爻而居于阳位，得位却不居中，重刚失和，难持中正，有妄行躁动之象。爻辞中道"征凶，贞厉；革言三就，有孚"，意思是九三爻不可冒然行动，否则会遇到凶险，关于施行变革的方法只有经过多次的讨论协商才能最终确定，九三应当持守诚信，不可轻举妄动。

九三阳气刚猛，志在上升，所以必定因急于求成，而贪功冒进，失去原本应有的持守与防备，这样无疑将自己陷入危厄之中，对变革之大局毫无利处。九三爻应当谦逊谨慎，不可失去诚信，行事应当善始善终，不可因莽撞之举令事情横生枝节。

【可断结果】

　　九三爻本身是阳爻，又居于阳位，因没有阴爻调和，难免有重刚失中之咎，对于变革的行动与言论都会有过于激进之处，很难与别人达成一致，刚愎自用，长此以往，必定为奸佞小人所乘，导致失信于民。这样对于九三爻自身，乃至革之全卦都会产生很大的影响，革卦环环相扣，九三这一环至关重要，九三若是难以固守，便成脱节之势，不只之前所做的一切积累枉费，之后君爻九五之虎变，与上六爻之豹变也难以成行。九三会因此身负错咎，难逃责罚。

【经文+传文】

　　九四　悔亡，有孚改命，吉。

《象》曰："改命"之"吉"，信志也。

【译文】

　　九四　悔恨消失，心怀诚信，革除旧命，定会吉祥。

　　《象传》说：变革政令是吉祥的——要相信九四的变革之志。

【爻意分析】

　　九四爻为阳刚之爻，居于阴位，居身不正，又不得中。九四爻是上卦的初始爻，此时对于变革来讲，无论时机还是积累都已经很成熟。九四阳明刚健，具备变革之才，且处于君王九五的身边，是身负重任的亲近之臣。爻辞道"悔亡，有孚改命，吉"，意思是九四爻没有做令自己后悔的事情，怀有诚信，革新改除旧制，能得到吉祥。

【可断结果】

九四顺应天道，承接天命，遵循革之要义，恪守革之正道，对于自己将要施行的革新，充满信心，毫不迟疑。在进行大的变革之时，施行者往往会在众人的抵触情绪中生出疑惑焦虑，所以信心是将变革顺利施行下去的关键。九四爻阳刚坚定，内心贞静澄明，变革的志向不为外界纷扰所动，且能把握变革的最佳时机，有革之大才，担革之大用，所以心中无悔，大为吉祥。

【经文+传文】

九五　大人虎变，未占有孚。

《象》曰："大人虎变"，其文炳也。

【译文】

九五　大人像老虎一样勇猛无惧地推行变革，其道如虎纹昭然可见，还没占问前，已令人满怀诚信。

《象传》说："大人虎变"——大人的美德和这种变革的成绩文彩光耀照人。

【爻意分析】

九五爻是革卦的君主之爻，身为阳刚之爻，居于尊位，有中正之德，是谦和仁厚的贤德明君。爻辞中写道"大人虎变，未占有孚"，大人指的是君爻九五，全句意思是九五施行变革的举动雷厉风行，如同老虎一样威猛迅速，不必占问便可以得知其变革行动是极有诚信与决心的。用虎来比喻九五，是称赞其政绩如同老虎身上的斑纹一般明显。

【可断结果】

九五变革的目的是平治天下，摒除隐患，虽因革新而使政法有变动，但其变能安抚民众，稳定朝纲，功德昭然，大益天下。九五以君主之尊，而能这样费劲心力为国为民，那么不必预测推算，其必定能受天下民众的咏赞，名扬后世。

【经文+传文】

上六　君子豹变，小人革面；征凶，居贞吉。

《象》曰："君子豹变"，其文蔚也；"小人革面"，顺以从君也。

【译文】

上六　君子像豹子一样勇猛灵活地推行变革，小人纷纷改变脸色拥护变革，急进将有凶险，守持正固则可吉祥。

《象传》说："君子豹变"——这种变革的成绩将是极大的；最后小人洗心革面，也会顺从君主的改革的。

【爻意分析】

上六爻是革卦的终极之爻，身为阴爻而居于上位，预示着本卦的变革已成。爻辞中道"君子豹变，小人革面；征凶，居贞吉"，意思是君子施行变革的举措如同豹子般迅捷，小人因此而洗心革面，出征会招致凶险，守持正固则可获吉祥。

【可断结果】

上六居于穷极之地，所处的是革卦终结之时，不得中，且自身是孱弱的阴爻。此时革道已成，大局已定，再行激进之举毫无意义，有害无利。上六当安然固守，顺从君王的旨意，维护君王的政道才能获得吉祥。

鼎 卦

火风鼎
（下巽上离）

【鼎卦导读】

卦象：下巽上离。为木（巽引申为木）上有火之象。卦德：下卦为巽为入，上卦为离为明。

全卦揭示了正己、明德、新民的道理和人生使命。

卦辞

【经文＋传文】

《鼎》　元吉，亨。

《象》曰：《鼎》，象也，以木巽火，亨饪也。圣人亨以享上帝，而大亨以养圣贤。巽而耳目聪明，柔进而上行，得中而应乎刚，是以"元亨"。

《象》曰：木上有火①，《鼎》。君子以正位凝命。

【注解】

①木上有火：《鼎》卦下巽上离，离是火，巽是木，所以说"木上有火"。木上是火，火上是鼎，木火鼎都各在其位，就能煮熟食物；君臣都各在其位，就能国家安定，所以下文说"君子以正位凝命"

（凝：成）。

【译文】

《鼎卦》象征制鼎器而明新制：大吉祥而亨通。

《象传》说：《鼎》卦是养人的烹饪器具的形象，架起木头升起火烹饪食物。圣人煮食物祭祀上帝，用最丰盛的食物奉养贤人。君主谦逊而耳聪目明，以性情柔顺的美德前进上升，高居中正而又与阳刚贤者相应合，所以大亨通。

《象传》说：木上有火，这就是《鼎》卦的象征。君子取法《鼎》卦端正职位，完成使命。

《鼎卦》的《象传》说："圣人煮食物祭祀上帝，用最丰盛的食物奉养贤人。"《鼎卦》重在养贤。

爻辞

【经文+传文】

 　　初六　鼎颠趾①，利出否；得妾以其子：无咎。

《象》曰：鼎颠趾"，未悖也。"利出否"②，以从贵也。

【注解】

①鼎：古代煮东西的器具。颠：倒。②否：指废弃物。

【译文】

初六　鼎足颠倒，对倒空鼎里的废物有利；就像娶妾而生下的儿子，无害。

《象传》说："鼎颠趾"，是说君子行事不悖于常理；"利出否"——这么做是为了能跟从贵人。

【爻意分析】

此为鼎卦的第一卦。鼎器颠倒，鼎足朝上，有利于倾倒出鼎器中的废物，就像是娶了侍妾回家并使侍妾生下贵子延续香火，是没有咎错的。初六爻以阴爻之身居于一卦之首，处位不正，因此有鼎器颠倒翻转之象。但是鼎器颠倒却有利于将其中坏滥之物倾倒而出，因此鼎器虽颠倒，却没有咎错。《象传》也说，鼎器颠倒，鼎足朝上也未必就背离了常理，能够将废物倾倒而出，劝诫初六爻应该顺从尊贵之人，才能够除尘布新。

【可断结果】

初六爻以阴爻之身居于阳位，是居位不正，又在一卦之首，因此有鼎器不稳而翻到之象，但是因为初六爻向上能够与九四阳爻相和，有九二阳爻与之相接，刚柔相济，所以虽处位不正，却能以其阴柔之质顺从阳刚之爻，反常中间亦包含正常，所以没有咎错。

【经文+传文】

九二　鼎有实，我仇有疾，不我能即：吉。

《象》曰："鼎有实"，慎所之也。"我仇有疾"，终无尤也。

【译文】

九二　鼎里装满食物；我的仇人有病，不能接近我：吉祥。

《象传》说：鼎里食物满了——这是说外出要谨慎；我的仇人生病了——结果我无忧于咎害了。

【爻意分析】

此为鼎卦的第二爻。鼎器中装满了物品，我的仇人沾染上了疾病，因此暂时不能接近我，是吉祥之兆。九二爻以其阳刚之质居于下卦中位，阳刚充实，因此有"鼎有实"之象。然而九二与初六相比邻，初六爻对于九二爻来说就像是一个阴柔小人，看着九二鼎器中满载物品而自身腹内空空充满了嫉妒。九二爻能以其刚毅中正而使小人不能有机可乘，所以是吉祥之兆。

【可断结果】

九二爻以阳爻之身居于阴位，居位不正，但是因为能以其阳刚有力之质处在下卦的中位上，并且向上能够与六五阴爻相应和，象征着阳刚者持守中道，并能与阴柔尊者相和，故而预示着吉祥。同时，九二爻为阳爻，又居下卦中位，是鼎器中盛满物品之象。已经将鼎器中盛满了物品，正准备烹饪的时候，最需要注意的就是掌握火候。九二爻的阳刚就像是增火之力，能够持中守正最好，用力过猛或者不足，都会造成不好的后果。只有不偏不倚才能够把一顿饭烹饪好，继而将一件事情做好；行事的时候能够保持中正不偏，为人方能做到不偏不倚，不悖于道。谨言慎行，使阴险小人无机可乘，没有过错可指，那么其怨尤的想法也就消灭了，而九二爻自身也就没有危险了。

【经文+传文】

九三　鼎耳革，其行塞，雉膏不食，方雨，亏悔，终吉。

《象》曰："鼎耳革"，失其义也。

【译文】

九三　鼎耳有所变，它的移动受阻，鼎里精美的野鸡肉还没来得及吃，等到天降阴阳和合之雨，悔憾可清除，终获吉祥。

《象传》说："鼎耳革"，是说君子行事有失道义。

【爻意分析】

此为鼎卦第三爻。九三爻位于下卦之上，在鼎耳的位置，但因其以阳居阳，为重刚之身，有阳刚溢满于鼎耳之处，鼎耳中空处堵塞之象。九三爻本应该上应于上九爻，无奈两爻均为阳爻，重刚不相协，所以前行之路受阻，行路艰难又无援助，行事陷于堵塞之境。鉴于以上两点，鼎中的美味也是没有办法得到的。但是能够降下一场甘霖的话，没有吃到美味的悔恨也会消除，并且最终还能获得吉祥，是因为甘霖能够与九三爻阴阳相合，使悔意尽消。《象传》认为，九三爻的鼎耳之所以会变异，是因为它虽然处位得正，却未能得中，有失中之过。

鼎耳部位发生变异，所以搬动鼎器就变得十分困难而且道路堵塞，精美的雉膏放在面前也难以下咽，不能吃到。等到出现了霖雨出现就能够消除悔恨，最终获得吉祥。

【可断结果】

九三爻以阳爻之身居阳位，虽然处位得正，但当鼎卦之时，阳刚盈满不能以虚居中，故而鼎耳变异受堵，前行有困；同时，九三爻与上九爻同为阳爻不能相应，致使自己不仅前行的道路受阻，而且没有应援，徒有鼎器却阳刚盈满，纵有雉膏美味也不能享受。此时的九三爻亦有阳刚守正之德，可惜不能与六五爻相应，空有一身本领却无人认可，十分苦闷。但是爻辞中还是在劝勉九三爻不用灰心，因为六五君爻以阴居于全卦之主，有虚中柔顺之德。因此，九三爻虽然阳刚太甚，易生行塞、不食之悔，而六五爻却一定会像一场甘霖一般，主动降落在九三爻身边，以其柔和顺美之质来与九三爻的刚亢壮健相合，阴阳交合，刚柔相通，所以九三爻之悔意亦能消除，终得吉祥。

【经文+传文】

九四　鼎折足，覆公餗，其形渥：凶。

《象》曰："覆公餗"，信如何也。

【译文】

九四　由于不堪重负，鼎足折了，翻倒了公侯的美味，鼎浑身沾湿：凶险。
《象传》说：这人打翻了王公的美食——怎么能信任呢？

【爻意分析】

此为鼎卦的第四爻。鼎器中的食物太满，鼎足因难以承受重负而折断，王公准备的美食全部因此而倾覆，而鼎器的外表沾满了从鼎中流出的稀饭，是凶兆。九四爻居于上体之下，上承于君爻六五，下应于阴爻初六，既要承于上又要施于下，但是其自身以阳爻之身居于阴位，居位失中不正，如此行事有不自量力之象，故爻辞以鼎器折足喻之，谓其必会遭到"覆餗"和"形渥"的后果，是凶险之兆。《象传》也责备九四爻行事自不量力，不得信任。

【可断结果】

鼎卦自九二爻开始，到九四这三个阳爻均为实，九四居鼎腹的最上方，是鼎实盈满，已经开始有倾覆之象了，而此时九四爻以阳刚居阴，失中又失正，却既想上承于君，又想施于下。偏偏初六爻的鼎已经"颠趾"了，所以九四爻的鼎折足，也是必然的。九四爻作为当天下之大任的重臣，不能称职和胜任，尸位素餐，《象传》也感慨，这样的臣子是没有信任可言的，最终必会获得灾祸。

【经文+传文】

六五　鼎黄耳、金铉：利贞。

《象》曰："鼎黄耳"，中以为实也。

【译文】

六五　鼎配有黄色的鼎耳、铜铉（象征富贵）：利于守持正固。

《象传》说："鼎铜耳"，这是说君子能守中道，从而得阳刚充实之利了。

【爻意分析】

此为鼎卦的第五爻。鼎器的外表是配着黄色的鼎耳和金属制造的钢坚的鼎杠，有利于持守正固。六五爻以阴爻之身居于全卦之尊，以柔顺得中居尊位，下能应九二阳爻，向上接上九阳爻，就像是鼎器上装饰着黄金鼎耳，以及坚实的金属制作的鼎杠，象征了六五爻作为一国之君，能够施行举措，发挥作用以利天下。

【可断结果】

六五阴爻向上能够与上九爻相比，向下又有九二爻的相合，说明六五君爻作为一国之君，有虚心接受他人帮助之德，能够为百姓谋福利。鼎卦下体为巽，上体为离，六五爻以柔顺之德居一卦尊位，象征着君王能够行柔顺文明之德，使其下臣民巽顺听命，因而有君王养贤、修养生息之意，与鼎器烹饪和养贤的功用如出一辙。六五爻虽然以阴居阳，居位失正，却因其能够持守中正之道，有笃实厚重之德，能以柔顺和美之心包容天下之事。《象传》也点明了六五爻，能够得中而应乎刚，故而有大吉之象。

【经文+传文】

上九　鼎玉铉：大吉，无不利。

《象》曰："玉铉"在上，刚柔节也。

【译文】

上九　鼎配有镶玉的铉（象征富贵）：大吉祥，没有不利。

《象传》说：玉铉出现在上九——这说明上九与阴柔相互调节。

【爻意分析】

上九爻以阳刚之质居于一卦之极，以阳爻之身居阴位，如同由美玉装饰的铉。上九爻如美玉一般刚实而又温润的品质能够与六五爻应和，刚柔适宜，动静不过，故而大吉之象，做什么事情都能无往而不利。《象传》说，上九爻像镶玉的鼎铉高举在上，说明上九的阳刚能够被阴柔所调节，刚柔适宜不过，所以大吉大利。

【可断结果】

此为鼎卦的最后一爻。鼎器上配置着镶玉的鼎铉，是大吉之象，没有什么不利的。上九爻在全卦终位，所处本为穷变之地，而当鼎卦之时却不同于常。鼎卦的爻越向上越为吉祥，因为鼎器之用在于食烹，而食物出于鼎才能够使用，所以上九在鼎之上大吉而无不利。

震 卦

震为雷
（下震上震）

【震卦导读】

卦象：下震上震，为雷霆震动之象。卦德：下卦为震为动，上卦为震为动。全卦喻示人惶恐惕慎以免祸灾的道理。

卦辞

【经文+传文】

《震》　亨，震来虩虩，笑言哑哑；震惊百里，不丧匕鬯。

《象》曰：《震》，"亨，震来虩虩"，恐致福也；"笑言哑哑"，后有则也；"震惊百里"，惊远与迩也。出，可以守宗庙社稷，以为祭主也。

《象》曰：洊雷①，《震》。君子以恐惧修省。

【注解】

①洊雷：《震》卦下震上震，震是雷，二雷重叠，所以说"洊雷"（洊：重）。雷象征刑罚，二雷重叠，刑罚繁重，所以下文说"君子以恐惧修省"。

【译文】

《震卦》象征震动、亨通，雷声震动，人们起先惶恐畏惧，后来笑语阵阵；雷声震惊百里，祭师却没有抖落羹匙里的一滴酒。

《彖传》说：《震》卦说"亨，震来虩虩"，是说祭师克服惊吓，就能带来福运；"笑言哑哑"，是说惊吓过后，祭祀就恢复秩序了。"震惊百里"，是说远近的人都吓坏了。那种能够做到"不丧匕鬯"的人，出去可以守护宗庙国家，担任祭主。

《象传》说：持续地打雷，这就是《震》卦的象征。君子取法《震》卦心怀戒惧，修身自省。

震卦卦辞拟象于雷霆之象，"亨"字点出了震卦的主旨，即事物都可以因震惧而达到亨通。

爻辞

【经文+传文】

初九 震来虩虩，后笑言哑哑：吉。

《象》曰："震来虩虩"，恐致福也；"笑言哑哑"，"后"有则也。

【译文】

初九 雷声震动，人们起先惶恐畏惧，后来慎行保福笑语阵阵：可获吉祥。

《象传》说："震来虩虩"，是说初九知惧而戒慎，就能带来福运；"笑言哑哑"，是说惊吓过后，行为遵循法则不失常态。

【爻意分析】

此为震卦第一爻。惊雷骤来，震耳欲聋的雷声使得人们心生恐惧，雷声过后人们又能谈笑宴宴，是吉祥之兆。初九阳爻居于一卦之首，阳刚得正，当震卦之时则为震卦主爻。初九在一卦之初，听闻雷声感到恐惧，继而反省自身，注重修养品德，遇事审慎而为之。

【可断结果】

初九身为阳爻而居阳位，以阳刚之质位于全卦之首，重刚之身得以动而向上，遇到危难之时亦不改其向上之志。令人惊恐的雷声反而能让初九爻心存恐惧，继而修身自省，遇事谨慎小心。待危险真正到来之时，初九爻亦能谈笑自如，祥和而安适地面对恐惧，惧而生慎，慎而自厉，所以因惧而不惧，转危为安。从遇惊雷就惧怕得不得了，达到闻雷声而泰然自若的境界，是需要不断地磨砺，不断地修身自省才能够做到的。圣贤君子，没有不谨言慎行的，所以当震动之时，戒骄戒躁，忌持刚存强，狂风暴雨之后才能享受雨泽和阳光。

【经文+传文】

六二　震来，厉，亿丧贝，跻于九陵，勿逐，七日得。

《象》曰："震来厉"，乘刚也。

【译文】

六二　雷声震动，有危险，丢了很多货币，此时登上高陵之上，不用寻找，过七天会失而复得。

《象传》说："震雷打来有危险"，是因为六二乘凌于阳刚之上。

【爻意分析】

此为震卦的第二爻。惊雷骤来，有危险。失掉了大量的货贝钱币，应当攀登到峻高的九陵之上，不用费心去追寻，过来七天一定会失而复得。六二爻虽然以阴居阴，处位中正，却因其以柔乘刚，处境十分不利。六二爻若能秉承其柔中之德，危难之中亦能守中持正，并避于高山之上，不迷恋其所失，那么虽有损失也能失而复得。

《象传》认为，六二爻之所以会遭到雷声震动所带来的危险，是因为六二爻以柔凌乘于阳刚的初九爻之上。震卦之时，以柔乘刚，势必有危险，告诫六二爻务必持中守正，才能化险为夷。

【可断结果】

六二阴爻居于下卦中位，居中得正，有安贞顺承之德。在震卦之时，居于初九爻之上的六二爻更能感受到惊雷阵阵所带来的恐惧。惊恐之中，六二爻遗失了大量财物。六二在初九之上，初九的阳刚健硕，如同六二脚下一阵来势凶猛的震动。六二处于如此动荡不堪的位置，怎么能够全身而退？故攀登于九陵之上避难，财物富贵皆弃。但六二爻有中正之德，能以其柔顺之质，化解这一场灾难。

【经文+传文】

六三　震苏苏，震行：无眚。

《象》曰："震苏苏"，位不当也。

【译文】

六三　雷声轻缓，在这样的雷声中行路，不会遭殃。

《象传》说："震苏苏"，是因为君子地位失当。

【爻意分析】

此为震卦的第三爻。震雷骤响，六三内心惶惶不安，由于能够震惧而行，所以前行不会遭遇祸患。六三爻以阴居阳位，有失其正，当震之时，内心惶恐不安；但因其没有乘刚之失，因此只要能够怀畏惧之心，谨言慎行，修身自省，就能够避过灾祸。

【可断结果】

六三爻以阴爻之身居于阳位，又在下卦的最上位，失位不中，还资质柔弱，难成大事。以六三爻之质，平时处事就已经是惶惶不安之态，又忽闻惊雷乍响，虽然雷声是从初九爻处传来的，已经没有那么强烈，但是六三爻气力微弱，故而精神涣散，不知所措。好在六三爻不若六二爻，乘于初九之上，所以六三爻若能够一改其沮丧之气，因雷震之惧而谨慎小心地前进，那么也是没有过失的。

【经文+传文】

九四　震，遂泥。

《象》曰："震遂泥"，未光也。

【译文】

九四　雷声震动，慌不择路，掉进泥泞中。

《象传》说："震遂泥"，是说其阳刚之德还没有光大。

【爻意分析】

此为震卦的第四爻。雷声震动之时，九四因为惊慌失措而陷入泥泞之中。九四阳爻居阴位，不但不能持守自己刚正之道，还深陷六二、六三、六五、上六四个阴爻之中，犹如深陷泥中，不可自拔。

【可断结果】

九四爻以阳刚之质，居于阴位之上，又处在众阴爻之间，上下牵连，拖累过重，阳刚之力被削弱，所以无法奋起前行，面临雷震也不能因恐惧而修身自省。震卦之道在九四爻时已经消失殆尽，九四爻处于十分恶劣的环境之中。六三爻与九四爻皆失其正位，但六三爻因其上有九四爻，能承于九四的阳刚之力而慎行修省，故而无咎。然而九四爻向上却无阳刚者可承托，深陷四个阴爻的包围之中，是刚毅之姿陷入坎险之中，境况之危险，使其空有志气，无力施展和光大，是不吉之象。

【经文+传文】

六五　震往来，厉，亿无丧有事。

《象》曰："震往来厉"，危行也，其事在中，大"无丧"也。

【译文】

六五　雷声震动，上下往来都有危险，但能知危惧而慎守中道，可以万无一失。

《象传》说："震动之时上下往来均有危险"，是说君子的行动遇上危险了，但因为能守中道，不会有损失。

【爻意分析】

此为震卦的第五爻。雷声震动之时，上下往来不停会有危险。若是能够谨慎地持守中道，那么还能够万无一失，举行祭祀宗庙社稷的权利还没有丢失，可以继续祭祀。六五爻以阴爻之身居阳位，又是居于全卦之尊位，向上遇阴为敌，向下乘刚有失，所以往来皆有危险。但是六五爻居上卦中位，有柔顺持中之德，当震卦之时，能够慎守中道，不会贸然上下往来，因而江山社稷不会就此丢失。

【可断结果】

六五爻以其阴柔之质，居于震卦尊位，上有上六阴爻与之为敌，向下则乘九四之刚，有失其位，处在前有豺狼，后有虎豹之境地。但也正是因为处在往来皆厉的环境中，又在重震之上，使拥有柔中之德的自己无论在什么情境下都能够持守中道，戒慎恐惧，六五爻才得以保证身为一国之君的自己江山社稷仍在掌握之中。六五爻和六二爻分别居于上下卦的中位，都能够根据自己柔中顺美的德行度时量势，但是六二爻居下位，拥有的是财物资产，六五爻则处在尊爻之位，坐拥整个江山社稷。财物资产可以再得，但是江山社稷却无法失而复得，因此六五爻行事时是要心存戒慎恐惧，才能永保江山。

【经文+传文】

震，索索，视矍矍；征凶；震不于其躬，于其邻：无咎；婚媾有言。

《象》曰："震索索"，中未得也；虽"凶""无咎"，畏邻戒也。

【译文】

上六　雷声震动，极端恐惧，畏缩难以行走，目光惊恐不安；此时前行必有凶险；雷电没有打中他的身体，打中了他的邻居：无害；此时谋求婚姻会导致议论。

《象传》说："震动之时极其恐惧以致畏缩难行"，这是因为君子未能秉守中道；君子有凶险，后来无害，这是因为畏惧邻居的那种灾祸，从而有了戒备。

【爻意分析】

此为震卦的最后一爻。雷声震动之时，上六恐慌至极以至于双脚畏缩难行，双目惶恐四顾。这时贸然前进则必有凶险。在雷震尚未到达自身，才接近于近邻之时就能够预先做好戒备，那么就不至于受到咎害。谋求婚姻之事则有言语之难，会引发语言争端。上六阴爻居于全卦之终，是惊恐至极，无所安适之象。此时前行必遭凶险。

【可断结果】

上六爻以阴爻之身居于震卦之极，以阴柔之质，居位不中，与六三阴爻不应，就像一个阴柔软弱之人遭遇了巨大的，雷震一样，所面临的恐慌与惧怕也是相当巨大的，这使得上六爻无所安适，故而双目旁顾不安，双脚畏缩难行，以这种状态继续向前行进，一定会遭到凶险。但是雷震声到上六爻的位置已经很小了，气行和功效都已尽，是震之终，而上六爻面临这样的雷震仍然不能抗拒，可见上六爻的居位不中，气力柔弱对它的影响之巨大。然而上六爻虽然过于阴柔脆弱，其过错却不若阳刚之爻来得厉害，因此上六爻处境虽然凶险，却因为居位得正，而没有咎错；又因其有柔顺之质，能够借鉴其临近者的震恐而自慎，因畏而戒，上六爻最终得以不受其咎。

《象传》认为上六爻在震雷之时表现出的惶恐，是因为它没能处于适当的位置。而且虽然有凶险却没有咎害，是因为畏惧近邻所受到的震惊而有所戒备。

艮 卦

艮为山
（下艮上艮）

【艮卦导读】

卦象：下艮上艮，为两山重叠之象。卦德：下卦为艮为止，上卦为艮为止。
全卦喻示了"止"义的精髓：抑邪恶、守本分、止于正道。

卦辞

【经文+传文】

《艮》 艮其背，不获其身，行其庭，不见其人：无咎。

《象》曰：艮，止也。时止则止，时行则行，动静不失其时，其道光明。艮其止，止其所也。上下敌应，不相与也。是以"不获其身，行其庭，不见其人，无咎"也。

《象》曰：兼山，《艮》。君子以思不出其位[1]。

【注解】

[1]君子以思不出其位：这句话是根据卦象来说的，兼山，是两山并立，象征着"止"，君子的所思、所虑也应该符合当时当地之所宜，恰合自身的身份，不要超越本位。

【译文】

《艮卦》象征当止则止：止于背后，不让私欲占据身体而妄行，好似在庭院里自如地行走四顾无人一般。必无咎害。

《象传》说：艮，抑止之意。当止则止，当行则行，行止动静都能适时，就会前途光明。艮卦的抑止，是要止于当止之处。卦中各爻都上下同性相敌对而不应合，所以卦辞说："不随身体本能之欲妄行，在庭院中自如地行走，如同没有人一般，没有咎害"啊！

《象传》说：两山重叠，这就是《艮》卦的卦象。君子取法《艮》卦，谋事不超出本分。

爻辞

【经文+传文】

初六　艮其趾：无咎。利永贞。

《象》曰："艮其趾"，未失正也。

【译文】

初六　抑止在脚趾迈出之前：无害。利于永守正固。

《象传》说："艮其趾"，是说君子没有迷失正道。

【爻意分析】

此为艮卦的第一爻。在向前迈步之前就停住脚趾不动，是没有咎害的，利于长久地持守正固。初六爻以阴居阳位，不利于行，但是当艮卦之时，能够持守不动，像爻辞中说的那样，从脚下开始抑止自己的动作，因而没有咎错。

【可断结果】

初六以阴爻之身位于一卦之始，本是失位之象，不利于向前行进，又阴居阳位，有阴柔者躁动之象，好在当艮之时，限制了其前进之势。爻辞中说"艮其趾"，意为止于脚趾。脚趾在人体的最下方，是人动之始，初六爻能够在最根本、最基础的地方就制止了接下来的行为，有安贞静定之德。因此，初六爻虽然阴柔在下，却能够持中守正，不生邪佞之望，拥有厚载之德，是没有违背正道的。但是初六爻阴柔无力，可能不能长久坚持守中守正之道，所以爻辞告诫初六爻，一定要贞固到底，不半途而废，才能永远没有灾祸。

【经文+传文】

六二　艮其腓，不拯其随，其心不快。

《象》曰："不拯其随"，未退听也。

252

【译文】

六二 抑止在小腿迈出之前，没有承上而随行，心里不快。

《象传》说：不再追随他了——这是因为他不能退而听从不同的意见。

六二爻本应该向上应承尊爻，可是六五为阴爻，重阴不相协，因此六二只能上承于九三之爻，但是又被限制了小腿的动作，当行不行，所以心生不快。六二纠正不了九三的错误主张，因而违心地跟随九三。

【爻意分析】

此为艮卦的第二爻。抑止住小腿的动作，因此不能够上前去上承于它所追随者，心里十分不快乐。六二阴爻居于下卦之中，是居中得正的，有阴柔者持守中正，静止不动之象，因此爻辞中说"艮其腓"，即制止了小腿的运动，也就无法前进了。《象传》说六二爻不能上前去承接它所追随者，是因为它没能退后听从初六的意见，因此心有不悦。

【可断结果】

六二爻居于下卦中位，以阴居阴，是阴柔者持守中正之象。可惜的是六二爻虽然居位中正，而且有柔顺之德，向上却没有能与它相应和的阳爻，所以六二爻只能上承于九三阳爻。六二爻顺着九三爻的气力想要向上，然而自己的小腿又被束缚，无法前行，应该向前行进的时候没有行进，反而停了下来，去应承九三爻的愿望不能实现，所以十分不开心。同时，六二爻以阴居阴，阴柔无力，故不能收敛其下居阳位的初六爻之急躁，同时也不能做到"思不出位"，所以心里十分不痛快。

【经文+传文】

九三 艮其限，列其夤：厉，熏心。

《象》曰："艮其限"，危"熏心"也。

【译文】

九三 抑止他的腰，致使连续人体上下的部分脊肉裂开：十分危险，像火一样烧灼心。

《象传》说："艮其限"，是说危险使君子焦心。

【爻意分析】

此为艮卦的第三爻。抑止了腰部的运动，以至于脊肉断裂，危险的程度就好像烈火在薰灼他的心一样。九三爻在下卦之上，以阳居阳，处位正而不中，在应该有所行动的时候却不能正确地处理行止关系，造成了脊肉的断裂；面临危险却不知道避开，所以只能坐视危险的到来。《象传》警示九三爻，这样抑止腰部的运动，危险会像烈火一样。

【可断结果】

九三爻位于艮卦的上下两卦之中，爻辞将之比喻为一个人的腰部和脊肉，将身体分为上下和左右。九三爻在下卦之终，以阳居阳，纯阳之身而有失中正。上九亦为阳爻，不能与之相协，但是六四阴爻与之相接，所以九三爻有向上进取之用。然而当艮卦之时，行动被禁止，就像腰部运动被禁止，脊肉断裂了一般，会有像烈火熏心那样的危险。

【经文+传文】

　　六四　艮其身：无咎。

《象》曰："艮其身"，止诸躬也。

【译文】

六四　抑止身体不妄动：无害。

《象传》说："艮其身"，这是说君子安守本分了。

【爻意分析】

此为艮卦的第四爻。抑止住上身没有妄动，因此没有咎害。六四爻位于六五之下的多惧之地，其下又有九三爻躁动不已，所以处境危险。六四爻以阴居阴，有安静柔顺之德，当艮卦之时，能够顺应卦义，安身静心，因而没有咎错。

【可断结果】

六四爻位于外卦之始，和初六爻一样，都是艮体的下爻，但是六四爻以柔居阴位，而且能够得到九三爻的协助，一刚一柔，一升一降，以柔为表，以刚为里，所以居位得正，能够自觉地安守本位，没有咎错和灾祸。六四爻已进入艮卦上体，因而没有九三爻那样将上下体分割开来的危险情况了。

【经文+传文】

　　六五　艮其辅，言有序：悔亡。

《象》曰："艮其辅"，以中正也。

【译文】

六五　抑止他的面颊，说话注意有条不紊，悔恨就可以消失。

《象传》说："艮其辅"，是说君子能保守中正。

【爻意分析】

此为艮卦的第五爻。能够抑止其口而不使其说妄语，在合适的时候说话而且能够说得清晰有条理，悔恨会因此而消亡。六五爻以柔居阳，有失正之象，但因处上卦中位，能够持守中道，而能够避免因失位造成的错误，而不至于有令人悔恨的事情发生。《象传》说六五爻抑止其口而不说妄语，原因正是它处事持中适宜，有柔中之德。

此爻警示人们要慎于言，防止祸从口出，要知道言多语失。有一个历史故事可以说明这一点。春秋时代，晋平公举行宴会，叹息说："做君主不快乐。"太师师旷听完这话，抱着琴就撞过来。晋平公十分生气，说："太师你撞谁？"师旷说："我在撞胡说八道的小人。"平公说："你撞的是我。"师旷说："您刚才说的不像做君主的人说的话。"这故事说明做君主的说话都要得体，否则会招来侮辱。

【可断结果】

六五爻处在上卦中位，是全卦的尊爻，虽然以其阴柔之质位居阳爻之位，但是以柔履刚，正符合了艮卦的卦义，因此虽因失位而生悔意，但也因为其适时居中而使悔意尽消了。六五爻居于上位，与口的位置相近，因此爻辞中将六五爻喻为口，"艮其辅"则为止于口，但是这里的止于口也并非缄口不言，而是掌握说话的时机和说话的内容，不言则已，言必有序。

【经文+传文】

上九 敦艮：吉。

《象》曰："敦艮"之"吉"，以厚终也。

【译文】

上九　以诚恳厚道的品德抑止亢进的私欲：吉祥。

《象传》说："很诚恳地止而不动"而"获吉祥"，是因为上九能始终保持敦厚。

【爻意分析】

此为艮卦的最后一爻。以笃厚来约束自己止于善，并一直保持到最后，是吉祥之兆。上九爻以阳刚之质居于全卦之极，是抑止到了极点之象，因此虽然上九以阳居阴，但是因为他阳刚敦厚，所以能够敦厚笃实地将"止道"贯彻始终，并且能够抑止邪欲，最后达到至善的境界，所以能够获得吉祥。

《象传》认为，能够以敦厚的品质发扬"止"的道路，全靠了上九阳爻心中醇厚笃实的品质能够保持至终。

【可断结果】

上九爻以阳居阴，本是失位之象，然而当艮卦之时，居于全卦之极的他，本来应该穷极生变，却因其所拥有的阳刚敦厚之力而力挽狂澜。品质敦厚的上九爻不仅能够抑止全卦向不好的方向转化，还能够使其变得更加敦厚笃实。艮卦之中，九三和上九是仅有的两个阳爻，但是两者的吉凶却截然不同。九三爻因为处于一卦之中，在不当止的地方止住了，因此被称危厉；但是上九爻却处在全卦之终的位置，在应该停下的时候及时停下脚步，当止则止，故而被称吉。

渐 卦

风山渐
（下艮上巽）

【渐卦导读】

卦象：下艮上巽，为山上有风之象。卦德：下卦为艮为止，上卦为巽为入。
全卦阐明循序渐进的道理。

卦辞

【经文+传文】

《渐》 女归①：吉，利贞。

《彖》曰：渐之进也。"女归吉"也，进得位，往有功也。进以正，可
以正邦也。其位，刚得中也，止而巽②，动不穷也。

《象》曰：山上有木③，《渐》。君子以居贤德善俗。

【注解】

①归：嫁。《诗经·国风·周南·桃夭》："之子于归，宜
其室家。"之子于归，指这位女子就要出嫁了，故，后世称
女子出嫁为"归"。②止而巽：《渐》卦下艮上巽（巽是谦
逊），艮是止，所以说"止而巽"。③山上有木：《渐》卦
下艮上巽，巽是木，艮是山，所以说"山上有木"。山象征
贤人，木象征道德和习俗，道德习俗都是逐渐成长起来的，
所以下文说"君子以居贤德善俗"（居：积累；善：改善；
俗：习俗）。

《渐卦》取女子出嫁遵循六礼而获吉祥之象，
喻示事物发展的循序渐进之理。

【译文】

《渐卦》象征渐进女子出嫁按礼逐步进行，吉
祥，利于坚守正道。

《彖传》说：渐，指渐进。"女归吉"，是说君子
会逐渐获得地位，前往有收获。凭着正道进取，可以安邦定国。这样的君子刚健中正，
清净谦逊，行事不会途穷。

《象传》说：山上有木，这就是《渐》卦的象征。君子取法《渐》卦积累贤德，
端正习俗。

爻辞

初六　鸿渐于干；小子厉，有言：无咎。

《象》曰："小子"之"厉"，义"无咎"也。

【译文】

初六　大雁飞进水边；小孩（到水边玩耍）有危险，加以责备，（使他离去）：无害。

《象传》说：小孩近水是危险的，大人责备他——这理所当然是无害的。

【爻意分析】

此为渐卦的第一爻。鸿雁在迁徙向远方的时候，循序渐进地飞到水边。年幼无知的小子求进则会遭遇凶险，虽然有所抱怨，但是最终没有咎害。初六爻以阴居阳，位于一卦之始，柔弱在下，上面的六四不能与之相应，因此不能够急功近利，求进远行，否则会有危险。

【可断结果】

初六爻以阴居阳，是居位不正，又以柔弱之质位于一卦之首，向上又没有阳爻能够与之相合。所以初六爻若是想向上前进，就应该像鸿雁迁徙一样，不一下子飞出好远，而是有一个逐渐远去的过程，不急不躁。初六爻在一卦之初，地位卑微，体质柔弱无力，向上没有能够帮助、应援它的阳爻，所以并不具备一下子飞很远的潜质。喻之为人事，则是没有社会经验的孩子，若是凭借着"初生牛犊不怕虎"的劲头，做超过自己能力的事情，是非常危险的。所以，不急不躁地向前进才是初六爻应该遵守的卦义，这样才能没有灾殃。

【经文+传文】

六二　鸿渐于磐，饮食衎衎：吉。

《象》曰："饮食衎衎"，不素饱也。

【译文】

六二　大雁飞到水边石上，快乐地饮水吃鱼：吉祥。

《象传》说："饮食衎衎"，是说君子不是吃白饭的。

【爻意分析】

此为渐卦的第二爻。鸿雁渐进飞行到磐石上，栖身在安稳之所，能够和悦地享受饮食，是吉祥之兆。六二爻以阴居阴，处在下卦中位，居位中正，因此以鸿雁为喻，形容六二爻的境况是非常安适的；六二爻承于九三阳爻，处上卦中位的九五爻又能与之相应和，因此能够安然自得地享受美食，故而预示着吉祥。

【可断结果】

六二爻以阴爻居于下卦中位，柔顺居中，居位得正，上有亦能居中得正的九五阳爻与之应和，不但能够保证安全，而且能够持守中正，尽心劳力地为九五阳爻效力，因而得以安心地享受所获赏赐。比之为人生，则饮食和悦，起居欣然，有生可乐、有业可成，是百姓安居乐业的根本。

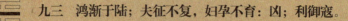

【经文+传文】

九三　鸿渐于陆；夫征不复，妇孕不育：凶；利御寇。

《象》曰："夫征不复"，离群丑也；"妇孕不育"，失其道也；"利御寇"，顺相保也。

【译文】

九三　大雁飞进陆地；丈夫出征未回，妻子失贞得孕而不能育，凶险；不过却对防御敌人有利。

《象传》说："夫征不复"，是说丈夫离群而去了；"妇孕不育"，是因为迷失正道了；"利御寇"，是说人们能和顺同心地保卫家园。

九三爻以阳刚之身居于阳位，又处在下卦"艮"的最上位，有鸿雁飞过山顶之象，虽然不能与六四相应，却能与之相比。两者阴阳投合，九三爻乐不思蜀，所以爻辞中说丈夫出征没有归还。而妇女得孕却不能生育，是因为鸿雁远离了它休养生息的水岸，飞到了陆地上。

【爻意分析】

此为渐卦的第三爻。鸿雁离开水滨逐渐飞向陆地。丈夫出征一去不返，妇女虽然怀孕却不能生育，是凶兆。情形有利于抵御强寇。九三爻以阳居阳，虽然居位得正，但是处位不中，因而有高亢急躁之象，违反了循序渐进的道理，因此会发生凶险之事。但是九二爻刚强有力，若是能够坚守正道，那么在抵御强敌的时候是非常有用的，可以补救自己过于刚强冒进的过失。《象传》说九三爻之所以会有"夫征不复""妇孕不育"之象，是因为其自身刚亢躁进，脱离了群体，违背了正道，所以劝谏九三爻要和顺地与同类生活在一起，用自身之刚强去抵御外侮，才能够脱离凶险之境。

【可断结果】

九三爻纯阳之身，当渐卦之时，势必不能遵守循序渐进之义而做出一些急躁之事。以人事而论，就像是一国之臣，治国不能够以渐安民，而是穷兵黩武，致使民不聊生，一家之母只能够怀孕，却不能将孩子生下好好抚养。这都是违背了"渐"之道，所以有凶。

【经文+传文】

六四　鸿渐于木，或得其桷：无咎。

《象》曰："或得其桷"，顺以巽也。

【译文】

六四　大雁飞到高高的树上，有的停在像椽子一样平稳舒展的树枝上：没有祸害。

《象传》说："或得其桷"，是说君子能和顺而谦逊啊！

【爻意分析】

此为渐卦的第四爻。六四阴爻处于阴位，居位柔正，上能承九五尊爻之阳刚，虽然处于多惧之地，只要自身能够渐进不燥，仍能安然无忧。《象传》也说，六四爻因为柔顺而又和悦，所以能够寻得安稳的树枝栖息。

【可断结果】

六四爻是阴爻，居阴位，脱离了下卦"艮"，为外卦"巽"之始。由九三之陆地进入到林中树上，已经是很高的位置了，但是因为鸿雁是水鸟而非山林之鸟，善于游泳的脚趾相连利于在水中前行，却不能握住树枝，所以鸿雁并不适合在山林中生存。现在六四已经进入了巽体，到了不应该到的地方，所以处境不是很好。而且六四爻又在九三阳爻之上，九三不会甘心地栖居在六四之下，势必奋力向上，这使六四爻处在一个十分不利的局势中。值得庆幸的是，六四爻因为居位柔正，能够上承九五阳爻之阳刚，以柔承刚，和顺事上，所以能够转危为安，没有咎错。

【经文+传文】

九五　鸿渐于陵，妇三岁不孕，终莫之胜：吉。

《象》曰："终莫之胜吉"，得所愿也。

【译文】

九五　大雁飞入丘陵（尽管有阻力尚未遂愿）；就像妇女几年不孕，但最终没人能替代她：吉祥。

《象传》说："终莫之胜吉"，是说阴阳相合的心愿实现了。

【爻意分析】

此为渐卦的第五爻。九五以阳爻之身居阳位，位于上卦之中位，是全卦之主，有君临天下之象。九五本应该和六二阴阳相合，但是中间隔着九三和六四二爻，就像是夫妻两人中间隔着万水千山。但那时因为九五与六二都居得正，乾坤相契，阴阳相合，是谁都不能阻挡的，所以《象传》中也说外物不会阻隔成功，九五爻一定能够实现与六二爻相会的愿望。

【可断结果】

九五爻是外卦的中爻，位于全卦的主位，又是阳刚之身，所以有君临天下之象。但是爻辞中喻九五爻为"鸿渐于陵"，说明九五爻远离水边，地位虽然高贵，但是并不利于自身的生存，是将自己置于不利之地，就像是一个刚刚得到王位的君主，还需要继续出征平定天下，所以处境并不十分有利。好在九五以阳居阳，自身就拥有刚毅中正的美德，同时下卦中又有能够与之应和的六二爻，所以九五爻一定能够冲破阻隔，与六二爻相会，从而获得吉祥。

【经文+传文】

上九　鸿渐于陆，其羽可用为仪：吉。

《象》曰："其羽可用为仪吉"，不可乱也。

【译文】

上九　大雁飞回陆地；它的羽毛可用来进行礼仪活动：吉祥。

《象传》说："其羽可用为仪"——这是说其高洁的志向不能躁乱。

【爻意分析】

此为渐卦的最后一爻。上九爻以阳刚之质位于全卦之极，物极必反，所以上九爻又返回了适合鸿雁栖息的岸边。因此虽然上九爻以阳居阴，居位不正，却因为回到了适合自己的地方而没有凶兆了。《象传》中说用鸿雁的羽毛进行礼仪活动从而获得吉祥，是因为这是按照一定的规则进行的，没有混乱。鸿雁也是按照自身本应遵循的规律自上而下行动的，行为不乱，所以有吉祥之兆。

鸿雁又渐渐飞回陆地，期间它的羽毛落在了地上，人们捡起来可以用作礼仪活动，是吉祥之兆。

【可断结果】

上九爻位于全卦之终，在巽体之上位，处于阳刚之极而开始生变之时，其下九三爻亦是阳爻，上下难以相应，所以上九爻变刚为柔，变上为下，比之为鸿雁，则是飞回适于栖身的水岸。所以上九虽然爻辞与九三相同，但是结果却截然相反。渐卦之"渐"虽然是渐进之意，但是上九爻在全卦之极，穷极生变，所以上九能够由升变降，恰好符合了自身应该遵从的规律，故而没有咎错，反而有吉。爻辞中也以将鸿雁的羽毛用在礼仪活动之中为喻，来说明上九爻的行为、心意都没有混乱，是遵从了自然规律的。

归妹卦

雷泽归妹
（下兑上震）

【归妹卦导读】

卦象：下兑上震，为大泽响雷之象。卦德：下为兑为悦，上卦为震为动。

全卦揭示天地之交，夫妇之道的大义。

卦辞

【经文+传文】

《归妹》 征凶，无攸利。

《彖》曰：《归妹》，天地之大义也。天地不交，而万物不兴。《归妹》，人之终始也。说以动，所归妹也。"征凶"，位不当也；"无攸利"，柔乘刚也。

《象》曰：泽上有雷①，《归妹》。君子以永终知敝。

【注解】

①泽上有雷：《归妹》卦下兑上震，震是雷，兑是泽，所以说"泽上有雷"。泽上雷鸣，春天来了，这是婚娶频繁的日子，君子渴望婚姻的美满，所以下文说"君子以永终知敝"（永终：美满；敝：同"弊"，流弊）。

【译文】

《归妹》卦象征嫁出少女：不可急就强求，急就强求则凶险，无利可得。

《彖传》说：《归妹》卦讲少女出嫁，体现的是天地之间的大道理。天地阴阳二气不交接，万物就不能生长。《归妹》卦就是体现人类繁衍的道理的。男女相处和悦，所以婚姻就成了。"征凶"，是因为君子地位失当；"无攸利"，这是因为柔爻凌驾刚爻。

《象传》说：泽上有雷，这就是《归妹》卦的象征。君子取法《归妹》卦，追求婚姻美满，察明婚姻有始无终的流弊。

归妹卦以嫁出少女为一卦之义，说明男婚女嫁是人之大伦，即是人类能够兴盛繁衍的根本因素。

261

爻辞

初九　归妹以娣；跛能履；征吉。

《象》曰："归妹以娣"，以恒也。"跛能履吉"，相承也。

【译文】

初九　嫁少女并以少女的妹妹陪嫁；像跛子能够走路；前往吉祥。

《象传》说："归妹以娣"——这是按常规办事。"跛能履吉"，是因为能帮助姐姐侍奉夫君。

【爻意分析】

此为归妹卦的第一爻。初九爻位于全卦之初，上卦中的九四爻不能与之相应，因此初九爻就像随着姐姐一同出嫁的妹妹，地位较低，只能成为侧室。但是好在初九爻以阳居阳，居位得正，能够以自己的阳刚之贤辅助姐姐，特别是在遇到不顺利之事的时候，不但能够继续前行，而且还能够获得吉祥。

【可断结果】

爻辞中以跛脚也能继续向前走路，来说明初九爻虽然处在一卦之初，地位不高，但却能凭借自己的阳刚之质和贤德去辅助夫君和姐姐，好像跛着脚的人没法走路端正，但是却能够通过其他的方法，尽自己的力量，是非常吉祥的。

九二　眇能视；利幽人之贞。

《象》曰："利幽人之贞"，未变常也。

【译文】

九二　瞎了一只眼勉强能够看见；此时幽静的人坚守正固将有利。

《象传》说："利幽人之贞"，是因为其没有改变柔和幽静的一贯志向。

【爻意分析】

此为归妹卦的第二爻。一只眼睛虽然看不见了，却更加善于观察了，有利于幽居无争的人持守中正。九二爻的处境就好像是一个人一只眼睛虽然看不见了，但却因此变得善于观察和掌握时机了，因此幽居无争的生活更加适合九二爻。九二爻居于下卦之中，向上有六五爻相应，虽然有阳刚贤德之象，可惜辅助的君爻并非其良配，因此幽静恬淡的九二爻只有守持正固，才能够获得吉祥。《象传》也认为，正是因为九二爻能够持之以恒地持守正固，她才身处困境而能继续行进下去。

【可断结果】

九二爻位于下卦之中，阳刚居中，是女子有贤德之象。九二爻向上应和六五爻，但是六五以阴居阳，居位不正，虚而无实，所以两者虽然内外相应，却刚柔相反，说明六五爻并非九二爻的的良陪。嫁夫不良，九二爻拥有一身的贤惠之德也没处使用，才华被淹没。爻辞中用"眇能视"来比喻九二爻所处的困境。能否在身处困境之时依旧守中持固，拥有贞正之德，才是九二爻能否获得吉祥的关键。面临不明朗的局势和没有能力的丈夫，九二爻仍不见异思迁，尽自己最大的努力去辅助自己的丈夫，不做自己不应该做的，不超过丈夫的地位，纵使有一些小挫折，最终也能够获得成功的。

【经文+传文】

 六三　归妹以须，反归，以娣。

《象》曰："归妹以须"，未当也。

【译文】

六三　少女出嫁盼望成为正室，应当反归待时，嫁作侧室。
《象传》说："归妹以须"——这种地位是失当的。

【爻意分析】

此为归妹卦的第三爻。婚嫁之时，位置不当的女子想要以正室的身份嫁过去，最终也只能作为陪嫁者一同嫁过去，成为侧室。六三爻以阴之身爻居于阳位，是居位不正，又处在下卦之极，乘于阳爻之上，所以有向上求进之心，但是向上没有能够与之相应和的阳爻，所以盲目地向上求进则必有咎害。《象传》中说，婚嫁之时，妹妹想要以正室的身份嫁过去，是非常不妥当的。

【可断结果】

六三爻是下卦的主爻，以阴爻之身居于初九、九二两个阳爻之上，是以柔履刚之象。六三爻又以阴居阳，心中容易生出妄念，想要以自己不正之身，去获得正位。就像在婚嫁之时，家中的妹妹想要以姐姐的身份嫁过去作为正室一样，是不可能的。同时，六三爻向上本应该与上六爻相应和，但是六三与上六均为阴爻，不能相协。所以位置不当的妹妹再怎么努力，也都只能成为侧室。

【经文+传文】

 九四　归妹愆期，迟归有时。

《象》曰："愆期"之志，有待而行也。

【译文】

九四　嫁少女延误婚期，迟嫁是想等待更好的夫家。

《象传》说：错过嫁期的目的，是等待更好的机会行事啊！

【爻意分析】

此为归妹卦的第四爻。女子出嫁的时候延误了时间。迟迟地没有出嫁是为了等待时机。九四爻以刚居阴，其下没有能够与之相应的爻，说明九四爻虽然有刚而贤德之才，但是在适嫁的年龄却没有遇到合适的配偶，因此只能静待时机。

【可断结果】

九四爻位于上卦之始，是上卦震的主爻，阳刚之质正得其时。九四爻本身又以刚居阳，象征着一个贤德有才华的女子。九四爻在下应该与初九爻相应，可惜初九和九四重刚而不能相协。因此九四爻就成了一个才华横溢、刚而贤德的女子，不愿意轻易地委身于他人，因此，过了适婚的年龄仍然没有出嫁。九四爻推迟嫁期，是出于自己的意愿，并不是因为自己身上有什么缺点而没有人愿意娶。

【经文+传文】

 六五　帝乙归妹，其君之袂不如其娣之袂良，月几望：吉。

《象》曰："帝乙归妹"，"不如其娣之袂良"也。其位在中，以贵行也。

【译文】

六五　象征帝乙嫁女儿，作为正夫人的服饰没有陪嫁妹妹的服饰漂亮，其内在的美德如临近阴历十五时的月亮近圆满而不盈，吉祥。

《象传》说：帝乙嫁女儿，作为正夫人的服饰没有陪嫁妹妹的漂亮，但她品行中正，是以尊贵的身份而行朴素之道啊！

【爻意分析】

此为归妹卦的第五爻。帝乙嫁出少女，正室衣服上的服饰，还不如她的陪嫁者身上的服饰美好。月亮接近圆满，是吉祥之兆。帝乙将自己的女儿嫁给比自己地位低下的臣子。帝乙的女儿身为正室，衣服上的衣饰却没有陪嫁的人衣服上的配饰美好。帝乙的女儿品德美好得恰到好处，就像是月亮接近圆满的时候，圆润美满又不会过于充盈，是吉祥的象征。六五爻位于上卦之中，处在全卦的正位，虽然以柔居刚，但是向下能够与九二爻相应和，说明六五爻能够持中守正，而且主动纡尊降贵，因此，他是能得吉的。《象传》也说，六五守中持正，身份高贵却能够施行勤俭之道，是非常难能可贵的。

【可断结果】

六五爻虽以阴居阳，但柔顺居中，向下应和刚而贤德的九二爻，当归妹卦之时，即是帝乙将自己的女儿下嫁给诸侯之象。六五爻下应于九二爻，就像是女子不等待别人提亲，反倒自己主动出嫁，是违反常理的。但是因为六五爻地位尊贵，品德美好，无人敢高攀，所以六五爻只能主动求婚，因此得凶之兆也就变成了吉祥之象。

【经文+传文】

上六 女承筐，无实，士刲羊，无血：无攸利。

《象》曰：上六"无实"，承虚筐也。

【译文】

上六 女子捧着筐子，筐中没有东西，男子杀羊（是空刺），刺不出血：无利可得。

《象传》说：上六说，女子的筐里没东西——她捧的是空筐啊。

【爻意分析】

此为归妹卦的最后一爻。女子手中捧着一个竹筐，竹筐里面没有东西，青年男子用刀屠杀了自己养的羊，但是没有血可以取，夫妇祭祀之礼难以成功，没有什么利益可以获得。上六爻位于归妹卦之终，位穷气尽，向下又不能与六三爻相应和，说明六三爻无论再做什么，也都不可能有什么收获了。

【可断结果】

上六爻以阴居阴，位于全卦之终，所处是穷变的位置，因此有虚空之象。下卦的六三爻亦为阴爻，重阴不能相协，所以爻辞中称"无利"。古代时，承筐和刲羊是夫妻祭祀之事，古代贵族的婚礼有祭献宗庙的习俗。上六爻不能与六三爻相应，说明夫妻祭祀之礼未成，未能成为夫妻，人伦因此而废，后嗣因此而绝，故"无攸利"也。

丰 卦

雷火丰
（下离上震）

【丰卦导读】

卦象：下离上震，为电闪雷鸣之象。卦德：下卦为离为明，上卦为震为动。

全卦阐释了在丰大之时，唯有执守中道，及早对隐患采取措施才能保持丰大的道理。

卦辞

【经文+传文】

《丰》 亨，王假之，勿忧，宜日中。

《彖》曰：丰，大也。明以动，故丰。"王假之"，尚大也；"勿忧宜日中"，宜照天下也。日中则昃，月盈则食，天地盈虚，与时消息，而况于人乎，况于鬼神乎？

《象》曰：雷电皆至[①]，《丰》。君子以折狱致刑。

【注解】

①雷电皆至：《丰》卦下离上震，震是雷，离是电，所以说"雷电皆至"。雷象征刑罚，电象征明察，君子力求刑罚分明，所以下文说"君子以折狱致刑"（折：判决；狱：案件）。

天下只有君王才能至于极丰极盛的境地，所以说"王假之"。

【译文】

《丰卦》象征盛大：亨通，君主会达到盛大亨通之境界，不用忧虑，宜保持如日中天之势。

《彖传》说：丰，象征丰大。道德光明，并能施于行动，所以能够盛大。"王假之"，是说君主崇尚丰大；"勿忧宜日中"，是说君主宜以丰盛之德普照天下。太阳升中就西斜，月亮满了就亏缺，天地的盈缺，都是随着时间消长的，何况人呢，何况鬼神呢？

《象传》说：雷电交加，这就是《丰》卦的象征。君子取法《丰》卦审明案件，施用刑罚。

爻辞

【经文+传文】

初九 遇其配主，虽旬无咎，往有尚。

《象》曰："虽旬无咎"，过旬灾也。

【译文】

初九 遇上与自己相匹配的人，尽管两者均为阳刚，但不会招致咎害，前往会得嘉赏。

《象传》说：尽管两者均为阳刚，但不会招致咎害。若是两者不能均衡，就会有灾祸。

【爻意分析】

初九爻以阳居阳，居位得正，故而无咎；但是初九爻向上不能够与九四爻相应和。当丰卦之时，初九和九四之间阳刚相当，有互为明亮、互相光照之象。《象传》也说，能够这样势均力敌的话，是不会有所咎错的。如果一旦打破平衡，急于求进则必然导致灾祸的发生。

【可断结果】

初九爻以阳居于丰卦之初，向上与九四爻相应，二者皆阳不协。但是因为初九在下体"离"的下方，而九四则在上体"震"的下方，离为明，震为动，动因明而知方向，明因动而显功用，所以，初九与九四虽为阳爻，但却仍然能够彼此追求，相互配合，相得益彰。

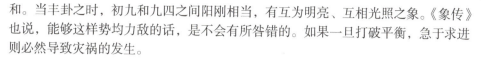

【经文+传文】

　　六二　丰其蔀，日中见斗，往得疑疾，有孚发若：吉。

《象》曰："有孚发若"，信以发志也。

【译文】

　　六二　增大他的草帘，（遮住太阳，屋中一片黑暗，以至明明是）正午，（黑屋中的他却）看见了北斗星，这意味着前往会有被怀疑的隐患，此时应向人表明自己的诚信：吉祥。

《象传》说："有孚发若"，是说君子能老实地表达真诚的愿望。

【爻意分析】

　　此为丰卦的第二爻。遮蔽之物的增大使阴影越来越大，最终遮住了太阳，以至于正当中午的时候，天空出现了北斗星。此时轻举妄动继续向前，则一定会有被猜忌的隐患。这个时候若是能够表明自身的诚信，就能够获得吉祥。六二爻以阴居阴，当"丰"之时，象征着阴暗越来越大，最终遮住了光明。六二爻以这样的姿态向上去应和六五爻，一定会遭到六五的怀疑。所幸六二爻居中持正，态度谦虚内心诚信，所以能够获得六五的信任，从而获得吉祥。《象传》也劝勉六二爻应当通过自身的诚信，来获得君王的信任，从而完成自己的丰大的志向。

【可断结果】

　　六二爻本身应该向上应六五爻，但是六五以阴居阳，是一个昏庸的君主。这个时候，太阳被遮蔽，天下一片黑暗，看不清前路，贸然向上应和六五爻，因为轻举妄动而越过中道，则会被君王猜疑忌恨，因此会遭到凶险。

【经文+传文】

　　九三　丰其沛，日中见沫，折其右肱：无咎。

《象》曰："丰其沛"，不可大事也；"折其右肱"，终不可用也。

【译文】

九三　增大他的布幔，（遮住太阳，屋中一片黑暗，以至明明是）正午，（黑屋中的他却）看见了星星，会折断了手臂，（但能治愈）：无害。

《象传》说："丰其沛"，是说这时君子不宜办大事；"折其右肱"——结果右肱就不能用了。

【爻意分析】

此为丰卦的第三爻。九三阳爻向上与上六阴爻相应和，但是因为上六爻居于丰卦之极，是遮天蔽日的黑暗之象；九三爻自己又以阳居阳，有阳刚至明之才，所以九三爻不能有所作为，就像右臂已经被折断了一样，谨慎行事，才能够没有咎错。《象传》也劝诫九三爻，不能够与上六共同采取大的行动，就像右臂被折断了一样，其才会是无法施展的。

【可断结果】

九三以阳爻之身居于下卦之上位，有刚正贤明之才。可惜的是，九三爻与上卦的上六爻相应，上六爻是一卦之极，过中之阴，可谓阴暗至极，其黑暗的程度远远超出六五爻，所以既然九三爻趋向阴暗之地，那么本身的刚明之才也就没有可用之地了，所以爻辞中以"折其右肱"来比喻九三爻的境地，也是告诫九三爻屈己慎守才能够不至于有所咎害。太阳正在进一步被暗影吞噬，这时候连北斗星的辅星都看得到，说明光明已经完全被黑暗所代替，世界处在一片黑暗与混乱之中。这个时候，九三爻作为有贤智之才的有识之士，想要有所作为，可惜小人当道，九三爻若是强硬地向前突进，则会有像失去自己右臂一样严重的损失。

【经文+传文】

九四　丰其蔀，日中见斗，遇其夷主：吉。

《象》曰："丰其蔀"，位不当也；"日中见斗"，幽不明也；"遇其夷主"，"吉"行也。

【译文】

九四　增大他的草帘，（遮住太阳，屋中一片黑暗，以至明明是）正午，（黑屋中的他却）看见了北斗星，此时遇上与自己德行相匹配的主子：吉祥。

《象传》说："丰其蔀"，是说君子地位失当；"日中见斗"，是说君子处境黑暗；"遇其夷主"——如此相得相合定获吉祥。

【爻意分析】

此为丰卦的第四爻。遮蔽物的阴影仍然很大，遮住了太阳。但是天空中只能看到大一点的北斗星了；能够遇到公平允正，德行与自己相匹配的君主，是吉祥之兆。九四阳爻居阴位，是光明陷入黑暗之象，但是因为九四爻有初九爻与之相应，因此光明的势力更加强大。虽然九四爻处在尊爻旁边的多惧之地，但是因为六五爻有光明之德，再加上九四爻本身具有刚毅向上的品质，所以同样是陷入黑暗之中，九四爻所面对的形势却也开始向好的方向转化，所以称为吉兆。《象传》认为，九四爻困于黑暗之中，是因为以阳居阴，居位不正；正值正午，天空中却能看到北斗星，是因为此时仍然幽暗不见光亮；但是能够遇到品德与自己相平衡的君主，说明九四爻是可以继续向前进的。

遮蔽物的阴影仍然很大，遮住了太阳。九四爻虽然陷入了黑暗的困境，但能够得到与之品德相近的初九阳爻的帮助，最终摆脱险要的境地，获得光明。

【可断结果】

九四爻以阳居阴，居位不正。爻辞上的第一句与六二爻之象相近，均是光明被阴影所掩挡，太阳被黑暗所遮蔽之象。然而九四爻和六二爻能够获得吉祥的原因却不同：六二爻持中守正，虽然处于极阴之地，能够以自身之美德"出淤泥而不染"，所以能够获得吉祥；九四爻之吉，是因为在下有初九爻与之相应，虽然二者同为阳爻，但是二阳相辅相成，携手并肩就能走出黑暗。前方的六五尊爻，虽然体质阴柔，却能以其阴柔显阳刚光明之壮美，所以九四向前去辅助君主成就大事业是没有咎错的，是吉祥之兆。

【经文+传文】

六五 来章，有庆誉：吉。

《象》曰："六五"之"吉"，有庆也。

【译文】

六五 招来天下的俊美之才，必有福庆：吉祥。

《象传》说：六五中的"吉"，是说必有福庆。

【爻意分析】

此为丰卦的第五爻。阴影尽退，光明显现，太阳又重新绽放出光芒，有吉庆和美誉，是吉祥之兆。六五爻为全卦的主爻，以阴爻之身居于丰卦的尊位，柔顺居中，象征着阴柔的尊者有光大光明之德，能够感召天下俊美之才，因此会获得吉庆和美誉，是吉祥的象征。《象传》也说，六五爻居尊位，它的"丰"是能够以己之德，招来群贤，共造天下之丰业，是天下之吉，因此是值得庆贺的吉祥。

【可断结果】

六五爻以阴居阳，本是失位不正，又在君位，是一位没有能力成就帝王丰大之业的君主，而且其上又有上六爻这个小人的蒙蔽，很容易成为一个昏庸无道之君。好在六五爻有柔顺持中之德，虽然自身柔暗，但是能主动屈己下贤，善于招致和任用光明章美的贤才，招来六二、九三、六四这样有美德的贤士来辅助自己，从而去暗为明，成就丰功伟业。

【经文+传文】

上六 丰其屋，蔀其家，窥其户，阒其无人，三岁不觌：凶。

《象》曰："丰其屋"，天际翔也；"窥其户，阒其无人"，自藏也。

【译文】

上六 增大他的屋子，用草帘遮蔽他的家，窥探他的窗户，寂静无人，几年不见他了：凶险。

《象传》说："丰其屋"，是说君子高飞逃逸了；"窥其户，阒其无人"，是说君子自己深藏不露。

【爻意分析】

此为丰卦的最后一爻。扩大房屋，遮蔽了居室，通过门窥视其中，寂静无声无人居住，三年也见不到面，是凶兆。上六爻以阴居阴，虽然居位得正，但因处于全卦之极，极则生变，所以有昏暗不明之象，居于高位却不与人来往，不施德于人，因此有大凶的征兆。《象传》也说，上六爻就像是飞翔在天际，不愿低就与人交往；把自己深深地藏起来，拒人于千里之外。

【可断结果】

上六爻是丰卦六爻中唯一的凶爻。上六以阴爻之身居阴位，处于一卦之极，是越过了中道而无法保持丰大吉祥之象，故而转吉为凶。上六居于上位，象征着地高权重之人，扩大了他的房屋，遮蔽了其中的居室。这样的人扩大房屋不是为了招贤纳士，而是为了隐蔽深藏，自绝于人。上六爻以其阴暗之质，居于高位，又昏暗不明，不能为人所了解。爻辞中还说，上六爻一直持续这种状态长达三年之久，也不知道改变，那么，一旦生变，上六不知变通，自身又没有化险为夷的才能，定会招致祸端。

旅 卦

火山旅
（下艮上离）

【旅卦导读】

卦象：下艮上离，山中燃火，烧而不止之象。卦德：下卦为艮为止，上卦为离为明。全卦阐述了人在旅途的道理是柔而能中为好的道理。

卦辞

　　《旅》　小亨，旅贞吉。

　　《彖》曰：《旅》"小亨"。柔得中乎外，而顺乎刚，止而丽乎明，是以"小亨，旅贞吉"也。《旅》之时义大矣哉！

　　《象》曰：山上有火，《旅》。君子以明慎用刑而不留狱。

【译文】

　　《旅卦》象征行旅：小获亨通，旅人坚守正道则吉祥。

　　《彖传》说：《旅》，是能小亨通的。谦柔之人居位中正，顺从阳刚君子，安定守正而依附光明，所以说"小获亨通，旅人守持贞正可获吉祥"。《旅》卦这种适时前往的道理真是大啊！

　　《象传》说：山上有火，这就是《旅》卦的象征。君子取法《旅》卦，使用刑罚时明察慎重，办案时不拖延案件。

旅居时的处世之道，贵在用柔不用刚。

爻辞

　　初六　旅琐琐，斯其所取灾。

　　《象》曰："旅琐琐"，志穷灾也。

【译文】

　　初六　旅人行为卑贱猥琐，心中多疑，这是他招致灾祸的原因。

　　《象传》说："旅琐琐"，是说其由于意志穷窘而酿祸了。

【爻意分析】

　　此为旅卦的第一爻。旅行时猥琐卑贱，这是自取灾祸。在旅行之初时举止猥琐卑贱，心中多疑，行事不大方，这就是自己找来灾祸。初六爻以柔居于一卦之始，因此有猥琐卑微之象，虽上有所应，也无能为力，只会自取灾祸。

【可断结果】

　　初六以阴爻之身处于旅卦之初，以柔居于一卦之始，其地位卑下，因此行动时举止扭捏，拘束不自然，就像是地位卑微，没有见过世面，第一次踏上旅途的人一样，这样的人在旅途中表现出来的行为猥琐、少见多怪，会遭到众人的鄙视，因此也会招来祸患。初六爻以阴居阳，居位不正，因此还未出行，就已经意志非常窘迫，无法自尊持正了。初六爻虽然想向上应和九四阳爻，以柔顺刚。这样的志向很好，可惜九四爻也会非常轻视他。所以，初六爻虽然以柔顺刚，却摆脱不了被阳爻所侮辱的命运。

【经文+传文】

六二　旅即次，怀其资，得童仆：贞。

《象》曰："得童仆贞"，终无尤也。

【译文】

六二　旅人住进旅舍，怀带资财，拥有童仆：守持正固吉祥。

《象传》说：旅客凭正道得到童仆的照顾，这结果是不会有什么过错的。

【爻意分析】

此为旅卦的第二爻。旅途中能够居住在客舍，怀中也藏有一定资财，身边又有小童仆的伺候，持守中正才能够防止危险。六二爻以阴居阴，居位得正，又在下卦之中，因此持守中正，就能够在旅途中顺利前行而不受到危险。

《象传》也说六二爻在旅途中得到了童仆的照料，能够持守中正，不失正道，因此不会受到什么伤害。

【可断结果】

六二阴爻居于阴位，以其柔顺居于下卦之中，是阴柔者居中得正，有持守中正之象、安贞之德和柔静之用。六二爻在下卦中位，有守据或者前行的基础，因此在旅途奔波即劳累时，有临时休息的地方；六二爻有柔顺之质，因此善于接受他人的赠与，所以"怀其资"，是有财物、财产；同时，六二处位居中却行事在外，因此有童仆伺候左右，有供自己差遣的人。六二爻就像是一个准备充分的旅行者，途中有旅店可住，怀中有钱可用，身边有童仆可供差遣，不致于自己受累。这时的六二爻只要能够固守中正，就不会受到灾害。但是六二爻羁旅在外，虽然疲惫之时能够获得暂时的安稳，但是也不足以称作吉祥，一旦六二松懈自己，没有守正中固，那么灾害也就随之而来。可见在外的旅人是多么的艰难和不易！

【经文+传文】

九三　旅焚其次，丧其童仆：贞厉。

《象》曰："旅焚其次"，亦以伤矣。以旅与下，其义丧也。

【译文】

九三　旅人住的旅舍失火，火灾中跑了童仆；应守持正固以防危险。

《象传》说："旅焚其次"，是可悲的；旅客和童仆共处，童仆在失火时跑了——跑是理所当然的。

【爻意分析】

此为旅卦的第三爻。旅途中烧毁客舍，丧失童仆，应守持正固以防危险。九三爻刚重焦躁，使暂时安身的客舍被火烧毁；对自己的童仆强硬，而丧失了自己的童仆；一定会有危险。九三爻以阳居阳，本就阳刚躁进，又上临九四阳爻，刚毅过头而失去中正，所以会遭遇祸患。

【可断结果】

九三爻以阳爻之身居阳位，虽然居位得正，但是上临九四阳爻，使得九三阳爻刚进躁动；同时，九三爻又在下卦的最上，居位不中，所以难以控制自己脾气，六二爻能够用来休息的客舍，会被焦躁的九三爻烧掉；能够好好服侍六二，分担六二爻旅行之苦的童仆也因为九三急躁的脾气而离开了。六二爻与九三爻的处境如此不同，是因为六二爻秉承了阴柔之正，而九三爻过刚自害，失其守。常言道："天有不测风云。"旅途中的人得失无常，福祸不定，若是九三爻一意孤行，刚愎自用，那么面临伤害也是无可厚非的。

【经文+传文】

九四　旅于处，得其资斧，我心不快。

《象》曰："旅于处"，未得位也。"得其资斧"，心未快也。

【译文】

九四　旅人住进了别的旅舍，寻回了他的钱币，但心里仍有不快。

《象传》说："旅于处"，是说旅客地位失当。旅客的钱财失而复得，但他心里还是不快。

【爻意分析】

此为旅卦的第四爻。旅途中找到暂时休息的地方，得到了资金和斧子，心里不畅快。九四在旅行的途中并没有找到安全舒适的客舍，只有暂时栖居的地方，虽然找回了资财，但是心中仍然十分不快。九四以阳爻之身居于阴位，居位不正，所以不得安居，只能暂栖；虽然能够寻回资财，但仍然不是很高兴。

【可断结果】

九四爻位于外卦之始，进入了离卦。离为火，进入离卦之中，象征着旅人即将开始匆忙赶路，经历居无定所的羁旅生活。九四爻以阳爻之身居于阴位，故有居位不正之象，因而在旅途的过程中会遭遇到不快的事情。孔子认为，九三和九四爻辞中的"次"和"处"虽然都是指居住的地方，但是两者有细微的差别。"次"因为有所凭借，所以能够由近及远，向更远的地方前行；"处"则有暂息不前、停止的意思。但是九四作为一支积极求上的阳爻，不进不退，停止在一个地方，心中一定会有不快。况且，九三和九四同为阳爻，相近而处，已经是重刚失位之象，现在九四又以刚履柔，就是在不应该休息的地方休息，在不应当停留的地方停留了，因此九四心生不快，纵然获利，也有所不甘。

【经文+传文】

六五　射雉，一矢亡，终以誉命。

《象》曰："终以誉命"，上逮也。

【译文】

六五　（旅人）射野鸡，丢了一只箭，（射艺高超的旅人）终获赞誉和爵命。

《象传》说：终获赞誉和爵命，是追随上面尊者的结果。

【爻意分析】

此为旅卦的第五爻。射猎野鸡，一支箭头亡失，最终还是能得美誉和爵命。旅行在外时，射获了野鸡而有所得，但是却不小心亡失了一支箭。虽然有些损失，因大失小，但是最终还是会获得美好的赞誉和丰厚的爵位。六五以阴居阳，居位不正，有所遗憾；以柔顺居于中道，能以其柔中之德获得吉祥。《象传》也说，六五爻能够最终获得美誉和赏赐，是因为六五能以其阴柔顺承于上位。

【可断结果】

六五爻居于上卦的中位，当离卦之时，不仅拥有柔顺守中之质，而且还能够上承于上九爻之阳刚，虽然以阴居于阳导致失位，故而有所损失，但是能够通过自己本身的柔顺之德，持中守固，以阴承阳，将事物引向吉祥。《象传》中，"柔得中乎外而顺于刚"，说的就是六五爻。一般来说，周易中第五爻的位置均为君爻之位，但是当旅卦之时，六五爻也是离家在外，独自旅行的人，而并非指君主，因此，六五爻能够依顺于上九爻的阳刚，以其阴柔和顺之质，去应和刚毅高亢的上九爻，阴阳相合，刚柔相济。可惜的是，六五本身是阴爻，处阳位，与六二爻相应却不能相协，有重柔而失正之象。在艰辛险恶的旅行中，太过阴柔则没有办法顺利地完成旅途，因此六二必有所失。

【经文+传文】

上九　鸟焚其巢，旅人先笑后号咷；丧牛于易：凶。

《象》曰：以旅在上，其义焚也。"丧牛于易"，终莫之闻也。

【译文】

上九　鸟巢失火（比喻旅中过于张扬忘形而旅舍失火），旅人先因得高位而笑后因遭殃而哭；好像牛在地边走失：有凶险。

《象传》说：旅居在外，却居高自傲，所以他的房子被烧是理所当然的；牛在边地走失这件事，终归是无人过问啊！

上九爻辞以鸟巢之焚毁为喻，象征旅途之人失去安居之地。

【爻意分析】

这是旅卦的最后一爻。就像是高居在树上的鸟巢被焚烧，行旅的人虽然先得到了高位，但紧接着就会为了后面到来的灾祸而哭号不已。如同在田边丢失了牛，一定会有凶险。《象传》也说，身为旅行者，却想要居于高位，那就相当于引火自焚；牛在地边走失，终究也无人过问。上九爻羁旅路上所遇到的灾祸将没有人知晓。上九爻位于全卦之终，同时以阳爻之身居于阴位，在穷极之时还想以阳刚之力向上拼搏，有所作为，是十分危险的。

【可断结果】

上九阳爻处旅卦之终，居于旅途的穷极之地。旅卦的上卦为离，离为火，上九在离上，就好像是树上着火焚烧了鸟巢，以鸟失其居，喻旅人失其安居之所。上九爻在这之前还因为以阳刚高亢之力登上了高处而欣喜不已，却因为遭遇这样的事情而哭号不止。这就是在穷极之时，不知道持中守正，妄图登上高位而遭到的祸患。爻辞中还以丧牛做比，来表明上九的境况就好像在遥远的田边遭遇灾祸的牛一样，因为登得太高，所以没有人发现，也就无法实施救援，是非常危险的。

巽　卦

风为巽
（下巽上巽）

【巽卦导读】

卦象：下巽上巽，为风相随而至之象。卦德：下卦为巽为人，上卦为巽为人。

全卦阐明从政发令的管理原则，只有刚柔适中才符合巽卦的精神。

卦辞

【经文+传文】

《巽》 小亨，利有攸往，利见大人。

《彖》曰：重巽以申命。刚巽乎中正而志行，柔皆顺乎刚，是以"小亨，利有攸往，利见大人"。

《象》曰：随风①，《巽》。君子以申命行事。

【注解】

①随风：《巽》卦下巽上巽，巽是风，风随着风吹，所以说"随风"。随风象征着君子发布政令，要效法风行天下之象，申明政令利于办事，所以下文说"君子以申命行事"。

【译文】

《巽卦》象征谦顺：小事亨通，前往有利，见大人有利。

《彖传》说：上下都谦顺宜于君主重申政令。君主刚健，具有谦顺而中正之美德，意志得以推行，阴柔者都能顺从于阳刚者，所以说"小亨，利有攸往，利见大人"。

《象传》说：风随着风吹，这就是《巽》卦的象征。君子取法《巽》卦，办事时申明政令。

"巽"有谨慎逊顺之意。

爻辞

【经文+传文】

初六 进退，利武人之贞。

《象》曰："进退"，志疑也；"利武人之贞"，志治也。

【译文】

初六 谦顺过度而犹豫，进退无所适从，勇武之人守持贞正则有利。

《象传》说："进退"——这是说君子心存疑惑；"利武人之贞"，是说勇武君子心志坚定。

【爻意分析】

此为巽卦的第一爻。巽是谦卑顺从的意思。进退犹豫，利于勇武的人持守正固。因为过于谦卑顺从，以至于面临进退的抉择时，难以做出决定，十分犹豫。勇武的人应该持守正固，不轻易冒进，但也要使自己的心智也坚韧起来。初六爻在巽卦之始，以柔在居，上临九二阳刚，外应六四阴柔。九二与六四一刚一柔，造成了初六爻谦卑顺从得过分，以至于不知是进是退。《象传》中说初六爻之所以这样进退犹豫，是因其意志懦弱多疑，勉励他树立坚强的意志。

【可断结果】

初六爻以阴爻之身居于阳位，居位不正。整个卦中，初爻和四爻均为阴爻，两者都临近位置中正的二、五阳爻，所以初六爻的意志会懦弱而多疑。初六爻又上临九二，过于柔顺而趋向阳刚，会因为多疑而互相妨碍；外应于四，却因二者皆柔而无法相应。初六爻想向前不得，想后退亦不可能，因此进退维谷，一筹莫展。因此，勇武之人应该持守中正，同时修养自己的意志，使其更加坚韧。

【经文+传文】

九二　巽在床下，用史巫纷若吉，无咎。

《象》曰："纷若"之"吉"，得中也。

【译文】

九二　谦顺地伏于床下，如祝史、巫觋一样谦卑地侍奉于上就能大获吉祥，无咎害。

《象传》说：能够大获吉祥是因为他能秉守中道。

【爻意分析】

此为巽卦的第二卦。顺从地在床下，效仿祝史和巫觋以卑顺恭敬于上，是吉祥而没有咎害的。顺从谦卑地屈居于床下，就是过于谦卑了。如果能够效仿祝史和巫觋，以谦卑之情去侍奉主上，那么就一定能够获得吉祥，也一定没有咎害。九二爻以阳居阴，有卑顺过头之象，应该持守中道，居于下卦之中位就做到居中守正，才能够没有咎害，大获吉祥。

【可断结果】

九二以阳爻之身居阴位，是居位不正。九二爻位于下卦的中位，因此能够持中守正，以刚制柔。阴柔善于迎合阳刚而顺于阳刚。巽在床之下，床下是卑洼之地，说明九二爻卑顺得有些过头，可能会因此而失正。卧榻之侧岂容他人鼾睡？床下有人，床上的人必不能休息得安稳，因此猜疑、不悦之心顿起。但是自己又不能有效地决断，故应学会效仿祝史和巫觋之人。能够卑顺谦恭地侍奉主上是好事，但是过分地效仿祝史和巫觋之人的话，结果就不如最开始的那样可信了。所以床下之地不能居，史巫之人又不能尽从，于是居于阴位的九二爻，进退难以抉择，轻易做出判断，贸然行动，都可能会产生咎祸。

【经文+传文】

　　　　　　　九三　频巽：吝。

《象》曰：“频巽”之“吝”，志穷也。

【译文】

　　九三　皱眉不乐地勉强谦顺：必有悔憾。

《象传》说：皱眉不乐是勉强意志表示谦顺——这是说其心志困穷。

【爻意分析】

　　此为巽卦的第三爻。皱着眉头不情愿地顺从，将会有令人悔恨的事情发生。心里不愿意顺从，却还是皱着眉头，勉强着自己去顺从他人，这样不情愿，可能会发生令自己憾惜懊悔的事情。九三爻以阳居阳，居位得正，本应该有所作为，又为六四阴爻所乘，所以心中郁结难舒，只能忍屈顺从，因此，《象传》也说九三爻的志向穷困不振，导致了其勉强顺从而将有令自己憾惜的事情发生。

【可断结果】

　　九三爻是阳爻，居于阳位，是居位得正。九三爻本应该向上有一番大作为，但是因为其居于下卦之终，其上的六四阴爻在九三爻的头上凌乘着地，最上爻又为阳爻，不能够跟他相应。无奈之下，九三爻只得忍气吞声，皱着眉头十分不情愿地顺从六四阴爻得想法。九三爻不能以其阳刚之质有所作为，违背了自己的本性和意愿，因此爻辞中说九三爻“吝”，就是预示着可能会发生令人悔恨的事情。

【经文+传文】

　　　　　　　六四　悔亡，田获三品。

《象》曰：“田获三品”，有功也。

【译文】

　　六四　悔恨消失，打猎获得多种猎物。

《象传》说：“田获三品”，是说君子有收获了。

【爻意分析】

　　此为巽卦的第四爻。悔恨消除，田猎可以获得多种猎物。令人悔恨的事情都得以消除，打猎时能够打得非常多的猎物。六四爻为外巽之始，和九三爻成既济之势，所以一开始的悔恨会消除。六四爻能以其阴柔之德去顺从九五阳爻的刚毅，那么他的行为一定会有所收获，而且收获会非常丰富。《象传》也表示，六四能够在田猎中获得很多的猎物，是因其侍奉君主而得到了赏赐。

【可断结果】

六四爻在九三阳爻之上，象征着阴柔者凌乘于阳刚者之上，一定会有令人后悔的事情发生。但是因为六四爻以阴居阴，居位得正，又在九五爻之下，有顺应九五尊爻之象，所以能够使悔恨的事情消亡。不仅如此，他可能还会获得"三品"的收获。这里的"三品"指的是田猎时所猎到的猎物种类之多。六四爻若是能将得到的猎物也如数奉献给君王，并以极大的忠诚去侍奉君王，那么必能建功立业，收获到更大的奖赏。

【经文+传文】

九五　贞吉，悔亡，无不利，无初有终；先庚三日，后庚三日：吉。

《象》曰："九五"之"吉"，位正中也。

【译文】

九五　坚守正固吉祥，悔恨消失，没有不利，事情开局不妙，但会有好结果；在象征变更的庚日前三天发布新令，在庚日后三天实行，必获吉祥。

《象传》说：九五说，事情吉祥——这是因为君子能守中正。

九五爻没有良好的开端，却有良好的结尾。

【爻意分析】

此为巽卦的第五爻。君子只要持守中道，就能够获得吉祥，而且之前的悔恨也都会消失。虽然行事时一开始不是很顺利，但是最终事情都会完成的。在象征着"变更"的庚日的前三天发布新令，并在庚日的后三天实行新令，这样顺从规律是一定能获得吉祥的。九五爻位于全卦正位，是巽卦之尊爻。只要能够守中正固，坚持到底，九五一定能够获得吉祥。《象传》也说，九五的吉祥之象，都是因为他的居位得正，以及他自身愿意持守中道。

【可断结果】

九五以阳爻之身居于阳位，居位得正，同时又处在上卦中位，因此有持守中正之德，预示着吉祥，无往不利。但是巽卦是以变阳为阴、以乾变坤为志的，因此阳爻都要谦虚于阴爻，得到阴爻的帮助才能够成就自己的志向。九五阳爻一开始有不够谦逊之象，若一直以此行事，那么一定会发生令人后悔的事情，开始的时候会有所不顺。但是九五爻毕竟是拥有守中之德的，尽管不算完美，但是事情也一定能够完成。

九五爻作为一国之君，本应与其相应的九二爻亦为阳刚之身，两者皆阳刚，难以相互协调，只能够改变自身来使两者协调起来。九五爻能够克己来使两者相协，才能君臣和谐，使朝野上下呈现一片和谐之景。

【经文+传文】

上九　巽在床下，丧其资斧：贞凶。

《象》曰："巽在床下"，上穷也；"丧其资斧"，正乎凶也。

【译文】

上九　（惊恐地）躲伏床下，丢了资财：坚守正固以防凶险。

《象传》说："巽在床下"，是说上级途穷了；"丧其资斧"，是说钱丢了，此时应守持贞正以防凶险。

【爻意分析】

此为巽卦的最后一爻。顺从地屈居在床下，丧失了财产，应守持中正以防凶险。上九爻顺从以至极，屈居在床下，又失去了财产，只有守中持固才能够防范凶险的事情发生。上九爻位于巽卦之极，在上卦之穷，过于顺从以至于失去了自己的中道，所以爻辞劝勉上九爻要持守中正，以免遭凶害。《象传》也劝告上九爻不要穷极于顺从，失去了自己的阳刚之正。

【可断结果】

上九爻居于巽卦之极，所谓物极必反，其实不适合再卑顺行事，而是应该努力向上有所作为。但是上九爻没有摆脱谦卑顺从的拘泥，甚至更加谦卑地伏在床下。反其道而行之则会有所灾祸，是凶兆。上九爻因为身为阳爻而居于阴位，所有有些墨守成规，没有气魄去突破旧有的模式，反而一味地顺从。身居上位的反而要屈居于床下的洼地，是十分不符合常理的。上九和九三虽然都处在穷极之地，但是九三爻虽然"穷"，却仍然可以向前继续行进，而上九爻却不可以。上九爻到了一卦的终结，已经没有了向上的余地。

兑 卦

兑为泽
（下兑上兑）

【兑卦导读】

卦象：下兑上兑，两泽相附丽之象。卦德：下卦为兑为悦，上卦为兑为悦。
全卦揭示人与人之间要和悦相处的道理。

卦辞

【经文+传文】

《兑》 亨，利贞。

《彖》曰：兑，说也。刚中而柔外，说以"利贞"，是以顺乎天而应乎人。说以先民，民忘其劳；说以犯难，民忘其死。说之大，民劝矣哉！

《象》曰：丽泽①，《兑》。君子以朋友讲习。

【注解】

①丽泽：《兑》卦下兑上兑，兑是泽，两泽相连，所以说"丽泽"。两泽相连，泽水交流融汇，水势就大；人和人交流切磋，人就进步，所以下文说"君子以朋友讲习"。意谓君子效法两泽相附丽、彼此滋润之象，聚集朋友切磋讲习。

君子以与人民和悦相处的精神来引导民众前进。

【译文】

《兑卦》象征和悦：亨通，利于守持正固。

《彖传》说：兑，指的是和悦。君子刚健中正于内，柔顺接物于外，把利益百姓、秉守正道当成乐事，所以君子能顺应天道，应合人情。用和悦的政策引导百姓，百姓就会忘掉劳苦；用和悦的政策宣扬赴难，百姓就会舍生忘死。和悦的政策光大了，百姓就都能奋勉不息了。

《象传》说：泽连着泽，互相附丽润泽，就是《兑》卦的象征。君子取法《兑》卦，和朋友们互相讲习切磋。

爻辞

【经文+传文】

初九　和兑：吉。

《象》曰："和兑"之"吉"，行未疑也。

【译文】

初九　和气待人：吉祥。

《象传》说：和悦是吉祥的——这是因为君子行事平和正直，不为人所疑。

【爻意分析】

此为兑卦的第一爻。兑是欣悦的意思。平和欣悦地对待别人，是吉兆。君子为人处世时，对人对事都能够恭谦有礼，心态平和欣悦，是会带来吉祥的。初九爻以阳刚居下，体禀阳刚，温顺有礼，行为端正，不会遭人猜忌，因此《象传》中也说初九爻能够获得吉祥，是因为自身行为端正而不为人所疑。

【可断结果】

初九爻阳刚在下，却没有阴爻能够与之应和，为之所用。初九爻没办法，只能够返回自己的位置，通过和悦柔顺的外在，和自己刚毅勇敢的内心相和，所以能够持中守固，行不失中，没有错误。君子处于事，心中怀以诚信，志向坚毅，胸怀远大却不傲慢对人，与人相处平和欣悦。居于下方也不怨天尤人，一定会得到别人的赏识，是非常吉祥的。

【经文+传文】

九二　孚兑：吉，悔亡。

《象》曰："孚兑"之"吉"，信志也。

【译文】

九二　诚实欣悦待人：吉祥，悔恨消失。

《象传》说：诚信和悦是吉祥的——这是因为大家信赖他的心志诚信。

【爻意分析】

此为兑卦的第二爻。九二爻以阳居阴，居位不正，因此行事必会有所悔恨，但是因为其处于下体中位，因此能够守持中正。胸中怀着诚信待人、欣悦对人的想法，就会获得吉祥，令人悔恨遗憾的事情也就不会发生了。

【可断结果】

九二阳爻居于阴位，有失其位，因此，如果有所作为，其结果也一定会有所悔恨。但是，因为九二阳爻位于下卦之中，又当兑卦之时，所以九二阳爻刚中有信，以刚履柔，能够在持守中正的同时，以内心的诚信换得别人的信任。兑卦兑上兑下，四阳两阴。阴在阳中，阳在阴外，刚中有柔，因此心中信实忠悬。九二爻性情流露于外，丝毫不加以掩饰，对待朋友坦诚相见，所以初九爻时，他人是对初九"不疑"，而九二爻时，他人则对九二爻深深地信任着。

【经文+传文】

六三　来兑：凶。

《象》曰："来兑"之"凶"，位不当也。

【译文】

六三　主动曲意逢迎取悦于人当至凶险。

《象传》说：主动逢迎取悦于人是凶险的——这是因为他居地位失当。

【爻意分析】

此为兑卦的第三爻。主动曲意谋求欣悦则会遭遇凶险。在本来应当熟练喜悦的时候反而扩发喜悦，盲目地趋近愉悦的其他人，所谓乐极生悲，可能就会带来凶患。六三爻位于下卦之终，本就是阴爻处阳位，居位不当了，继续谋求欣悦即为凶兆。《象传》也说明了六三爻的凶险，均因其居位不当，谄邪求悦的。

【可断结果】

六三爻以阴爻之身居阳位，居位不正，想要以其阴柔之质有所作为。六三爻向上没有阳爻与之相应，因此只能向下去应和初九、九二爻，来谋求更多的和悦。六三爻已经处在下卦之终，此时应当收敛自己的欣悦之情，但是六三却执意趋近于初九和九二，就像阴柔的小人向阳刚有力者献媚，以求得更多的好处。这样的求悦心切，一定会有灾祸。兑卦中，柔应顺刚而行称为吉。现在六三爻逆其道而返回应和初、二两爻，是背离了本应该进行的道路，因此占之为凶。

【经文+传文】

九四 商兑未宁；介疾有喜。

《象》曰："九四"之"喜"，有庆也。

【译文】

九四 商谈尚未定下来的事，心中很不安宁；要是隔断疾患一样的邪恶之人，则有喜事。

《象传》说：九四中的"喜"，是说福庆临头。

虽然九四爻和九二爻都是以阳居阴，以刚履柔，但是因为九四位置不当，因此不能向九二阳爻那样，意志坚定地朝着自己的目标行进，只能夹在九五和六三之间难以抉择。为此九四爻情志迷茫，行止迷离，身心疲惫。

【爻意分析】

此为兑卦的第四爻。与人商议斟酌欣悦之事，来回奔走，反复思量，身心均得不到安宁。九四能够像隔断疾患一样，离开邪恶之人，所以一定也会有喜庆的事情发生的。《象传》说九四的喜兆是有值得庆祝的事情发生。

【可断结果】

九四爻以阳爻之身居于阴位，是居位不正。向前是九五阳爻，其后又是六三阴爻，处于两者之间，居位不当的九四爻也十分犹豫，对于究竟应该选择刚毅有力的九五尊爻，还是选择阴柔弱小的六三阴爻举棋不定。九四爻这样辗转犹豫之间，内心难以获得安稳。同时，九四爻在九五爻身边，所处乃是多惧之地，因此九四爻必须行事谨慎小心。总之，九四阳爻处境十分无奈而艰辛。

【经文+传文】

九五　孚于剥：有厉。

《象》曰："孚于剥"，位正当也。

【译文】

九五　相信消剥阳气的小人：有危险。

《象传》说：施诚信于消剥阳刚之气的阴柔小人，真可惜了他所处的正当之位啊。

【爻意分析】

此为兑卦的第五爻。施诚信于消剥别人的人，有危险。如果君王信任消剥阳刚的阴柔小人，被其柔顺所诱惑而与之相悦，那么就很危险了。九五阳爻居于阳位，又在上卦的中位，居位中正阳刚，但是九五爻与上六阴爻相临近，易受其引诱而亲信之，因此可能会有危险的事情发生。

此爻提示人们切不要受到小人花言巧语的迷惑，如果信任谄媚的小人，那后果不堪设想。

【可断结果】

九五以阳爻之身居阳位，居位得正，又处在上卦的中位，所以阳刚中正。九五尊虽然爻阳刚中正，但是向上却邻着象征小人的上六爻，非常容易受到上六爻的诱惑，并对他施以诚信，结果消剥了本身具有的阳刚之气，因而可能有灾祸发生。君主亲近谄媚的小人，就不愿意相信忠臣忠言逆耳的劝谏，他对臣子的信任也都被上六一点点瓦解了。有这样的君主，国家的命运一定很凶险。

【经文+传文】

上六　引兑。

《象》曰："上六引兑"，未光也。

【译文】

上六　引诱他人与之相悦：有危险。

《象传》说：上六引诱他人与从相悦——这是因为君子的欣悦之道尚未光大。

【爻意分析】

此为兑卦的最后一爻。牵引着他人欣悦。仅仅是自己一个人高兴已经不能满足，还要牵引别人一同欣悦。上六爻位于兑卦之极，下面是九四和九五两个阳爻，在当兑卦之时，有阴柔小人牵引着阳刚者共享欢乐之象。《象传》以此定论，欣悦之道未能发扬光大。

这一爻的爻辞用"引兑"一语揭穿了上六阿谀逢迎，引人入于凶险之途的险恶用心，反过来也警示那些喜欢听吹嘘拍马之声、沉湎于物质享乐之中的人，要明智处世。

【可断结果】

上六爻以阴爻之身居于阴位，居位得正。但是上六爻位于兑卦的最上方，虽然身居高位，但是却没有能力再进一步有所发展了。上六爻如果有所行动，就一定会被牵制。上六因阴居阴，阴柔之极，在阳刚

欣悦是人之常情，歌声悦耳，美景悦目。但是周易所肯定的欣悦之道，是建立在道德准则之上的，因为不偏离于正德，决绝谄邪才是真正的欣悦之道。

的九五之上，是以阴擎阳，根本无力掌握刚正的阳爻的动向。因此以其阴柔之美，巧言令色引诱九五尊爻与自己一同享乐，继而剥削九五爻的阳刚之质。但是对于上六爻自身来说，这种行为并未涉及吉凶的问题。

涣 卦

风水涣
（下坎上巽）

【涣卦导读】

卦象：下坎上巽。为风行水上，推波助澜，四方流溢之象。卦德：下卦为坎为险，上卦为巽为入。

全卦揭示了克服弊端，扭转涣散之势，转危为安的道理。

卦辞

【经文+传文】

《涣》 亨，王假有庙；利涉大川，利贞。

《彖》曰：《涣》"亨"，刚来而不穷，柔得位乎外而上同。"王假有庙"，王乃在中也；"利涉大川"，乘木有功也。

《象》曰：风行水上[1]，《涣》。先王以享于帝，立庙。

【注解】

①风行水上：《涣》卦下坎上巽，坎是水，巽是风，所以说"风行水上"。水象征百姓，风象征德

教，祭祀是重要的德教手段，所以下文说"先王以享于帝，立庙"（享：祭祀）。

利涉大川，意谓聚合人力，上下同心协力，可以大有作为，利于涉险济难。

【译文】

《涣卦》象征涣散：亨通，君主亲临宗庙祭祀以诚聚民心；渡大河有利，守持正道有利。

《彖传》说：《涣》卦是亨通的，是说阳刚者前来处于阴柔之中而不困穷，阴柔者获正位于外而与上面的阳刚同德。"王假有庙"，是君主中正的表现；"利涉大川"，是说乘木船过河会成功。

《象传》说：风吹在水上，这就是《涣》卦的象征。先王取法《涣》卦祭祀上帝，设立宗庙。

爻辞

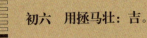
【译文】

初六　涣散时有壮马搭救：吉祥。

《象传》说：初六说，涣散时有壮马搭救是吉祥的——这是因为其能顺承阳刚，马能顺从人意。

【爻意分析】

此为涣卦的第一爻。借助健壮的马来弥补力量的不足，可以获得吉祥。初六爻居于涣卦之初，以其阴柔之质难以济涣向前，但是初六爻能够与九二爻相应和，借助九二这匹阳刚壮马之力，平安渡过洪水而不至于离散，是为吉祥之兆。象传中也说初六之吉，是因为"顺也"，即顺承九二阳爻。

此爻正处于涣之初，也就是涣散刚刚开始之时，如果想要拯救还比较容易入手，但是要注意自己是阴柔之爻，力量不足以拯救涣散，所以此时要得到强有力者来帮助才能获得吉祥。

【可断结果】

初六爻位于下卦之初，处于坎险之下，象征着一场大洪水即将爆发。面临着这场即将到来的洪水，要想避过，并不是不可能的。然而初六爻以阴爻之身居阴位，是居位不正，若是想凭借其自身的阴柔弱质而逃过这场洪水，是很难的。柔顺者如果能够顺承阳刚者，阳刚者必会鼎力相助，协助阴柔者度过险关。因此，初六爻需要上承于九二阳爻，阴阳相济，刚柔相和，才能平安脱险，是为吉祥之象。

【经文+传文】

九二　涣奔其机：悔亡。

《象》曰："涣奔其机"，得愿也。

【译文】

九二　涣散之时，奔向几案，要找到一个安身之所：悔恨消失。

《象传》说："涣奔其机"，是说君子阴阳聚合的愿望实现了。

【爻意分析】

在面临涣散之时，及时地找到一个安身立命之法和可供凭依的处所，才能避免危险，而没有悔恨。九二爻处于涣散之时，将初六爻看作可以依凭的几案，阴阳相合，涣散的事物得以相聚，而悔恨则得以消除。

【可断结果】

九二爻以阳爻之身居阴位，是居位不正。九二因其阳刚之质，乐于进取和行动，但九二爻又在下卦的坎险之中，这个时候急于进取，可能会做出令自己后悔的事情。但是九二爻身处下卦中位，阳刚居中是持守中道之象，因此九二阳爻不会轻易冒进，面临涣散之时，也能够得到初六阴爻的帮助，一阳一阴，刚柔相济，可以固其根本，变散为聚。九二爻因为向下聚合了初六爻，因而渡过险关，获得了平安。

【经文+传文】

六三　涣其躬：无悔。

《象》曰："涣其躬，志在外也。"

【译文】

六三　散其私心，（献身于事业）：无悔。

《象传》说："涣其躬"，是说君子志在向外发展。

【爻意分析】

此为涣卦的第三爻。散去自己的私心，没有悔恨。在面临险难时，能够散其私心去济助涣散的局面，就没有悔恨之象。六三爻身为阴爻而居阳位，向上能够与上九爻应和，同心协力救助涣散之局面，故能摆脱险境。《象传》中也说六三爻"涣其躬"是因为其"志在外"，六三爻的意志是在于向外发展，向上应和阳刚有力的上九爻。

【可断结果】

六三爻以阴柔居阳位，又位于下卦之终，虽然身在坎险却志向在外。六三阴爻本身居位不正，但又想向上有所作为，去应和上九爻。身在坎险的六三爻愿意散其私心，躬亲前往应和上九。能够得到上九爻的帮助，六三爻就没有什么可后悔的了。

这里所说的"无悔"和"悔亡"也有所区别。"悔亡"是一开始有悔，后来有所改进而使悔过消除，"无悔"则是指六三爻从始至终都是没有悔意的，说明了六三爻志向、行动的坚决。

【经文+传文】

六四　涣其群：元吉；涣有丘，匪夷所思。

《象》曰："涣其群元吉"，光大也。

【译文】

六四　涣散朋党，大吉；涣散小群，聚成山丘似的大群，这不是一般人能想到的。

《象传》说："涣其群元吉"，是因为六四品德光明正大。

【爻意分析】

此为涣卦的第四爻。天下人心涣散时，天下人各相朋党，不能够统一在一起，齐心协力。六四爻却可以将一个个小的群落重新聚拢来，就像是一座座小山丘汇聚成一座高大巍峨的峻岭，这不是平常人的思维所能够想得到的。六四爻以阴居阴，居位得正，内心有柔顺美好的品德，因此《象传》中也说六四爻能够"涣其群"，是缘于其内心的光明正大，没有一丝一毫之私。

【可断结果】

六四爻为阴爻，居阴位，居位得正，有柔顺谦恭之质，上承于象征君主的九五阳爻，下接阳刚进取的九二之才，像一位能够领导群贤的大臣，在九五爻阳刚有力的协助下，带领着众臣齐心协力摆脱险境，因此为大吉之象。

【经文+传文】

九五　涣汗其大号，涣王居：无咎。

《象》曰："王居无咎"，正位也。

【译文】

九五　像涣散汗水一样发布号令，广散王的积财以聚合人心：无害。

《象传》说："王居无咎"，是因为君主地位得当。

【爻意分析】

此为涣卦的第五爻。发散身上的汗水一般大声疾呼号令天下，疏散王者的居积，没有咎害。王者君临天下，号令天下，四海共闻。乐善好施，广散君王之恩德来聚合天下人心，一定是没有咎害的。九五爻尊居"君位"，阳刚中正，在涣卦之时，能够像发汗一般地发号施令，又能散发积蓄收获民心，因而无过。《象传》也说九五爻之所以能够"王居无咎",是因为其居于"正位也",即因为九五爻以阳爻居阳位,得中得正。

【可断结果】

九五爻居于上卦中位,乃以阳刚之质处于王者尊位,有君临天下之象,因而九五阳刚中正,有居中守正之德。九五尊爻的品德能够发散影响到四海之内,当涣散之时,能够像发汗一样地发号施令,号令全国,能够

就像唐朝文学家陆贽所谓,九五发散其居积,是"散小储而成大储",其实与六四爻"涣其丘"是一样的道理。

做到言必行,行必果,那么天下人就也都会听从他的号召。如果九五不能够以自身品德去号召百姓,品行不正,志向不高远,好大喜功,认为天下为自己所有,劳民伤财只为满足一己私欲,就是有咎害的了。因此,爻辞告诫九五阳爻一定要有黄帝和大禹那样的德行和业绩,才能够带领民众走出困境,摆脱险难。

【经文+传文】

上九　涣其血去,逖出:无咎。

《象》曰:"涣其血",远害也。

【译文】

上九　涣散之极的忧患消失,保持警惕:无害。

《象传》说:涣散之极的忧患消失——这样就远离危害了。

【爻意分析】

此为涣卦的最后一爻。涣散终结之时,忧患已经消息,对有可能再来的灾难保持警惕,即可没有咎害。上九爻居于涣卦之终,物极必反,这个时候已经不用再担心涣散所带来的灾难了。上九以阳爻之身居于上卦最上,距离坎险之地已经很远了。上九爻远离了可能会受伤的场所,因此没有咎害。《象传》也说"远害也",意为上九远离了灾祸,因而能够不再担心受到伤害。

【可断结果】

上九爻以阳爻之身居于一卦之终、涣散之极,穷则生变,涣散至极则四方聚合,因此上九爻能够不再因为涣散而受到伤害,感到困扰。上九爻以阳爻之身居阴位,又在巽之终,好像在天空中畅通无阻的风,远离了坎险的威胁,能够在天空中没有顾虑地飞行。

节 卦

水泽节
（下兑上坎）

【节卦导读】

卦象：下兑上坎，为泽上有水之象。卦德：下卦为兑为悦，上卦为坎为险。全卦阐明自然界、社会和人的节制之道，强调"节制贵在于得中"。

卦辞

【经文+传文】

《节》 亨；苦节不可，贞。

《象》曰：节"亨"。刚柔分而刚得中。"苦节不可贞"，其道穷也。说以行险，当位以节，中正以通。天地节而四时成。节以制度，不伤财，不害民。

《象》曰：泽上有水①，《节》。君子以制数度，议德行。

【注解】

①泽上有水：《节》卦下兑上坎，坎是水，兑是泽，所以说"泽上有水"。泽上有水，不加节制就会泛滥成灾，社会的道理和这是一样的，所以下文说"君子以制数度，议德行"（数度：制度；行：准则）。

【译文】

节卦象征节制：亨通，可分节制也是不可以的，应持正适中。

《象传》说：节制可致亨通。阳刚与阴柔均衡相分，而又刚健中正。过分节制而不能持正适中，君子就将途穷。君子遇险却能和悦应对，地位得当，奉行节制，道德中正，所以亨通。天地节制就形成了四季。订立制度来推行节制，就可以不损民伤财。

《象传》说：泽上有水，这就是《节》卦的象征。君子取法《节》卦订立制度，议定道德的准则。

节制应当适度，如果节制太过，会使人感到痛苦。

爻辞

          初九　不出户庭，无咎。

《象》曰："不出户庭"，知通塞也。

【译文】

　　初九　节制自守居家不出户庭：无害。

　　《象传》说："不出户庭"，是因为君子晓得外出行或不行的道理。

【爻意分析】

　　此为节卦的第一爻。初九以阳爻之身居阳位，阳刚得正。初九位于节卦之始，向上应和六四爻，却有九二爻阻拦，因此持中自守，不轻举妄动，因此没有咎害。《象传》中也解"不出户庭"为"知通塞也"，说明初九也明白前方通常即行，道路阻塞则止的道理。

【可断结果】

　　初九爻以阳居阳位，居位得正，刚正守直，又因为处在节卦之初而知节制，懂变通。初九居下卦最底部，虽为阳刚之爻，但是气力弱小；虽然想向上与六四阴爻应和，但是中间有九二拦阻。节卦上卦又为坎险，单薄的初九若盲目出行向上，不懂把握时机和变化，就会遭遇凶险。

【经文+传文】

　　　　　　　九二　不出门庭，凶。

《象》曰："不出门庭凶"，失时极也。

【译文】

　　九二　（自拘于节制）不出门庭：凶险。

　　《象传》说："不出门庭凶"，是因为君子大大地错过时机了。

【爻意分析】

　　此为节卦的第二爻。不跨出门庭，凶兆。九二爻为阳爻，居阴位，为节制所拘束。前方六三、六四皆为阴爻，不足以阻碍九二阳爻向上奋进，但九二却不知变通，固守不出，因而错失良机而遭遇灾凶。《象传》中称九二爻"凶"是因为"不出门庭"而错过了时机。

【可断结果】

　　九二爻为阳爻，却处于阴位，是居位不当，当节卦之时，就可能造成节制不当的现象。初九爻不宜出门，是因为初九爻本身气力弱小，又有所阻碍，但是发展到九二爻时，虽然失正位，但是九二的阳刚之质已经非常强盛了。九二处在下体中位，是该有所作为的，况且前方只有六三和六四两个阴爻阻挡。可惜九二爻却因为自己是阳爻，向前没有九五尊爻与他相应和，固守其位，不知变通，错过了时机，遭遇了凶险。

【经文+传文】

六三　不节若，则嗟若：无咎。

《象》曰："不节"之"嗟"，又谁咎也？

【译文】

六三　不守节制，（事情败坏）人将叹息：（但转机将来）无害。

《象传》说：由于不知节制而叹息，然而又有谁能怪他呢？

【爻意分析】

此为节卦的第三爻。六三爻为阴爻，处阳位，不得其正，又身在两个阳爻之上，容易骄奢浪费，不知道节制。但六三爻在下卦的最上，本身柔顺和悦，能够意识到自己的问题，及时醒悟、反省，所以《象传》也感慨：能为自己的不节制而感伤忏悔，谁又能忍心施加咎害呢？

【可断结果】

六三爻为阴爻，居阳位，失其正位，在节制之时，可能会不知节制，不懂进退。六三爻又在下体的上位，下爻初九、九二两个阳爻，非常容易因为以为自己压制住了两个阳爻，而自大不知节制。正所谓水满则溢，一个人如果太骄傲自满，一定会有所纰漏。于个人而言，不知节制会受到使生活影响；若是国家的巩固之臣不知节制，那就会危害到整个国家社稷。因为不节而生灾祸，是咎由自取。

【经文+传文】

六四　安节：亨。

《象》曰："安节"之"亨"，承上道也。

【译文】

六四　安于节制：亨通。

《象传》说：安于节制是亨通的——因为这是遵从上位的刚中之道。

【爻意分析】

此为节卦的第四爻。安于节制之道，亨通。行事处世若能安守节制的大道，那么就可以获得亨通。六四爻为阴爻，居阴位，柔顺得正，又在九五阳爻之下，能够顺承九五尊位，安行节制之道，因而得以获得亨通。《象传》也说，"安节"而"亨"，是因为六四爻能够守承尊上之道。

【可断结果】

六四阴爻居阴位，居位得正，又为外坎之初，如同泽上流淌的水，柔顺而安静。六四爻若是能够以柔顺之质，上承九五爻的刚健中正，自身又能够安于本分，持守节制之道，心无旁骛，便可万事顺通。亨与穷相对。穷，困也，即不通顺。若六四爻不能以其阴柔上承九五之阳刚，行事不知节制，就会因此受阻，因此而穷。为人臣若能安守本分，懂得节制，承君王之德，继而辅佐君王，明君贤臣，那么天下不可能不太平。

唯有心中坦荡，依循节制的中道，当用则用，当省则省，才能达到"安节：亨"的境界。

【经文+传文】

九五　甘节：吉，往有尚。

《象》曰："甘节"之"吉"，居位中也。

【译文】

九五　甘于节制：吉祥，前往得尊尚。

《象传》说：甘于节制是吉祥的——这是秉守中正的表现。

【爻意分析】

此为节卦的第五爻。节制能让人感到甘甜醇美，是为吉祥。前行一定会受到尊尚。行事时能够适当的节制，那么结果一定是令人觉得甘甜美好的，是非常吉祥的象征。心中怀着这样恰当的节制，那么继续向前也是能够为人所尊敬，得到赞美的。九五爻处于全卦之尊位，所处是君王之位，又以阳爻之身居阳位，处上卦之中位，阳刚得正。在节卦之中九五爻便有节制之德，能恰如其分地施行节制，使人甘之如饴。《象传》亦云九五爻的"甘节之吉"乃是因为"居位中也"。

仔细分析此爻，我们可以发现，节卦极为贵中，九五居至中之位，而能有自节之德，所以称为甘节。这说明九五身为尊贵的君主，而能知道自奉节俭，治理国家，节以制度，不与民争利，不害民，不扰民，自然可以得到人民的拥护。

【可断结果】

九五阳爻居于上卦中位，是全卦之尊，君王之位，居位得正，有居中守正之象。君子行事若能够不偏不倚，拥有中庸之德，如孔子所说"从心所欲不逾矩"，其品行必然能够获得人民的崇敬，成为众人学习的榜样。然而九五阳爻居阳位，重刚之身，行事容易偏颇自大。居于君主之位时，若是心中不能够秉持节制的品德，骄奢淫逸，劳民伤财，就会失去吉祥之象，于自身和江山社稷都有所危害。

【经文+传文】

上六　苦节：贞凶，悔亡。

《象》曰："苦节贞凶"，其道穷也。

【译文】

上六　行事过分节制：利于守持正固以防凶险，（但转机将来），悔恨消失。

《象传》说："苦节贞凶"——这是说君子途穷了。

【爻意分析】

此为节卦的最后一爻。行事不能过分节制，过分节制则会令人苦涩不堪，事情的结果则会趋向凶险。但是若能够守持中固，凶险则是可以防备的，那么因为过于节制而产生的悔恨也会随之消失。上六爻居于节卦之极，因此有节制过分之象。但上六乃是以阴居阴，阴柔得正，因此守正就可防止凶险。象传中说上六爻"苦节贞凶"是因为"道穷"，上六在整个节卦的最上，穷极则变，于是九五爻的"甘节"变成了"苦节"。这一切都是因为上六爻的位置而发生的。

【可断结果】

上六爻居于节卦之极，卦位已无，卦用已尽，已经到了变节之时。所谓物极必反，上六爻在节卦之极，行事容易变得过度节制，最后为节制所苦。这种苦节是不符合正道的，所以上六的结局十分凶险。常言道："过犹不及。"不知道节制，或者是节制过头，都是有失中庸之道的表现。君子在做事之前，首先要修养好自己的身心，然后，明白事情发展变化的道理和规律，这样，行事的时候才能够节制有度，不会为节制所苦，结局也必然不会是凶险的。一开始就没有修整好自己的心性，不明白事情的规律，遇见变故的时候也不能掌握节制之度，事情就一定会以凶险的局面告终。

中孚卦

风泽中孚
（下兑上巽）

【中孚卦导读】

卦象：下兑上巽，为风吹动着泽水之象。卦德：下卦为兑为悦，上卦为巽为入。
全卦阐明诚信之道，强调心怀诚信，笃信中道。

卦辞

【经文+传文】

《中孚》　豚鱼：吉；利涉大川，利贞。

《彖》曰：《中孚》，柔在内而刚得中，说而巽，孚乃化邦也。"豚鱼吉"，信及豚鱼也；"利涉大川"，乘木舟虚也；中孚以"利贞"，乃应乎天也。

《象》曰：泽上有风①，《中孚》。君子以议狱缓死。

【注解】

①泽上有风：《中孚》卦下兑上巽，巽是风，兑是泽，所以说"泽上有风"。泽象征民众，风象征德教，教化民众，宜减缓刑罚，所以下文说"君子以议狱缓死"。

君子以议狱缓死。

【译文】

《中孚卦》象征内心要诚信：诚信到能感动小猪和鱼：肯定吉祥；渡大河有利，有利于守持正固。

《彖传》说：《中孚》卦讲的是心中诚信，说的是君子心怀柔顺至诚，刚健中正，和悦谦逊，运用诚信使邦国得到了教化。"豚鱼吉"，是说君子的诚信甚至推及了豚鱼这类的小物；"利涉大川"，是因为有木船渡河将畅行无阻；心诚对秉守正道是有利的，这是合乎天道的啊！

《象传》说：泽上有风，这就是《中孚》卦的象征。君子取法《中孚》卦议定案件，宽缓死刑。

爻辞

【经文+传文】

初九　虞：吉；有它，不燕。

《象》曰："初九虞吉"，志未变也。

【译文】

初九　心中安守诚信：吉祥；别有他求；则心中不安。

《象传》说：初九说，君子心中安定是吉祥的——这是因为君子诚信的心志不改变。

【爻意分析】

此为中孚卦的第一爻。安守不动即为吉祥，另有他事则会不安定。君子心中安定专一，就是吉祥的预兆。如果发生了变故，心中就会变得不安定。初九爻以阳爻之身居阳位，居位得正。处于中孚卦之初，意为安守诚信，就可以获得吉祥。《象传》也称"虞吉"是因为"志未变"，说明没有欲求的心志不曾改变的话，安守诚信就能够获得吉祥。

【可断结果】

初九爻为阳爻，处于阳位。初九与六四爻相应和，是刚柔相和。这时初九爻若是能谨慎而行，固守中正而不妄动，那么就是非常吉祥的。初九爻与六四爻本为阴阳相应，初九爻有向上与其相和的意愿，但是初九旁边有九二爻，若初九轻易向前，九二爻势必阻拦，这样初九爻也就会不得安宁。君子处于世，若心中不能安定专一，时机不对时轻易向前有所作为，那么一定会有不安定的事情发生。

【经文+传文】

䷼ 九二　鸣鹤在阴，其子和之；我有好爵，吾与尔靡之。

《象》曰："其子和之"，中心愿也。

【译文】

九二　鹤在树荫鸣叫，它的同类来应和；两者诚信相合，就像我有美酒，与你共饮。

《象传》说：白鹤的同类声声应和——这是其心里乐意的啊。

【爻意分析】

此为中孚卦的第二爻。鹤在树荫鸣叫，它的同伴也鸣叫着与它相和。我有醇美的酒酿，希望能与你共饮同乐。君子拥有美好的品德，旁人也一定会与之相和；君子有佳酿，一定会不拘礼节地与同道中人分享。九二阳爻处于阴

鸣鹤在阴，其子和之。

位，阳刚居中，有诚信笃厚之质，以其内心美好的德行与九五阳爻相应和，君臣相同。九二也凭借其内在的良好德行，得到了初九阳爻的附和。《象传》中也说"其子和之"是"中心愿也"，初九爻愿意和它相和是缘于心中的本真的意愿。

【可断结果】

九二为阳爻，居于下卦的中位，又处在阴位上，刚直而中正。正当中孚之时，因此九二爻内心有诚信的美德。九二爻因为心怀美德，所以向上能辅佐君主，向下能够让他人也感怀他的美德，与之相应。盛名而有功，就会获得封赏，而有了封赏也不徇私，至诚至公便能不失恩德。君子能以诚信谦恭的态度对事待人，居上位时能以"好爵"联系其下之人的内心，居下位时又能以忠诚之心对待其上之人，才能创造了，君贤臣良，朝野上下一片和谐的景象。若九二爻不能保持其忠诚笃厚之心，品德也不能相互传递，就会有不好的反响。

【经文+传文】

　　　六三　得敌，或鼓或罢，或泣或歌。

《象》曰："或鼓或罢"，位不当也。

【译文】

六三　用心不诚，而自树敌手，有时击鼓进攻，有时停止攻击，有时畏敌而自生悲泣，有时轻敌而发出欢歌。

《象传》说："或鼓或罢"——这是因为它的地位失当。

【爻意分析】

此为中孚卦的第三爻。遇到敌人，或击鼓进攻，或罢兵不战，或惧敌悲泣，或轻敌欢歌。面对来袭的敌人时，心中不安定不诚信，因此时而击鼓进攻，时而退兵不战，时而悲泣时而欢歌。六三以阴爻之身居阳位，是居位不当，阴柔失正，内心失去了诚信，所以事情发生变故时，才不能做到处变不惊。《象传》中也说六三"位不当"，才造成了"或鼓或罢"的情况。

【可断结果】

六三爻是阴爻，居阳位，又在下卦的最上方，居位有失中正，内心诚信之德也有所缺失。同时，六三爻想向上与上九阳爻相应和，但六四与之相邻，六三爻心中无德，不能与之相和，因此六四爻势必会阻挡。而且，六三阴爻没有处在正位，又在九二阳爻之前，九二阳爻难以与之相和，亦会阻碍六三阴爻的前进。这种进退未定的两难境地，就是六三爻以阴爻之身居阳位造成的柔多忧思，因而或歌或泣，忧其柔而不能安，处中而失正的情境。

【经文+传文】

　　　六四　月几望，马匹亡：无咎。

《象》曰："马匹亡"，绝类上也。

【译文】

六四　此爻象征其地位甚佳如接近阴历十五时的月亮，但由于心不诚不专而致使马匹丢失（但终能找回）：若能专诚则无害。

《象传》说：马丢了——要断绝分心之处而专心承从于上位。

【爻意分析】

此为中孚卦的第四爻。月亮接近满月但是还没有盈满，欲向前行走却失了马匹，功亏一篑，但是这却是没有咎害的。六四爻身为阴爻处阴位，又处在中孚之时，因此柔顺居正，本应该与初九爻应和，却"马匹失"而以其阴柔之质应和九五爻，阴阳相依相和，因而无咎。《象传》中称赞六四爻以"马匹亡"，来达到"绝类上"，与九五爻相和的效果。

【可断结果】

六四爻为阴爻，居阴位，柔顺得正，向下与初九应和，向上则辅佐处于尊位的九五阳爻。六四爻的位置接近九五之君，就像是即将成为满月的月亮，月望即亏，因此尚未盈满的月亮是最好的，是能够以柔顺之质一心一意地辅佐九五君王的。六四处于中孚之时，诚信而专一地辅佐九五阳爻才能使自己无咎。然而六五爻本应该与初九爻相应，因此，一旦分心去与初九爻相应和，就是心里没有确定的主张，就难以成事。

【经文+传文】

九五　有孚挛如：无咎。

《象》曰："有孚挛如"，位正当也。

【译文】

九五　诚信一以贯之：无祸害。

《象传》说：诚信能够一以贯之——这是因为九五地位得当。

九五行事信守中道，六四也是笃信中道之人，二者相辅相成，所以没有过失。

【爻意分析】

此为中孚卦的第五爻。一直保持着诚信之心，是没有害处的。君主以诚信之心系天下，固结天下，才能无所咎害。九五阳爻居阳位，又在上卦中位，刚直守中。当中孚之时，九五尊爻具备诚实守信的美德，是中孚卦中能够持续不断地坚守着诚信之心的一爻。《象传》亦云"有孚挛如"的原因是九五爻居位得当。

【可断结果】

九五爻以阳刚居阳位，居中得正。九五爻又是君主之爻，当中孚之时，就以其内心诚信的美德，让天下间怀有诚信之德的人都与他的感召相应，都归附于它，都是因为九五爻的位置正当。九五爻处外卦中位，有君王之德，下卦中位是九二阳爻，两爻虽同为阳爻不能相互应和，但是六四爻却一心一意辅佐九五阳爻，阴阳相合，君臣互助。九五爻和九二爻之间有六三、六四两阴爻，以阳系阴，九五以刚毅正直之质处正位，是众阴爻之所望。但以刚带柔，刚毅之君容易被阴柔之质所扰，就像刚正的君主被小人所蒙蔽，会受到欺瞒之害。

【经文+传文】

上九　翰音登于天：贞凶。

《象》曰："翰音登于天"，何可长也？

【译文】

上九 鸡鸣声上达于天（虚有声名）：当守持正固以防凶险。

《象传》说："翰音登于天"——这种虚诚的状况怎能长久呢？

【爻意分析】

此为中孚卦的最后一爻。鸡鸣的声音响彻于天际，持守中固才能避免凶兆。家禽中的鸡，虽然以鸣为贵，但却是地上之物，飞到天上去鸣叫，是反常的事情。只有坚定不移，忠诚坚韧，才能避免灾祸的发生。上九爻为阳爻，处阴位，居位不正，还处在中孚之极，是诚信衰而虚伪起，因此上九飞升，想要鸣而求信，是不能长久的。《象传》亦云其"何可长也"。人无信则为人所耻，无人和之，就像鸡一样，即使飞起来了，也是飞不长久的。

【可断结果】

上九以阳爻之身处阴位，有失其位，又因其居于中孚之极，物极必反，会反中孚之道而行，就像本应该生活在陆地上的鸡，妄图一飞登天，像九二爻那样，能有"其子"与之相和，可惜失位失中，处在君主九五爻之上，六三阴爻又不愿意和它应和。上九爻就算有所作为，也是华而不实，没法长久的。这时的上九应该秉承着小过卦的基本原则，即不上而下，非要一鸣惊人，一飞登天，就一定会有凶险。

小过卦

雷山小过
（下艮上震）

【小过卦导读】

卦象：下艮上震，为山上响雷之象。卦德：下卦为艮为止，上卦为震动。

全卦揭示了在小事上稍有过错并不是坏事的道理，强调矫枉可以过正。

卦辞

【经文+传文】

《小过》 亨，利贞；可小事，不可大事；飞鸟遗之音，不宜上，宜下：大吉。

《象》曰：《小过》，小者过而亨也。过以"利贞"，与时行也。柔得中，是以"小事吉"也。刚失位而不中，是以"不可大事"也。有飞鸟之象焉，"飞鸟遗之音，不宜上，宜下，大吉"，上逆而下顺也。

《象》曰：山上有雷①，《小过》。君子以行过乎恭，丧过乎哀，用过乎俭。

【注解】

①山上有雷：《小过》卦下艮上震，震是雷，艮是山，所以说"山上有雷"。山象征贤人，雷象征刑罚，"山上有雷"象征贤人受刑，可见刑罚严峻，宜格外谨慎。

【译文】

《小过卦》象征小有过度：亨通，有利于守持正固；可做小事，不可做大事；飞鸟欲留声，不宜向上飞太高，宜向下飞低，（谦逊务实）：如此可获大吉祥。

《彖传》说：《小过》卦是说，小有过度，还是能亨通的。小有点过度，对秉守正道是有利的，是说君子能与时俱进。阴柔居于中正，所以说"小事吉"；阳刚地位失当，不守中正，所以说"不可大事"。《小过》卦有飞鸟的形象，"飞鸟遗之音，不宜上，宜下：大吉"，是说君子过于向上发展将受阻，而向下发展则顺利。

《象传》说：山上有雷，这就是《小过》的象征。君子取法《小过》卦，办事时格外恭谦，奔丧时格外哀痛，消费时格外节俭。

爻辞

【经文+传文】

　　　　初六　飞鸟以凶。

《象》曰："飞鸟以凶"，不可如何也？

【译文】

初六　飞鸟飞过：（所过太甚）有凶险。

《象传》说：飞鸟飞过，有凶险——这是其自己做得太过，有什么办法呢？

【爻意分析】

此为小过卦的第一爻。鸟儿飞过，留下哀鸣的声音。这时候鸟儿应该向下休息，却逆势向上飞翔，因此会有凶险。初六爻为阴爻，处于小过卦之始，阴柔而位卑，本应该向下，但却为了迎合九四，而逆势向上。根据《象传》之解，小过卦的要义是"上逆而下顺也"，初六爻不能安居其位，或者顺势向下，而奋力向上与九四爻相应和，就会遇到凶险。《象传》言其"不可如何也"，意思是说他自取其咎，无可奈何。

【可断结果】

初六以阴爻之身居阳位，本就失其正位，应该安分守己地处在自己的位置上。但是初六爻本身又有上升的意向，欲向上迎合九四爻，奈何九四爻也是以阳爻之身处阴位，亦失正位，初六爻趋势向上也得不到照应，中间又有强势有力的九三爻的阻挡，因此，逆势向上必会遭遇险凶。君子处世，如果本身就已经自顾不暇，还不能安居其位，妄图逆势向上，势必遭遇险凶。

【经文+传文】

六二　过其祖，遇其妣；不及其君，遇其臣：无咎。

《象》曰："不及其君"，臣不可过也。

【译文】

六二　超过他的祖父，得遇他的祖母；赶不上他的君主，却遇见了臣子：无咎害。

《象传》说："不及其君"，是说臣子不能僭越君主。

【爻意分析】

此为小过卦第二爻。超过祖父，因而遇到祖母。没有追上君主，却遇见了君主的臣子。这样是没有过错的。古代讲究长幼尊卑之礼，辈分小的不能超过辈分长的，臣也不能超过自己的君主。六二爻为阴爻，居于阴位，是得其正位的，又因其处于下卦

六二爻的初意是超过他的祖父，才遇到了他的祖母；想要赶超君主，才遇到了君主的臣子。虽然"不及"，但也恰恰是他本来应该固守的中道。

的中位，所处是阴之正位，若能够安守其道，拥有美好的内德，则于上能够恭敬君主，于下可以使君臣和谐。《象传》云"'不及其君'，臣不可过也"，亦是说明，为人臣，不可超过尊上。守臣礼而不越其位，才没有咎害。

【可断结果】

六二以阴爻之身居阴位，柔顺中正，若向上越过三、四爻，而遇到了五、六爻，即是越过了阳爻，反而遇到了阴爻，就是"不及君"，恰好遇见了君之臣，守中持正，是没有咎害的。六二阴爻居于下卦的中位，向上与六五爻相迎合，六五乃是阴爻，居尊位，是爻辞中的祖妣，两爻同德相应。六二与六五爻的力量、权势都可以相互匹敌，但是两爻的尊卑贵贱却有差异。小过卦主张向下不向上，六二爻如果妄图向上超越六五爻，那么就会有所咎害。

【经文+传文】

九三　弗过，防之，从或戕之：凶。

《象》曰："从或戕之"，凶如何也？

【译文】

九三　没犯错时就要进行防范了，纵容他有时会害他，有凶险。

《象传》说：纵容他有时会害了他——这种凶险怎么避免呢？

【爻意分析】

此为小过卦第三爻。没有过错要防范过错，放纵他就是害了他，是凶兆。

九三爻以阳居阳位，以刚居正，又上接九四阳爻，过于阳刚，因而是小过卦中众阴爻所欲伤害的对象。因此，即便自身没有错误，也应该多加防范，只是因为自身刚正有力就疏于周防，就会受到伤害。《象传》亦曰"凶如何也"，就是告诫九三所面临的凶险非常严峻。

【可断结果】

九三爻为阳爻，居阳位，又在下卦的最上方，有自持其阳刚而贸然行动之象。九三爻本应与上六阴爻相迎合，但是上六乃阴爻，九三爻容易生出逆上之心。但是，小过卦"不宜上，宜下"，这个时候如果九三爻上逆的话，过九四向上均为阴爻，处于阴位的六五爻和六二爻也无法阻挡，九三爻所受到的伤害就更大了，前途必将一片凶险。此外，九三处在下卦的最上，处于由阴向阳转化的位置，因此，以其阳刚居正位的话，就容易自持强盛，为众阴爻所害亦不有所防备，则必遭凶害。

【经文+传文】

九四　无咎；弗过遇之；往厉，必戒；勿用永贞。

《象》曰："弗过遇之"，位不当也。"往厉必戒"，终不可长也。

【译文】

九四　没有祸害；不要过分刚强就能得遇阴柔；急于前往有危险，务必有所戒备；不可施展才干，要永远守持贞正。

《象传》说：不过分刚强就能得遇阴柔——他地位失当。"往厉必戒"——这样危险就不能长久了。

【爻意分析】

此为小过卦的第四爻。没有咎害。不过分刚强就能得遇阴柔，急于向前就会有危害，一定要有所戒备。不可急于施展才华，要永远守持正固。九四阳爻向下能与初六阴爻相互应和，阴阳互补，因而无咎，但因其以阳爻居阴位，居位不当，没有危险的情况并不能长久。《象传》中也说九四爻居位不当，有所动作就会有危险。

【可断结果】

九四爻是阳爻，处阴位，以刚处柔，又与初六爻应和，阴阳相济，刚柔相和，因其不过刚而没有咎害，但也是因为身为阳爻而处在阴位，居位不正，如果想要向前去应和初爻，就会失去自己谨慎守正之道，所以爻辞告诫其向前则会有危害，继续留下来持守中正才能够没有咎错。况且，九四以其刚毅有力之质，已经对阴柔的尊爻造成了一定的威胁，所以一旦轻举妄动而遭到了帝王的猜忌，就一定会有危险。

【经文+传文】

六五　密云不雨，自我西郊；公弋，取彼在穴。

《象》曰："密云不雨"，已上也。

【译文】

六五　浓云不下雨，从我的西郊飘来；公侯射兽，在洞穴中捉到了猎物。

《象传》说："密云不雨"，是说它已经超越阳刚而高居在上了。

【爻意分析】

射取藏在穴中的野兽，表示六五有能力矫正弊端。

此为小过卦的第五爻。天空中浓云密布，但是却不下雨。浓云来自西郊的地方，王公极力地射取隐藏在穴中的野兽。六五爻以阴爻之身居于全卦尊位，向下又没有阳爻相应，就好比天空中乌云密布，但是因为没有阳爻相应而无法下雨。六五与六二同为阴爻，不能相互应和，是为阴阳不和。《象传》中说"'密云不雨'，已上也"，说明六五爻的阴气十分旺盛，已经盘旋在上。

【可断结果】

六五爻以阴柔居阳位，又是处于整个小过卦的尊位，居位不当。虽然处于内卦的中位，能够持守中道，但是因为向下没有阳爻与之相应和，全卦又是阴盛阳衰之势，六五爻以其阴柔之质很难有所作为。虽然天空乌云密布，但是没有阳爻的协助也无法成雨，万物得不到雨水的润泽，就好像为人君者不能以其德行惠及其民。王公射取藏在穴中的野兽，可见六五爻行事风格是攻其不备，出其不意，能够有一定作为。

【经文+传文】

上六　弗遇，过之，飞鸟离之：凶，是谓灾眚。

《象》曰："弗遇过之"，已亢也。

【译文】

上六　不能遇合阳刚却超越阳刚太甚，好似飞鸟遭到射杀，有凶险，这就是灾祸。

《象传》说：不能遇阳刚，反而超越阳刚——这说明上六已居元极之地。

【爻意分析】

此为小过卦的最后一爻。没有相遇，反而超过了。飞翔的鸟儿遭遇祸难，是凶兆。这就叫做灾难。上六爻是阴爻，居阴位，又在上卦的最上，可谓处阴之极，就像是鸟儿飞向天空，如果飞得太快，就容易难以控制，最后招引到灾祸。《象传》也说"已亢也"，即说明上六已经到了一个没法再向上的地方了。

分析此爻可以看出，事物的发展如果过于亢极，那么就会走向反面，就离灾害不远了。

【可断结果】

上六爻本是阴爻，居阴位，已是处小过卦之极，又因重柔而失位，不能恪守小过卦的原则，本应与九三爻相互应和，但却一心求上，不愿意与九三相应，因此"弗遇过之"，同时又超过了君主之位的六五爻。身为阴爻而高居在上，又不能向下与阳爻相和，造成阴阳失和，有失中正，让上六爻像鸟儿一般，高飞云霄，不知道停下，一定会遭遇灾祸。上六爻就像是在朝为官的臣子，位高却不知道退让，不懂得明哲保身的道理，最终招来了祸患。

既济卦

水火既济
（下离上坎）

【既济卦导读】

卦象：下离上坎，为水在火上之象。卦德：下卦为离为明，上卦为坎为险。

全卦揭示了万物终而未终，万事了而未了的规律，警示人们慎终如始。

卦辞

【经文+传文】

《既济》 亨小，利贞；初吉，终乱。

《彖》曰：既济"亨"，小者亨也。"利贞"，刚柔正而位当也。"初吉"，柔得中也。"终"止则"乱"，其道穷也。

《象》曰：水在火上①，《既济》。君子以思患而豫防之。

【注解】

①水在火上：《既济》卦下离上坎，坎是水，离是火，所以说"水在火上"。水放在火上，是专为预防失火准备的，象征未雨绸缪，所以下文说"君子以思患而豫防之"（豫：同"预"，预防）。

【译文】

《既济卦》象征事已成：连柔小者也都得能到亨通，守持贞正有利，否则起初吉祥，终成祸乱。

《象传》说：事已成，亨通，此时柔小者都可亨通。秉守正道是有利的，因为阳刚和阴柔都地位得当。"初吉"，是因为柔顺者居中得位；柔顺者居中得位，事之最终将有危乱，是因为事成之道将近困穷了。

《象传》说：水在火上，这就是《既济》卦的象征。君子取法《既济》卦，忧虑祸患并预防它。

事情已成，连柔小者都能获得亨通。

爻辞

【经文+传文】

初九　曳其轮^①，濡其尾^②：无咎。

《象》曰："曳其轮"，义"无咎"也。

【注解】

①曳：拉动。②濡：沾湿。

【译文】

初九　拉动车轮（过河），（河水）沾湿了车尾：无害。

《象传》说：拉动车轮过河——按理这是无害的。

【爻意分析】

此为既济卦的第一阳爻。拉动车子的轮子过河，而打湿了车子的尾部，是没有害处的。不急于求成，拽车轮使其缓行，因此而沾湿了车尾部也不是坏事。初九爻为阳爻，处于"既济"卦之始，轮子在车子的下部，也喻其为一卦之始。初九作为阳爻，与位于阴位的六四相互应和，然而作为既济卦的初始之爻，不能过于激进，应以稳定为主，因此，拽住车尾使其不猛行，方可没有咎害。《象传》亦云"义无咎也"，说明初九行为谨慎守成，就不会有所危害。

【可断结果】

既济卦的初九爻，以阳刚之质居于阳位，与上面的六四阴爻相应，一刚一柔，相互牵引。初九在下，地势低而近于水，有渡水之意。此时拽住车的轮子，让车可以缓慢前行，这样以初九为底，谦谨稳重，能够守持住已经获得的成果，所以这个时候即便沾湿了一点点的尾部也是没有关系的。正如君子行于世，纵有满腹才华和一腔报国之心，也当谦逊谨慎地前行。如果执意求进，就可能会陷入淤泥，到时就不仅仅是"濡其尾"这么简单了，最初的成就也可能会守持不住，得不偿失。

【经文+传文】

六二　妇丧其茀，勿逐，七日得。

《象》曰："七日得"，以中道也。

【译文】

六二　妇女丢了首饰，不必寻找，七天内会失而复得。

《象传》说："七日得"，是因为君子能守中道。

【爻意分析】

此为既济卦的第二阴爻。妇人丢掉了她的遮挡体貌的饰物，不需要去寻找，七天之后会失而复得，意为纵使事物有失，也不要轻举妄动，以守成固正为重。六二爻为阴爻，处于下体的中位，阴爻居阴位，又与上面的九五阳爻阴阳相应，有后妃命妇的尊贵，象征着阴柔的六二既能够持守中正，又能与象征阳刚的君主相处融洽，所以就算丢失了也能够再次得到。《象传》中解为"以中道也"，也说明了六二能够持守中正之道，不偏不倚，因此失去的东西终能复得。

【可断结果】

既济卦的六二爻，以阴柔之美居于中位，与处君主之位的九五阳爻相呼应，刚柔并济，以其文明的中正之德，配合九五阳刚的中正之君，相处融洽，能使天地太平。这时候，丢了能够遮蔽体貌的饰物，也不用着急去寻找。中道不失，那么天地间的诚信就都在，七日之后，配饰也一定会不找自来。君子有高尚的美德和情操，就去辅助君主。为人处世当处变不惊，冷静稳重，守持住心中的正道，那么丢掉的东西也会自己回来的。然而，九五阳爻处于尊位，已经形成"既济"的状态，初九阳爻又"曳其轮"，九五爻可能不会进一步有所作为，那么对于在下的贤才六二，就会有所影响，使六二"丧其茀"，造成止步不前的结果。

【经文+传文】

九三　高宗伐鬼方，三年克之；小人勿用。

《象》曰："三年克之"，惫也。

【译文】

九三　殷高宗讨伐鬼方，几年后打败了它；不要任用小人。

《象传》说：几年后才打败了敌人，真是太疲惫了。

【爻意分析】

此为既济卦的第三爻。殷高宗伐蛮夷鬼方族，历经数年才攻克之。不可以任用焦躁激进的小人。安稳繁荣的太平之世来之不易，不可再贪功逞欲，不然开始的"小吉"必会导致"终乱"。九三爻为阳爻，以阳刚之质居离卦的上位，是光明磊落之象，又以阳居阳位，因而秉性刚烈，又易有躁进之象。九三阳爻与上六阴爻相应，上六爻可能就是乱邦小人，九三应该慎重小心，不受上六的影响，重刚失中，贪功忘民。《象传》曰："'三年克之'，惫也。"以九三刚毅之姿，尚且数年方可克敌，国民皆疲惫，那就更不可亲近冒失激进的小人了。

【可断结果】

九三爻身为阳爻而居阳位，以高宗伐鬼方作比，是要说明九三是以积极有为，在大体局势稳定的情况下，解决局部地区的不稳定，排出余患的。至此，中兴之业已经成就，而远征也取得了胜利，但是毕竟远伐鬼方，也需数年才能克之，耗费精力之多，持续时间之长，以九三这样的刚中之极，也无法承受之而不至疲惫。因此，这个时候，九三若受了上六爻的影响，听信了激进小人之言，继续穷兵黩武，劳民伤财，则一定会以混乱收场，那么盛名也会有所损失。

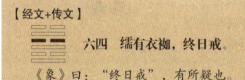

【经文+传文】

六四　繻有衣袽，终日戒。

《象》曰："终日戒"，有所疑也。

【译文】

六四　华美的衣服将变成破敝的衣服，要整天警惕。

《象传》说："终日戒"——这是因为有所疑惧啊！

【爻意分析】

此为既济卦的第四爻。六四爻以阴居阴位，本是正位，向下呼应初六，向上则辅佐九五，本是吉祥之象，但是六四爻已经进入坎险之中，既济已经达到了，就会向反方向转化。《象传》曰："'终日戒'，有所疑也。""戒"表明应该时刻保持有所怀疑，有所警惕的防范于未然的心理。

【可断结果】

六四阴爻居阴位，居正位，作为尊者九五的重臣，能与九五阳爻阴阳互补。但是六四已经处在坎险之中，太平盛世的状态即将向混乱的方向转化，而且六四伴在君王身边，是处多惧之地，因此更要谨言慎行。六二爻时已经"丧其茀"，九三爻时也疲态尽显，处于此时，柔顺的六四爻就像一个面临变化却无能为力的臣子，只能终日惴惴不安，戒备灾祸，如《诗经》所说的一样"不敢暴虎，不敢凭河，战战兢兢，如临深渊，如履薄冰"。君子处于安定的社会里，也要防微杜渐，居安思危，一旦松懈，既济的成果就难保了。

【经文+传文】

九五　东邻杀牛，不如西邻之禴祭，实受其福。

《象》曰："东邻杀牛"，不如西邻之时也。"实受其福"，吉大来也。

【译文】

　　九五　东邻杀牛厚祭，不如西邻微薄的禴祭能确实地得到神的赐福。

　　《象传》说：东邻杀牛厚祭，不如西邻微薄的禴祭来得时机适当。"实受其福"——这是说吉庆将大大地到来了。

【爻意分析】

　　此为既济卦的第五爻。东边的邻国杀牛祭祀，不如西边的邻国进行微薄的禴祭更能得到神灵的福泽。九五爻是阳爻，居阳位，又处于既济卦的尊位，阳刚中正，有君临天下之象。其前后均为阴柔之爻，是阳刚之爻陷于阴坎之中，应以左右

之所以能够享受到神灵更多的福泽，不在于祭祀的物品有多么的丰盛，而在于祭祀是否心怀诚敬，符合时宜。

为戒，不因志成物丰而骄奢浪费。《象传》亦云："'东邻杀牛'，不如西邻之时也。'实受其福'，吉大来也。"能够奉天之道，祭祀得时，并能修德敬慎，就能够得到神灵更多的赐予，从而避免灾祸的危害。

【可断结果】

　　九五爻以阳爻之身居于全卦尊位，又处于上卦的中位，是刚正有力的君主持守中正之道，是吉祥之兆。然而，九五处于太平盛世，容易养成骄奢淫逸的习惯，因此爻辞以东、西邻的祭祀之象给予劝勉，喻其奉行勤俭之道才能够保既济而不致终乱。九五以阳居阳，是刚之极也，没有再进取的余地了。常言盛极必衰，太平之世也开始走下坡路了。这时，身为一国之君，不能认为当既济之时，就可永享太平之盛。如果不能心怀诚信敬畏，浪费奢靡，那么就算祭祀神明时祭以更加丰盛的祭品，也是享受不到福泽的。

【经文+传文】

上六　濡其首：厉。

《象》曰："濡其首"，何可久也？

【译文】

　　上六　小狐狸过河沾湿了头部：危险。

《象传》说："濡其首"，这种状况怎能长久呢？

【爻意分析】

此为既济卦的最后一爻。小狐狸过河时沾湿了头部，有危险。此爻位于既济之极，本就十分危险，而上六又为阴爻，以阴柔之力居坎险之上，就会有过河沾湿头部之象，应该引以为戒，不然会有危险。《象传》也说"何可久也"，意即事成之后若是行事不谨慎，不能够长久守成，最后只会既济到了最终，也转化为未济。

【可断结果】

上六爻以阴爻之身居于既济之终，又在上卦的坎险之上，意味着太平盛世即将结束，混乱的局面将会再一次到来。因为享受既济之成，而不知节制，最终乐极生悲，就是渡河时不考虑前方的情况而最终沾湿了头部，陷入非常危险的境地。所谓盛极必衰，物极必反，上六以其阴柔之力难以扭转由盛向衰转化的形势，与之相应的九三爻也因贪功逞欲而疲态尽显，最终使既济卦由"初吉"变为"终乱"，皆是既济之时行事不谨慎，不懂得居安思危导致的。

常言道，"人无远虑，必有近忧"，就是这个道理。

未济卦

火水未济
（下坎上离）

【未济卦导读】

卦象：下坎上离，为火在水上之象。卦德：下卦为坎为险，上卦为离为明。

全卦揭示"物不可穷"的真理，旧过程终结了，新过程即将开始。

卦辞

【经文+传文】

《未济》　亨；小狐汔济，濡其尾：无攸利。

《象》曰：《未济》"亨"，柔得中也。"小狐汔济"，未出中也；"濡其尾，无攸利"，不续终也。虽不当位，刚柔应也。

《象》曰：火在水上①，《未济》。君子以慎辨物居方。

【注解】

①火在水上：《未济》卦下坎上离，离是火，坎是水，所以说"火在水上"。水放在火下，是放错了位置，不能灭火，灾害无穷。可见认清事物并摆正事物的位置是极其重要的，所以下文说"君子以慎

辨物居方"（方：位置）。

【译文】

《未济卦》象征事未成之时：努力可致亨通；（如果不慎）就像小狐几乎渡水成功时，沾湿了尾巴：无利可得。

此卦卦象为小狐几乎渡水成功时，沾湿了尾巴。

《象传》说：《未济》卦是亨通的，因为臣子中正。"小狐汔济"，是说臣子办事不是出于中道的；"濡其尾，无攸利"，是说臣子办事不能善终。虽然臣子地位失当，君臣之间却还能互相响应。

《象传》说：火在水上，这就是《未济》卦的象征。君子取法《未济》卦，谨慎地辨别事物，摆正事物的位置。

爻辞

【经文+传文】

　　　　初六　濡其尾：吝。

　　《象》曰："濡其尾"，亦不知极也。

【译文】

初六　小狐沾湿了尾巴：必有遗憾。

《象传》说：渡水沾湿了尾巴——这是因为不懂审慎前进的准则。

【爻意分析】

此乃未济卦第一阴爻，狐狸不会游泳，却想过河，水虽然不深，但是仍然沾湿了尾巴。初六为阴爻，却居于阳位，刚柔不当位，有急于与九四爻遥相呼应之意。未济乃未完成，以初六为始，初六还在卦之初便处坎险之始，明知有险仍然急于向前。爻辞中说"吝"，《象传》中解为"不知极"，乃不知方法，不懂规则，因此以初六的阴弱之力，不厚积薄发却想有所动作，只会徒留遗憾。

【可断结果】

见闻不广，学识不足，处于天下无道，礼乐废弛之世中，却妄图以阴柔之力有一番作为，必会遭到麻烦，又只顾眼前的利害得失，而忽略背后的问题，也会如同只谨慎望着前方渡水的狐狸一般，最后沾湿尾巴，留有遗憾。

【经文+传文】

　　　　九二　曳其轮：贞吉。

　　《象》曰："九二""贞吉"，中以行正也。

【译文】

九二 （事未成之时）拖曳住车轮不使急行；守持贞正可获吉祥。

《象传》说：九二说秉守正道是吉祥的——这是说君子守中，行事正直。

【爻意分析】

此爻为未济卦的第二爻。车子在过河时，拉住车子的轮子，让它缓慢而稳定地前行，吉祥。意为在情势险要且不明朗的情况下，应当守中固正，行事持中而没有偏颇。九二爻为阳爻，却居于阴位，处于下卦中的中位，与上卦中的六五阴爻相应和。阳能包阴持柔，因此九二爻为辅政之爻。《象传》曰其虽处坎险之中，但行事端正不偏，就可获得吉祥。

【可断结果】

未济卦的九二爻，以阳爻之身居阴位，以刚正之姿身处坎险之中，虽与六五爻应和，但也要审时度势，不轻易前行。君子处世，如同面临一条迅猛奔腾、波涛汹涌的长河一般，若不度量形势，以勇夫之力强行渡河，那么一定会被河水冲走，事情也会以失败告终。九二阳爻象征着刚毅的臣子，若能持守中道，又有阴柔的尊者信任，即使处劣势，也定会水到渠成，获得成功。

【经文+传文】

六三 未济，征凶；利涉大川。

《象》曰："未济征凶"，位不当也。

【译文】

六三 渡水失败，争于前进则凶险；渡大河有利。

《象传》说："未济，征凶"——这是因为君子地位失当。

【爻意分析】

此爻是未济卦的第三爻。没有渡过河，急于求成必会有凶险，利于涉越大江河流以摆脱凶险，意为凶难之时，切忌焦躁冒进，可以寻求帮助，与人同舟共济，共渡难关。六三爻为阴爻，居阳位，又处在下坎的最上，以阴柔之力身居险位，故不可躁进，因此，"征"必有"凶"。《象传》亦曰，事情未成，冒进必有风险，皆因位置不当。但，因为六三下为九二爻，九二刚正有力，能与六三扶持共进，若六三不能自己前进，则可与九二携手，渡过难关。

【可断结果】

六三爻已经居处不当，阴阳相悖了，身处险境，就不应当再激进求取了，然而六三爻又处于下体的上方，亦有脱离险难的意思，因此只要倚重刚毅气壮的九二爻，就可能涉越大川河流。《王注》有曰："二能拯难，而已比之，弃己委二，载二而行，溺可得乎？何忧未济？"此爻意在告诫势单力薄之人，遇事不可急于求成。适当的情况下，可以向有力的人求助，以柔乘刚，就可以涉越江河，摆脱险难。

【经文+传文】

九四　贞吉，悔亡；震用伐鬼方，三年有赏于大国。

《象》曰："贞吉悔亡"，志行也。

【译文】

九四　守持贞正可获吉祥，悔恨消失；以雷霆之势讨伐鬼方，三年后得以被封赏为大国诸侯。

《象传》说："贞吉悔亡"，是说君子心志实现了。

九四爻以雷霆之势去讨伐鬼方。

【爻意分析】

此爻为未济卦的第四阳爻。守持中正，就能获得吉祥，消除悔恨。以雷霆之势讨伐鬼方，经过三年才因奋战而被封赏为大国诸侯。身居错位，做事则更应该持守中正之道，这样因居错位而产生的悔意才能消除，同时也能够获得奖赏，是为吉兆。九四爻是阳爻，处于上卦之始，有自济之力，虽然身为阳爻而居于阴位，阴阳倒置，失正而产生悔意，但是因为九四爻已经走出坎险，混乱的局面即将结束。《象传》亦言："贞吉，悔亡。"因此，九四爻最终可经过自身努力，使志向达成，进而使悔恨消除。

【可断结果】

九四爻以雷霆之势去讨伐鬼方，经过长期的征战和努力，冒着生命的危险才获得了胜利，受到了封于大国的奖赏，说明九四必须以自己阳刚之力，勉力持久，最终才能成事。君子最初失其正，但因自身刚强之质和不懈的努力，虽行艰道阻，最终也能守得云开，达成自己的志向。未济卦的九四爻，以阳爻居于阴位，阴阳之位有所偏失，容易产生悔恨之情，但若能将求济的志向践行起来，守持正中，努力向正的方向趋近，则可获得吉祥，而悔恨也就能够消亡。

【经文+传文】

六五　贞吉，无悔；君子之光有孚：吉。

《象》曰："君子之光"，其辉吉也。

【译文】

六五　守持贞正可获吉祥，没有悔恨；君子的光荣是做人有诚信：吉祥。

《象传》说：君子的光荣是做人有信用——这种诚信的光荣是吉祥的。

六五君主能够守正持固，因而没有悔恨。

【爻意分析】

此爻为未济卦的第五爻。能够守正持固，即可获得吉祥，因而没有悔恨。君子的光辉是内心怀有诚信，若能如此，那么一定能够获得吉祥。君子心怀诚信，行事坦荡，守正持固，一定会有所收获和回报。六五爻是未济卦中的阴爻，居于未济卦中的尊位，然而其以阴爻之身居于阳位，又处君主之位，居位不正，阴阳相悖，本应有悔恨之意，但是因为居在中位，又与下体中的九二爻相互应和，因此若是能为文明之主，以诚信待九四爻这样的刚毅之臣，又能得到九二爻的辅助，那么即便处在未济的情境，也能够破除污浊，重建秩序。《象传》亦云，君子拥有的品德和谦逊，就像是日光一般，照耀万物，体现出吉祥。

【可断结果】

六五爻处于全卦的正位，以阴爻之身居阳位，亦是居位不正的。六五以阴柔之身处在至尊的位置上，其实是不称其位的，但是六五拥有文明之德，自身十分谦卑，而待人又非常恭敬有礼，心怀诚信，因此可以获得九四爻的相助，也能与九二爻遥相呼应，共渡难关，是为吉兆。圣明的君主处于乱世之中，虽然没有强魄的体力和过人的智慧，但如果能够持守中正，诚信待人，必会有重臣相助。君臣携手共克难关，必能创造出一片光明盛世。

但是因为六五爻以阴爻之身处于阳位，震慑力相对较弱，所以他需要以自身的德行去获得臣子的辅助。如果不能守持正固，以诚待人，虚心求教，用自己光明的品行去感化臣子，使其辅助自己，仅凭自己之力是没有办法获得成功的，也就只能得到"未济"的结果了。

【经文+传文】

　　上九　有孚于饮酒：无咎；濡其首，有孚，失是。

《象》曰："饮酒濡首"，亦不知节也。

【译文】

上九　怀着诚信之心饮酒：无灾害；饮酒得意忘形，浇湿了脑袋，纵然为人诚信，也有失正道。

《象传》说：饮酒时浇湿了脑袋——这人也太不知节制了。

【爻意分析】

上九爻是未济卦的最后一爻。在饮酒之事上有诚信，是不会有灾害的，若是在喝酒时连头都浇湿了，那么纵然是为人诚信，也是不对的。上九为阳爻，处于阴位，是重要的转折。六五爻中"有孚"则"吉"，而爻辞则告诫上九爻，"有孚"亦应有度，若超出额度，无限制、无条件地给予信任，那么"濡其首"那样的灾难就又会重现。《象传》曰"不知节也"，是为不知节制。

怀着诚信之心饮酒，无灾害。

【可断结果】

未济卦的上九爻，以刚在上，是为刚之极。然而，以阳刚之质居阴柔之位，纵是处于未济之极，也不能得济，因此上九爻应该安命自乐，保持自身的美好的品德，做符合正道的事情，那样就不会有不好的事情发生。然而，因为六五爻以君子的光明品行，获得了臣子的

上九告诫世人，饮酒应有度，耽于饮酒之乐以至于连头都沾湿，那是有失于行的。

辅佐，而开创出了一片安定繁荣、天下太平的盛世，上九爻能够信任他人，安闲饮酒庆贺盛世，也没有坏处。但是，一旦安逸过度，轻信他人，就会像准备过河的小狐狸一样，最后因为水深沾湿了头部而遭到祸害。常言道，物极必反，过犹不及，君子就算处于盛世之中，也应当居安思危，常常自警，不过分信赖他人。就像饮酒一样，偶尔酌酒是一种闲情逸致，而耽于酒宴之欢，就是没有节制，最终只会有失正道。信任他人也是一样的道理，放纵无度，荒废自己本应该做的事情，就会有"濡其首"的危险，这都是过分委信于他人导致正道缺失而招致的灾难。